小学数学
课程「整合观」

虞怡玲 著

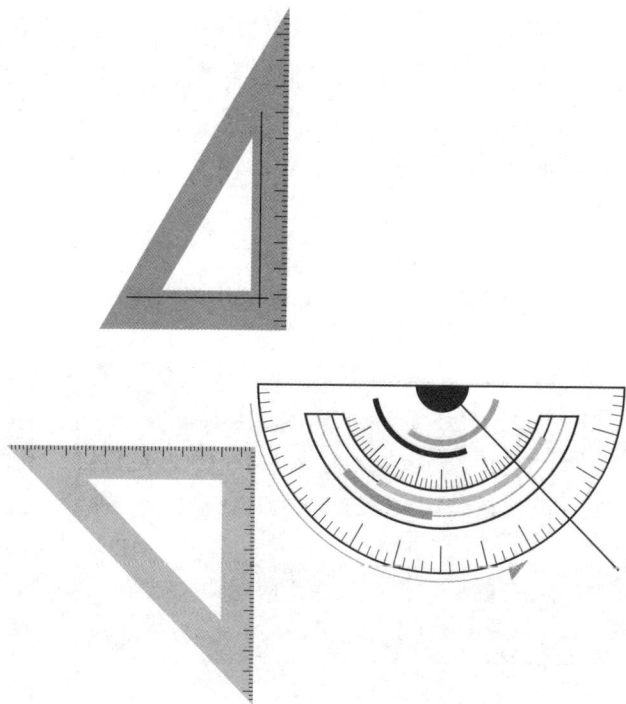

华东师范大学出版社
·上海·

图书在版编目（CIP）数据

小学数学课程"整合观"/虞怡玲著. —上海：
华东师范大学出版社,2022
ISBN 978-7-5760-2917-8

Ⅰ.①小… Ⅱ.①虞… Ⅲ.①小学数学课—教学研究
Ⅳ.①G623.502

中国版本图书馆 CIP 数据核字（2022）第 100739 号

小学数学课程"整合观"

著　　者　虞怡玲
责任编辑　朱小钗
特约审读　李　鑫
责任校对　董　亮　时东明
装帧设计　刘怡霖

出版发行　华东师范大学出版社
社　　址　上海市中山北路 3663 号　邮编 200062
网　　址　www.ecnupress.com.cn
电　　话　021-60821666　行政传真 021-62572105
客服电话　021-62865537　门市(邮购)电话 021-62869887
地　　址　上海市中山北路 3663 号华东师范大学校内先锋路口
网　　店　http://hdsdcbs.tmall.com

印　刷　者　上海颛辉印刷厂有限公司
开　　本　787×1092　16 开
印　　张　15.5
字　　数　248 千字
版　　次　2022 年 3 月第 1 版
印　　次　2022 年 3 月第 1 次
书　　号　ISBN 978-7-5760-2917-8
定　　价　46.00 元

出 版 人　王　焰

（如发现本版图书有印订质量问题,请寄回本社客服中心调换或电话 021-62865537 联系）

目　录

上　编　小学数学课程"整合观"的形成

下　编　小学数学课程"整合观"的实践

序　一

2018 年,东北师范大学承担了教育部国培计划首届"中小学名师领航工程"项目,虞怡玲老师是其中三名小学数学名师之一,我作为指导教师,与他们共同学习和交流。在领航工程实施的三年中,学员们多次来东北师大集中学习交流,展示他们的教研历程和研究成果,凝炼教育主张和教育思想,而我也有机会到学员所在学校考察、观摩、评课,感受一线教师在教育教学实践中的探索与智慧。

在名师领航工程的学习和交流过程中,虞怡玲老师介绍了她和她的团队多年探索和研究的整合理念下的小学数学课程与教学改革历程,交流并提炼了小学数学课程的"整合观"及其课堂教学实践。在虞老师所在学校上海师范大学附属卢湾实验小学,我现场观摩了她和她的团队展示的体现数学整合观的系列课。通过这一系列的线上线下活动,我了解了虞怡玲老师和她的团队 20 多年来对小学数学课程与教学改革的不断追求与探索,特别是形成整合观下的小学数学课程与教学的教育思想,并将这些理念付诸行动,体现在具体的教学活动之中,凝结成理论与实践相结合的研究成果。《小学数学课程"整合观"》就是这项研究成果的集中展示。

本书介绍了新时代基础教育课程教学改革这一重要议题。课程整合作为课程理论与实践的主题,在国内外已经有多年的研究历史。自上世纪 60 年代美国学者 J. 比恩(Beane)系统地阐述其理论框架与实践模式后,几十年来课程整合(也称课程统整)一直作为基础教育课程研究的重要议题被不断讨论。整合作为课程组织的一种取向,在不同的学科,特别是学科之间联系的综合课程设计与实践领域是持续探讨的话题。学科内的整合,学科间的整合,以及超学科的整合等不同类型的整合研究,使得课程研究内容越来越丰富,价值越来越高。我国自 2001 年开始实施的新一轮基础教育课程改革,提倡课程的综合性和整体性,关注学生的整体发展和课程内容的整合。本书作者较为清晰地梳理了国内外有关课程整合的理论与实践脉络,特别是几种类型的课程整合,以及对于小学数学学科的意义。从适应新时代基础教育课程教学改革需求的视角,阐述了课程整合对于培养适应时代需要人才的价值、不同类型的课程整合的模式与方法,特别是分析了小学数学学科中课程整合的必要性与可行性。从新时代"立德树人",培养学生核心素养的视角重新认识课程整合的价值,赋予课程整合对于小学数学学科改革的新内涵与要素,为基础教育课程改革中运用和理解课程整合的理念与方法提供了经验。

本书聚焦小学数学课程教学研究的重点问题。小学数学作为基础教育的核心课程,一直以来是重要的研究领域。数学是逻辑性、系统性很强的学科,在教育实践中更需要处理好保持学科自身的系统性与学生整体发展之间的关系。多年来人们不断探索如何以整合的方式进行数学学科的设计与组织,主题式学习、项目式学习等学习方式的引入,试图使整合的理念融入小学数学学科的课程与教学之中。近年来跨学科主题学习、STEM教学设计的理念与实践等研究,也将数学学科的知识与方法融入跨学科的学习之中,其中也蕴含着课程整合的思想。本书作者在多年研究的基础上,深入分析小学数学学科中"数与代数""图形与几何""统计与概率"等领域的内容体系,用整合的理念与方法建构小学数学课程整合的模型与样态,梳理小学数学学科课程中学科内整合、学科间整合和超学科整合的类型与问题,并将整合的目标指向学生核心素养的形成。在学科内整合中透过学科本质提炼核心素养,进而设计促进学生核心素养形成的教学活动;在学科间整合中基于跨学科视角综合体现核心素养,设计主题式学习方式培养学生的核心素养;在超学科整合中提供真实情境,使学生在项目式学习中发展核心素养。这些方法将小学数学学科的课程整合与培养学生核心素养的目标紧密联系,充分发挥课程整合的价值,为小学数学课程教学改革提供可借鉴的研究思路。

本书提供了整合观下小学数学教学研究的实践范例。一种教育理念或模式的价值不应只停留在理论层面,更应在教学实践中体现。《小学数学课程"整合观"》呈现了作者基于20多年来对小学数学课程教学的潜心研究,以及团队持续的教学实践形成的丰富的实践案例。书中介绍了作者小学数学课程整合观的形成过程,从教育主张到教育思想,再到实践模型与策略事无具细,一一呈现。从鲜活的成长故事中,展现着作者和她的团队的小学数学课程"整合观"的理论与实践探索之路。正如作者在书所说："小学数学课程的'整合观'是源自自己的成长过程中所历经课题的研究思考，化归为自己的教学主张并通过教学策略的提炼付诸于教学实践"。这种教学实践反映在教育主张和教育思想的提炼中，更体现在"学科内整合""学科间整合"和"超学科整合"实施过程的案例之中。这些案例从"学习任务整合分析""教学目标整合设计""教学过程整合设计""作业整合设计""教学环节评价设计"等方面较为全面地展示了整合观下不同类型教学设计与实施的核心要素和基本样态。通过小学数学十多个典型的关键问题的解析，以及若干跨学科或超学科主题内容的设计，展示了如何在整合理念指导下实现核心素养导向的小学数学教学活动的组织。如"平行四边形的认识"一课，从内容本质和课标的要求分析入手，纵向梳理学习主题的内容，横向对比不同版本教材的特征，挖掘主题内容中蕴含的"具体到抽象""空间观念""几何直观""逻辑推理"等核心素养，实现内容的整合分析；从学生的知识基础、技能基础、问题解决策略、认知特点和困惑迷思等方面对学生进行整合分析，进而确定学习的整合目标、教学的重点难点和教学过程的整合设计。这些案例作为整合观下的小学数学教学实践的范例，为读者提供了有价值的、可操作的参考。

《小学数学课程"整合观"》是作者多年从事小学数学教学研究的结晶，是在理论与实践相结合的思路下研究小学数学课程与教学的范例。相信书中呈现的整合观下的小学数学教学的理念、模型与案例，将为从事小学数学教育研究的同行们提供借鉴，也会引发对相关问题的进一步思考和探究。

马云鹏

2021 年 9 月于东北师范大学

序　二

2021年的"十一"长假,我在书桌前仔细阅读着上海师范大学附属卢湾实验小学虞怡玲校长《小学数学课程"整合观"》的新书稿,深深地为一位校长扎根课堂,潜心研究的教育情怀和专业精神而感动;为她对小学数学教育持之以恒的坚守而感动;为她从教学实践中产生的问题入手,深入浅出的科学研究态度而感动。书中的字里行间自然流淌着一位校长对"小学数学教育"的热爱之情,诠释着一位特级教师对"学生发展观"与"数学教育观"的正确主张,让我看到了研究者的专业与执著,感受到了名师引领的价值与力量。

我与虞怡玲校长的相识,缘于2018年5月起的国家教育部"国培计划——名师领航工程"项目。该项目是学习贯彻习近平新时代中国特色社会主义思想和党的十九大精神,落实教师教育振兴行动计划,加强师德师风建设,培养高素质教师队伍,"着力培养造就一批有较大社会影响力和知名度,能够引领基础教育改革发展的教育家型卓越教师"的一项高端教师培育项目。我有幸成为"名师领航工程"东北师范大学基地的实践导师,在理论导师马云鹏教授指导下,与小学数学组的三位老师组成学习共同体,一起探索、研究、实践,指导帮助虞怡玲校长等三位老师总结数学教学经验,梳理、提炼数学教育思想,旨在辐射引领更多的教师们一起进步成长,让更多的孩子们享受高质量的数学课堂。

随着国家教育部"国培计划——名师领航工程"项目的推进,我有机会走进虞怡玲校长,了解她日常的工作状态,分享她的教学经验和教育主张。虞怡玲校长善思有为、潜心研究的品质,给我留下了深刻的印象。她是一位勤于学习、善于思考、做事认真的人,她带领工作室的老师们致力于小学数学教学改革的研究,为了全面提高小学数学教学质量,促进学生核心素养的全面落实,虞怡玲校长提出了小学数学"整合观"的教学主张。她经历了数学教育主张形成的全过程,从"初创期"、"发展期"、到"提炼期",一步一个脚印,走进学生,坚守课堂,潜心研究,她生动鲜活的课堂教学案例诠释了既要关注数学学科知识体系内的资源整合,又要关注跨学科的资源整合,既关注学生数学学科知识的学习,更关注学生核心素养的形成的思想。多年的小学数学教学实践,让虞怡玲校长经历了思想的萌芽,到思考的凝练,再到实践的验证的过程,她带领工作室的老师们潜心研究、头脑风暴、集思广益,聚焦教学中的核心问题,并反复追问思考,悟出了促进学生全面发展的教学之道。

多年来,虞怡玲校长带领工作室老师们历经不懈努力探索,在长期的教学实践中形成了独具特色的数学教育主张,最终形成了《小学数学课程"整合观"》的新书稿。书中提出了小学数学课程"整合观"的主张,即"数学课堂是整合知识、方法、思想的体验课堂,数学课堂是整合阅读与数学表达的交互课堂,以整合的视角展开教学,在提升学生数学素养的同时,发展学生核心素养,包括沟通与合作、创造性与问题解决、信息素养等核心素养。"并用"整合"的视角对数学课程与教学进行探索研究。研究是伴随着专业成长的历程展开的,在本书的上篇,虞老师用生动的笔触及一个个成长故事,向我们展示了一位名师的成长史,展现了在不同成长历程中的内在发展源动力、外部专业支持平台对其专业发展的支持策略与支撑作用。我们也可以从对这些鲜活的关键事件的了解中,看到虞校长在专业梯度发展时期对专业思考、责任担当及教育思想提炼的过程。本书的中篇和下篇,用研究的方法,对小学数学课程"整合观"提出了研究假设,进行了实践路径的架构,匹配三个实践样态进行了探索。非常难能可贵的是这种整合型的实践研究是基于核心素养指导下的研究。有了这么一个特色鲜明的课题研究,让虞怡玲校长领衔的名师领航工程名师工作室不仅有了抓手,也有了聚焦的核心研究点。而课题的选题也正好符合数学教育改革的方向,从整合的视角、单元主题设计的视角,聚焦核心素养的培育,锚定数学学科核心素养的培育,助力学生的发展,在研究和实践中为小学数学课程教学改革及学生素养培育提供了很好的思考方向和实践路径。

纵览全书,徜徉文字间,既有虞怡玲校长个人成长的经历,又有对于经历的解读,既有虞怡玲校长课堂实践的记录,又有课堂实践后的反思。这一如既往的坚持,诠释了一位数学特级教师从"经验型"向"研究型"不断跨越的蜕变历程,深刻、专业、耐人寻味……这本书既是虞怡玲校长作为国家教育部"国培计划——名师领航工程"的名师向大家交出的一份沉甸甸的成果,也是她为小学数学教育同行们提供的可供参考借鉴的示范。该书值得我们学习与思考。我们从虞怡玲校长的教育思想凝练过程,可以看到这是一位有情怀、有奉献精神的数学名师的成长进步的记录,她潜心研究,会研究、善研究、能研究,且研究有成果;她用心引领,会引领、善引领、能引领,且引领有成果;她向我们展示了一名数学教育工作者,在认真研究中工作,在工作中认真研究的良好的职业状态和孜孜不倦的研究精神。

2021 年金秋时节,我们在北京召开的教育部基础教育教学指导委员会数学教学指导专委会第一次全体会议暨首次学术年会上又重逢。虞怡玲校长代表小组做了大会发言,这次发言紧紧围绕国家课程改革的方向展开,条理清晰,重点突出,我又一次感受到了她的教育情怀和专业能力。她将在国家级的教育平台上为基础教育教学的发展做出更多、更有意义的工作,我对虞怡玲校长充满期待,我坚信她会不负众望,再创佳绩。

目光再一次凝聚在《小学数学课程"整合观"》新书稿上,眼前浮现出虞怡玲校长那淡定的神情,自信的目光;她与学生交流时充满爱意的轻声慢语;她与工作室教师充满真诚的交谈;她与教育部基础教育教学指导委员会数学教学指导专委会委员们的侃侃而谈……期盼着她在理论与实践结合中获得再发展,期盼着她的实践经验与同伴共同分享,并引发教师们对小学数学教育的再思考、再讨论……

吴正宪

2021 年 10 月于北京教育科学研究院

引　言
"我"和"我的教育思想"

◢ 我——

虞怡玲，上海师范大学附属卢湾实验小学校长、数学教师，上海市特级教师、正高级教师。30余年的小学数学教师生涯，近20年亲历上海市数学课程教学改革的经历，国家教育部名师领航工程的培育，让我对数学课程教学的变革有了一份清晰的把握；对数学的学科理解有了一份自己的思考，并逐渐炼就了属于自己的教学主张和教学风格，形成了属于自己的教育思想——小学数学课程"整合观"。

◢ 我的学科理解

数学学习，不仅是对数学知识的学习，更是对数学方法、数学思想的体验；数学学习不仅是解答问题，更是一种数学思维体系下的理性精神的生成过程。若干年之后，学生或许会把数学知识遗忘，但若能将数学方法、数学思想内化，成为一种理解世界、思考问题、表达认识的方式，形成求真务实的科学、理性精神，便真正发挥出了数学学科的育人价值。

我的教育思想

小学数学课程"整合观"——人的发展是综合的、立体的,要从数学课程整合的视角为学生提供最适切、促进未来后续发展的教育。数学课程整合视域下的数学课堂是整合知识、方法、思想的体验课堂,是整合数学阅读与数学表达的交互课堂。以"整合"视角展开数学的教与学,在提升学生数学素养的同时,发展学生核心素养,包括沟通与合作、创造性与问题解决、批判性思维、信息素养等。

我的教学风格

尊重学生差异、关注学习发生;注重数学方法、思想的整合体验;倡导清晰、有逻辑的数学阅读、数学表达。

我的课堂策略

基于生本分析—汲取生成资源—促进数学阅读—提升数学表达

上　编

小学数学课程"整合观"的形成

第一章　教学主张初创期：数学"整合"课堂

成长故事

　　1990 年,大学毕业的我来到了上海市卢湾区第一中心小学任教数学。卢湾一中心小学是一所名校,拥有一批名师,我十分有幸与名师们一路同行。数学教导虞天敏老师是区学科带头人、中学高级教师,她成为我的第一位带教师傅。虞老师教学细致、治学严谨,从她带教我的那天起,卢湾一中心小学的校园里总会出现"老虞＋小虞"的组合身影。师傅听课,是每一位青年教师都会经历的过程,但老虞老师听课的方式和别的师傅不一样,她进入我的课堂听随堂课,不是一节、两节,而是连着一个月,天天听、天天评！从每一次的教学设计、教学实施、学生分析聊起,在老虞老师的手把手带教下,作为新教师的我入职第二年就获得了区教学评比一等奖,之后获得了区教学技能大赛一等奖、区说课比赛一等奖……

　　"小虞,现在的你已经有了一定的教学技能,能在数学课堂中展现你独特的教学风格了,如果你想在数学教学之路上更精进,你需要再找一位师傅,帮助你学会对学科教学深层次思考,帮助你梳理提炼实践背后的思考。这个方面我不是强项,你可以找程华校长。"当师傅老虞老师跟我说出这番话的时候,我是诧异万分的,一来跟着师傅学习已然成为我的习惯与选择,对这样的变化我有点不适应;二来我万万没有想到,师傅会说出这样的一番话语,她那么希望我能突破自我,突破发展瓶颈,并为我指明了发展的方向。

　　老虞老师说到的程华校长是当时区里小学教研室主任、小学数学专家,才刚因工作调动来到卢湾一中心小学担任校长。受老虞老师之托,程校长成了我的第二位带教导师。

通过课题引领整体规划、归纳提炼促进深层思考,程校长带我开启了数学教学研究之路。《校本数学课程的开发与实践》是程校长带我做的第一个课题,其间程校长进行成果的梳理提炼、结构设计;我负责提供案例、撰写成稿。最终,课题的研究成果——论文《小学数学校本课程开发的实践研究》获得了中国教育学会小学数学教学专业委员会 10 届年会论文评选一等奖。现在想来,这不仅仅是一个课题的成果、一篇论文的得奖,更是开启我数学课程"整合观"大门的钥匙,它为我的数学教育思想的形成提供了萌芽。

第一节　数学"整合"课堂:"整合"多种数学知识与方法的体验课堂

关键事件:这是一堂立足于运用的理财课

[行] 理财课中的数学观

香港的迪斯尼乐园对大多数同学来说是充满吸引力的。

❀(场景一)❀

"同学们,如果要去香港旅游的话,你们将做何种准备?"

听到这个问题,班级里顿时间热闹非凡——

"香港需要用港币的,了解一下人民币对港币的汇率,换点港币。"

"比较一下两地超市的食品价格,从经济方面考虑一下,是否应该带点食品作为旅游的休闲食品。"

"我肯定会到迪斯尼乐园去旅游的,在旅游的同时,我会考虑买一些旅游纪念品,最好能享受优惠打折的纪念品。"

……

❀(场景二)❀

对于出现在屏幕上的沪港两地屈臣氏超市的食品价格对比表,学生们分小组开始了讨论。

"我可以把香港屈臣氏超市的食品价格(以港币为单位)换算成人民币,然后与上海屈臣氏超市食品价格(以人民币为单位)作比较。"

"杨梅在香港屈臣氏是 8.40 港币,在上海屈臣氏是 8.40 人民币,1 元港币约兑换 1.04 元人民币(当时的汇率牌价),所以不用计算,马上可以估计出杨梅在香港屈臣氏超市的价格比较贵。"

……

这堂理财课"整合"了小数四则混合运算单元的多种数学知识,人民币与港币的兑换过程中需要进行小数乘或除的运算,对计算的结果需要用四舍五入法取近似值;比照两地超市食品价位的过程中,运用了小数的估算与简便运算;到迪斯尼乐园采购旅游纪念品的过程中,有小数的运算、巧算……

这堂理财课"整合"了多种数学问题的解决方法,比如对两地食品的价格比较上,可算可估,可根据所呈现数据的特点,合理地选择方法进行比较,"整合"着两种方法的策略能很快地解决问题。又如,购买迪斯尼旅游纪念品的购物方案不是唯一的,各人的选择可以不同,解决问题的数学方法也可能不同,可从预定的购物款为起点进行思考与计划,也可以从所选用的纪念品的价格或优惠价为起点进行思考与比较,整合着不同数学方法的问题解决策略往往是最有价值、最具实效的。

[思] 数学课堂——"整合"多种数学知识与方法的体验课堂

不是所有的数学课堂都会牵涉到许多的数学知识点,但不可否认,有那么一些课堂尤其是在单元练习课的课堂之上,知识与知识间的关联、方法与方法间的相融,使得知识与方法的"整合"成为一种必然。而在这个过程之中,对于教师而言,教师的职能在于寻找一种能整合多种知识与方法的载体,它可能是一个来自于生活的具体情景,可能是一个来源于创意的开放练习……教师应该成为这种情景的发现者,这种练习的设计者;对学生而言,学生在这个"整合"的课堂之上体验着知识与知识间的融会贯通、方法与方法间的灵活变通,他们感受到数学是有用的、是快乐的、是充满活力的。

由此,我提出了数学"整合"课堂的第一个观点:

数学课堂——"整合"多种数学知识与方法的体验课堂

在我们的数学课堂之上,有一种课堂,它所牵涉到的数学知识可能不止一项、所涉及到的数学方法可能不止一种。"整合"成为这种课堂的必需:

整合知识——根据教学的要求、教学的目标重组,改造学科内部知识,在维系学科课程知识与基础特点的同时,打破知识壁垒,强化新旧知识的融通。

整合方法——根据学生的认知特点与教学内容的具体要求,引导学生多角度、多方向地思考,寻求解决问题的方法。在这样的课堂之上,数学方法可能是不唯一的、方法与方法之间适度"整合",共同解决综合的数学问题。

第二节　数学"整合"课堂:"整合"多门学科特点与内容的有效课堂

关键事件:这是一堂并不"规范"的数学课

[行]"年月日"中的学科整合

"同学们,在上新课之前让我们先来看一段电脑动画,我们这节课的课题就包含在里面,待会我们看完后来猜猜看,好吗?"当我的开场白一说完,看得出孩子们有点愕然,毕竟数学课以猜谜开始是不多见的。然而,孩子们的好奇心、好胜心马上占了上风,教室里静悄悄的。当配有背景音乐的太阳、地球、月球的运行图及其分解图在屏幕上演示时,孩子们全神贯注,接着又互相讨论起来。

不得不佩服,现在的孩子的知识面是非常广泛的。不多久就有孩子根据天体运动的自然知识猜出这节课我们要学习"年、月、日"。

紧接着的教学过程也不那么"规范",我并不忙着向学生们传授有关"年、月、日"的数学知识,而是让他们根据手中的年历卡自学 3 个问题,完成一张每月天数统计表。这还不算,在解决问题之前我让学生们自由提问。你可别小看这些孩子,他们的提问绝对是有水准,并且是经过充分思考的。例如,"二月为什么有时是 28 天,有时是 29 天?""为什么 7 月之前单数月有 31 天,7 月后双数月有 31 天?"等等。看得出每个孩子都进行了仔细的观察、认真的思考。

让学生们带着问题讨论自学,是希望充分发挥学生们主动学习的能力,鼓励学生仔细观察、认真思考,调动每一位学生的积极性。

学生们通过完成每月天数统计表,自己对月份进行了分类,同时感悟了对复杂数据进行整理的统计思想;通过观察电脑的演示画面,理解了"四年一闰"的由来。原本的教学难点在先进的教学媒体(1999 年的数学课堂,刚开启多媒体辅助教学的课堂实践)的帮助下,变得形象、生动,让学生有了强烈的代入感;同学们通过观察闰年的出现规律,自主讨论得出闰年的判别方法……

最让学生们兴奋的是,老师会带他们畅游时间隧道。虽说隧道是用电脑虚拟的,每一站还有与教材有关的知识等待解答,但这一切还是让孩子们兴奋不已,他们严阵以待等着飞船把他们带到过去飞向未来。同时时间涉及历史,所以飞船的登陆点被安排在 1840 年的鸦片战争时期;1949 年,中华人民共和国成立日;1997 年香港回归;以及未来的 2010 年,世博会在上海召开的那一年……结合着这些重大事件对学生进行爱国主义教育,自然而不牵强。

这是一堂在旁人眼里并不那么"规范"的数学课。课堂上不仅进行了数学知识的学习,还整合着其他学科的教学——数学与自然学科整合,数学与历史学科整合,数学与社会学科整合,数学与语文学科整合,整合出一片数学教学的新天地。孩子们学得那么高兴,他们感到,自己是一个乐于学习、善于学习的人,在老师的引导下、媒体的帮助下,自己学会了许多数学知识、数学的思考方法;他们还感到,原来数学课可以那么有趣,天文、思想教育、言语表达都能在数学课上得以培养。

课上,一个孩子在展望未来时说:"我希望自己能成为一名教师,像老师你一样为学生上课。"这是一句并不带有豪情壮志的发言,却道出了学生的心声,学生们喜欢这样的课,虽不"规范",但学科"整合"的特点使得这样的课堂生动有趣、积极有效。

[思] 数学课堂——"整合"多门学科特点与内容的有效课堂

学科整合打破了原有学科之间的界限,揭示并强化了学科之间的联系。但是,作为数学学科的整合课堂,它一定是立足于数学学科,而向其他学科进行辐射,即利用、依靠其他学科的知识,帮助理解或综合解决数学学科的教学重点、难点。而在这个过程之中,对教师而言,教师的职能在于找准学科整合的整合点,把握一定的尺度;对于学生而言,学科整合的相融性使得他们能用发展、整体的观点与方法学习数学知识、运用数学方法、解决实际问题,这是一种对学生终生学习有益的学习,是一个积极有效的数学课堂。

于是,我提出了数学"整合"课堂的第二个观点:

> **数学课堂——"整合"多门学科特点与内容的有效课堂**
>
> 在我们的数学课堂之上,有一种课堂,它需要整合数学学科与相关学科间的特点与内容。对于信息化社会来说,社会的需求使得教育各学科之间产生了日益明显的融合趋势,跨学科作为原有分科课程分支的一种补充,已越来越被人们所重视。跨学科课程在学科之间架起桥梁而又不排除各科特性的学习内容,它突破学科的界限,旨在统整学生的知识,帮助学生认识世界的完整图景,它的最大功效是增添了课程内容的灵活性,有利于新知识的引用和知识的运用。

第三节　数学"整合"课堂:"整合"多维生活实际与应用的动态课堂

关键事件：这是一堂走向社会的数学探究课

[行] 探究"校园周边环境"

小学五年级的学生对社会、事物已经开始有了自己的独特理解与思考,他们对学校周围的环境有了自己的意见,并想对此作出调查与分析,寻求解决方法。

❀（场景一）❀

"我们如何调查学校门口的交通情况呢？"

"分组进行吧,我们组统计机动车流量,你们组统计非机动车流量……"

"我们得统一调查的时间,调查周一到周五上午7:45—8:15这一上学高峰的半小时内的车流量。"

"我们可以用画正字的方法进行数据的收集。"

学生们你一句、我一言,对数据收集的方法进行了有价值的建议。

……

❀（场景二）❀

"我们该如何呈现收集到的数据呢？讨论一下！"

在老师的提议下,学生们又开始了新一轮的讨论。

"我想用条形统计图表示,直条的长短可以直观地反映出数量的多少。"

"我想用折线统计图表示,因为它能清晰地反映五天中同一个时间段内车辆的增减变化情况。"

"我把统计机动车与非机动车情况的两张条形统计图合并在一起就成为一张复式条形统计图。"

……

这是一堂走向社会的数学探究课,在这节课的背后,有一个周密、科学的探究活动作为支撑,并整合着多种多样的数学知识在实际生活中的运用策略。在专题研究的过程中,学生建立了初步的统计思想,体验了统计的全过程,即数据收集—数据整理—数据呈现—数据分析的过程；总结了许多收集数据的好方法,如画正字法、分类收集法等；总结了许多整理数据的方法,如按时间顺序排列法；还体会了根据数据的特点选用合适的统计图表更清晰地反映实际情况,如用折线统计图能清晰地反映一周内同一个时段（上学的时段）的车辆增减变化情况,用条形统计图能直观地反映数量的多少,等等。最可喜的是,学生们真正体会到了统计知识的生活实效性,在数据分析过程中,他们不仅能够发现问题的症结,更能提出许许多多合理的处理解决方法；他们不仅掌握了数学知识,更拓展了一种统计知识的运用能力。这是一个由"整合"所带来的动态课堂。

[思] 数学课堂——"整合"多维生活实际与应用的动态课堂

教学的真谛在于一种生活的体验,有效的数学学习往往在于把数学与生活进行有效的整合。引导学生体验知识来源于实际并运用于实际的过程,以体验知识的生活实效性来促进学生参与学习的良好心态的产生。整合的数学课堂应该是一个开放的课堂,是课内向课外延伸的课堂,而在这个过程之中,教师的职能在于选择好整合的主题,做一个有心人,把学生生活中所遇到的一般生活常识性的,却又是他们尚未解决的问题或是社会生活中学生普遍关注的焦点问题,作为研究的主攻方向,这些内容是不断产生的,是在变化之中的,通过对这些问题的探究,学生学习数学有了一个在课堂之外、生活之中的广泛展示空间。而对于学生而言,在这个开放的数学大课堂之上,由主题与任务驱动所激发的学习,是一种积极的学习,使学生成为学习的主人。社会是多变的、主题与任务也是多变的,在多变的过程中找寻数学运用模型,调用已有的知识与能力解决问题,从而使学生学习能力提升。

继而,我提出了数学"整合"课堂的第三个观点:

数学课堂——"整合"多维生活实际与应用的动态课堂

在我们的数学课堂之上,有一种课堂,它立足于课内又延伸至课外,这是一个立足于解决生活实际问题的多维动态课堂,这是一个广义意义上的数学"大课堂",它往往是以主题探究式的综合运用活动所展开的。

在这个"大课堂"上,在综合运用中有时需要根据知识间内在联系以及学生的心理特征把数门相邻学科的内容组织在一起,与传统的学科课程相比,它更注重与宏观的社会问题的结合。"它打破了学科间的界限,突出了学生走向社会时将要解决的大部分具体问题的复杂性、整体性和相互关联的性质,能使我们更清楚地看到世界、生命和科学的统一性"。

[述] 数学"整合"课堂之雏形

综上，从一个研究课题出发，不断在数学课堂中思量数学学科内、学科间的"整合"视角，渐成自己的教学主张——数学"整合"课堂，从内向的视角，提出了数学知识和方法的整合；从外向的视角，提出了基于数学课堂的跨学科整合教学；从应用的视角，提出了数学与生活相整合的综合教学。至此，数学"整合"课堂作为自己的学科主张，渐成雏形。

第二章　教学主张发展期：数学课堂的"整合观"

成长故事

　　2003 年，受组织调动我来到了上海市卢湾区第二中心小学担任教学副校长。卢湾二中心是一所百年老校，这所联合国重点推荐的名校有着丰富的历史积淀与教研文化。岗位的变动，促使我跳出了数学学科的单一视野，进入更多学科的课堂进行吸纳、学习并反思。学科是互通的，当我步入语文、英语、音乐、美术、体育、自然等各学科课堂时，发现了更多的学科共通、共融之处。数学学科的统计学习为自然学科的科学调研提供了数据收集、呈现及分析的方法；美术课堂中关于图形的设计与美化渗透着轴对称图形的相关内容；信息学科中的小编程与数学流程图有着密切的关系……

　　无独有偶，卢湾二中心的市级课题——《探究性学习的实践与探索》中的一个研究点同样落实在数学学科的"整合"之上，我所关注、研究与探索的数学学科的"整合"问题得到了延续，这是我的一份幸运，也是给我的一个机会，我没有理由放弃数学学科"整合"问题的研究……

　　2006 年，我被推选进入上海市双名工程首期名教师高级研修班，师承上海市特级教师曹培英老师进行为期两年的培训研究。名师工作室的第一个任务便是让我们每位学员回顾自己的成长历史，凝练属于自己的教学主张——从数学"整合"课堂走向数学课堂的"整合观"。从那一刻开始，我对自己的教学主张进行了进一步的梳理与提炼。

第一节　关于数学学习的再思考

[思] 数学"学"什么？

数学学什么？有很多次，孩子们的回答会出奇地迅速、统一——"学会做题呀！"。做题，也是教师心中的焦点。每当拿到试卷时，教师也会说："哦，还好！这个类型的题目我们做过的。""呀！我们没练过这样的题目，看来这次要考砸啦……"可见，在师生心目中，会做题目已成为学好数学的重要评判维度。

然而，我不禁思考，这是数学教学的本意吗？我们需要怎样的数学课堂？不妨从数学学习的本意开始探讨。

数学学习，不仅是对数学知识的学习，更是对数学方法、数学思想的体验；数学学习不仅是解答问题，更是一种数学思维体系下的理性精神的生成过程。若干年之后，学生会把数学知识遗忘，但若能将数学方法、数学思想内化于心，使其成为一种思考问题、理解世界、表达认识的方式，或许才是数学学习的本意所在。

由此，整合知识、方法、思想，兼容阅读、思考、表达的课堂，成为我对数学教学的一份追求。

第二节　关于数学课堂的"整合观"

[述] 从数学"整合"课堂到数学课堂的"整合观"

这个时期，我对自己的教学主张有了更深入的思考，把雏形期对数学"整合"课堂的观点进行了进一步的梳理与提炼，见下图：

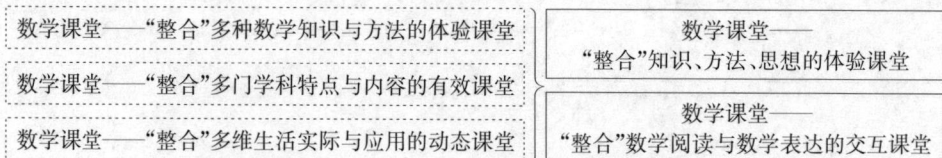

数学课堂——"整合"多种数学知识与方法的体验课堂	数学课堂——"整合"知识、方法、思想的体验课堂
数学课堂——"整合"多门学科特点与内容的有效课堂	
数学课堂——"整合"多维生活实际与应用的动态课堂	数学课堂——"整合"数学阅读与数学表达的交互课堂

图 2-1　数学课堂"整合观"观点之发展

如图所示,雏形期的教学主张尚处于对教学内容、教学方法的整合,而到第二阶段的发展提炼期,我开始从"整合"的视角,把第一阶段的三个观点即"整合"多种数学知识与方法的体验课堂、"整合"多门学科特点与内容的有效课堂、"整合"多维生活实际与应用的动态课堂整合为第二阶段的第一个观点:数学课堂——整合知识、方法、思维的体验课堂。在这个观点中,特别增加了数学思维这一要素。思维是人脑对客观事物的本质和事物内在规律性的概括与间接反映[①],数学思维是人们对抽象之后进入数学内部世界的数学对象的一种思考方式,富有数学学科特质,对后续的学习将起到思维的引领作用。

同时,我开始从数学素养的视角思考数学学习给予学生的真实收获,并据此提出了这一阶段的第二个观点:数学课堂——整合数学阅读与数学表达的交互课堂。数学的阅读是一个输入的过程,是从数学的角度对现实世界的一种观察与洞察,是把生活的、数学的对象抽象到数学世界中;数学的表达是一个输出的过程,是把数学思考、数学实践后的对象清晰表达呈现的过程,即让数学的对象、问题解决的结果内容等回归生活。

这一阶段的教学主张的提炼,更触及数学学习的内核。具体来说,不仅从数学内容、方式上有整合提炼,而且从数学学习的价值、数学学科素养方面提出了初步的思考。于是,我在第一阶段的基础上提出了数学课堂的"整合观",并用这一教学主张引领我的教学实践行为。

[思] 数学课堂——整合知识、方法、思想的体验课堂

数学课堂"整合观"的第一个观点:

> **数学课堂——整合知识、方法、思想的体验课堂**
>
> 在教学中,很多数学教师习惯于静态地看待数学知识,只是为了教会学生知识而组织教学活动。而我认为应该用动态的视角看待数

[①]　朱智贤,林崇德.思维发展心理学[M].北京:北京师范大学出版社,1986.

学知识,因为数学是一门逻辑性强、结构性强的学科,知识之间通常有着承前启后的关联。看待一个知识点,向前追溯可以把握住知识的逻辑起点,向后推延可以拓展知识的生长点,知识之间用线性或框架的结构联结成为数学知识体系。在关注知识联结的数学课堂上,学生的学习体验会对其今后形成架构清晰的知识体系大有帮助。

在数学的整合课堂中,要将数学知识与其背后所蕴含的数学方法、数学思想进行整合。了解学生的认知特点,把数学知识作为一个载体,进行相关的教学设计,设计的关注点是整合目标的确立。

关键事件:从教学目标比对中了解数学课堂的"整合观"

[行] 同课异构之《编码》

我们可以通过以下一组教学目标的对比,对数学课堂的"整合观"中如何整合数学阅读和数学表达进行了解。

《编码》(上海版教材五年级第一学期)	《编码》(上海版教材五年级第一学期)
【知识与技能目标】 1. 了解数字与编码的关系。 2. 知道编码的特点(简明、有序、对应)。 3. 掌握常用编码(邮政编码、身份证号)的编排方法。 【过程与方法目标】 4. 探究邮政编码的编写规律,提高对数字信息的分析、解读能力。 5. 有序思维的体验,提高数字信息整理分析配对的能力。 6. 根据实际情况,自编与自己相关的数字编码,提高数学知识的运用能力。 【情感态度与价值观目标】 7. 体验数学与现实生活的密切联系,激发对数学的学习兴趣,产生自觉运用数学知识的意识。	【知识与技能目标】 1. 了解数字与编码的关系。 2. 知道编码的特点(有序、对应、优化)。 【过程与方法目标】 3. 在对邮政编码的编写规律进行有序排列与探究的过程中,经历对数字信息的分析、解读的过程,体验有序、对应的数学思维方式。 4. 提炼生活经验,在身份证号码的比对中解读信息,初步了解编码的意图、用途及特点。 【情感态度与价值观目标】 5. 体验数学与现实生活的密切联系,激发对数学的学习兴趣,产生自觉运用数学知识的意识。

图 2-2　同课异构《编码》教学目标比对

对于五年级第一学期的教学内容《编码》,两堂课教学目标的相同点是数学知识的知识与技能目标;不同点是整合知识、方法、思想的过程与方法目标。究其原因,对于同一数学知识,其知识技能维度的目标一般相差不多,这是由数学知识体系的确定性所决定的。而不同的整合目标将通过过程方法目标的设定,匹配不同的教学设计。课堂一:要求根据编码信息的解读并自编与自己相关的数字编码,提高学生运用能力,因为课堂一的实际授课时间大约在 2006 年左右,当时正处第一代身份证向第二代身份证转化的时段,这一情境为自己编写第二代身份证的过程中体验编码的特点,进而整合数学知识、数学方法提供了最好切入口;课堂二:要求学生用比较的方法解读身份证信息,通过码段相同点、不同点的比较,有效推断码段信息,进而了解编码的特点,旨在体验比较分析的方法、有序思考的思想。

数学整合的课堂,会带给学生众多的体验和感悟。即便是在将来,当知识遗忘之后,已然内化的方法、思想会被激发、调用,足以帮助学生应对问题、解决问题。当然课堂中还可以将学生认知特点、教师教学风格、社会不同需求等方面做为整合切入口,使数学课堂焕发出鲜活的生命力。

[思] 数学课堂——"整合"数学阅读与数学表达的交互课堂

数学课堂"整合观"的第二个观点:

数学课堂——"整合"数学阅读与数学表达的交互课堂

如果说数学知识与数学方法、数学思想的整合是现今数学课堂的"魂",那它必须要有一个显见的、可操作的形式在数学课堂上呈现。我认为,这种表现的形式又是以一种整合的形式体现的,那就是——数学阅读与数学表达的整合体现。

数学阅读是一种完整的心理活动过程,包含语言符号(文字、数学符号、术语、公式、图表等)的感知和认读、新概念的同化和顺应、阅读材料的理解和记忆等各种心理活动因素。同时,它也是一个不断假设、证明、想象、推理的积极能动的认知过程。数学阅读从素材的呈现方式分类,可分为连续性文本和非连续性文本两类。连续性文本以句子和段落组成,在文本中数学信息往往与生活信息融合呈现,与生活的关联性很强;非连续性文本多以统计图表、图画等形式呈现,特点是直观、简明,概括性强。

数学表达从狭义的角度讲是指对习得的数学知识进行系统梳理后的清晰阐述,既能在表达中揭示知识间的逻辑承接关系,同时能对知识背后所感悟到的数学方法、数学思想等作出重点归因式的阐述表达。数学表达从广义的角度理解,是指用概括、富有逻辑且重点突出的表述形式阐明所面临的数学或非数学情景问题及解决的思考、路径、方法等。

关键事件:从数学日志说起……

[行] 数学课堂中的数学阅读与数学表达

数学阅读与数学表达是一组相辅相成的课堂要素,在课堂中整合的关键是数学阅读与数学表达的素材取用及使用。素材来源之一是教材,曾几何时,数学教材的使用率大大降低,仅仅作为学生完成课本习题练习之用。其实,教材中有大量的统计图表、结构框架等非连续文本;也有定义、表述等文本,这些都可以作为阅读素材引导学生阅读,鼓励学生在分析理解的基础上,用数学语言清晰地表述知识的重点要素或知识间的关联等。

例如,在"商不变性质"的学习过程中,可以引导学生对"商不变性质"的文本表述进行阅读:

被除数和除数<u>同时乘</u>或者除以<u>一个相同的数</u>(零除外),它们的商不变,这叫做商不变性质。

其中,关于划线部分的重点阅读部分可以引导学生自己提出,或让同伴提出并分享的形式落实。同时,老师可以引导学生用比较的方式,对上述文本表述中的重点内容是否可删去替代的问题进行论述。在表述中,可以建议用以下的语句"因为……所以……"(因为除法中除数不能为零,所以"零除外"这个补充条件不能删去);也可以用反例的形式,举例表述"同时""一个相同的数"等重点内容不可替换的理由。以上例子中的文本是教材中的内容,对以上文本整合数学阅读与表达的功能进行处理,有利于学生观察、分析、比较能力的提升及语言表达能力的提高。

素材的来源之二是非教材文本,可以是教师直接在报刊、书籍中取用的,也可以是根据实际生活与课堂教学重点结合后再构的文本。这些需要学生用数学的眼光看待,排除干扰信息,凸显重点信息,是一个体验"发现问题、解决问题"的数学化的过程,需要学生明晰真实信息与数学信息之间存在的关联,阐明信息背后的数学本质,用连贯的数学语言进行表述。例如,以下是一个由老师再构的数学阅读文本:

这是小丁丁写的一则日记,请你用"＿＿＿＿＿"将其中的数学错误画出,并在原处改正。

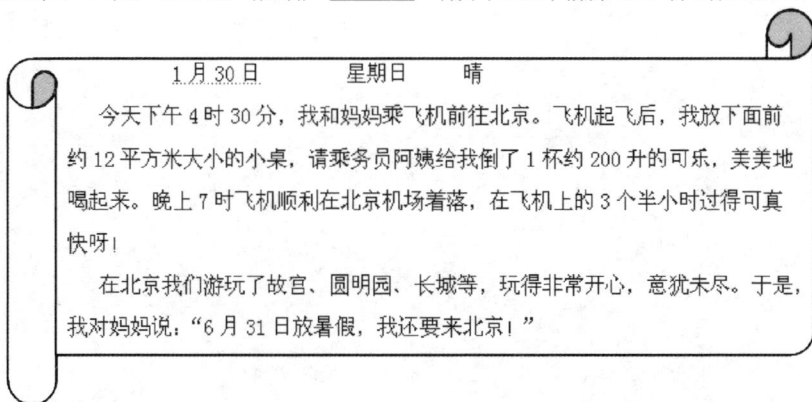

1月30日　　　星期日　　　晴

今天下午4时30分,我和妈妈乘飞机前往北京。飞机起飞后,我放下面前约12平方米大小的小桌,请乘务员阿姨给我倒了1杯约200升的可乐,美美地喝起来。晚上7时飞机顺利在北京机场着落,在飞机上的3个半小时过得可真快呀!

在北京我们游玩了故宫、圆明园、长城等,玩得非常开心,意犹未尽。于是,我对妈妈说:"6月31日放暑假,我还要来北京!"

图 2-3　数学日记

以日记形式呈现的一个连续性文本,涵盖了很多和量感有关的数学信息。量感需要结合生活实际进行感悟,因此以上例子提供了一个生活情景中的综合阅读素材。在纠错的过程中,老师可以引导学生用举范例、反例等形式进行清晰表述,发现错误、改正错误的过程和阐明理由的过程一定是有理有据的。

数学阅读与数学表达是相关联的,结合所取用的素材,可以成为数学课堂的一个整合点。因为,作为一名学生,一名将会走上社会的公民,他们对信息的阅读理解及理性表述,将是数学课堂给予他们的终身受用的能力。

[述] 数学课堂的"整合观"渐成

学数学既是为了积累体验数学方法、数学思想,也是为了更清晰、有逻辑地阅读、表达信息。我们要用"整合"的视角看待我们的数学课堂,更多地关注学生作为一名社会人的职业需求、生活需求,因为学生将要面对的世界是多元的、多变的、多姿多彩的。

第三章　教学主张提炼期：实践数学课堂"整合观"提升数学学习品质

成长故事

　　带着自己的教学主张，我的数学教学之路走得更有方向、更有底气了。2008年，我以优秀学员的身份从上海市双名工程曹培英名师工作室光荣结业；2009年，我被评选为上海市特级教师。特级教师是一份专业的荣誉，更承担着一份专业的责任，我带着自己的教学主张——数学课堂的"整合观"在自己的教学中、在自己领衔的名师工作室的实践中不断地探索、深耕……

　　2017年是我在小学数学特级教师岗位上的第8个年头，一个新的专业发展阶段悄然而至。为贯彻落实党的十九大精神，进一步深化上海市教育综合改革，鼓励优秀教师关注课堂，加强教学研究，培育自身教学风格，成为学科教学专家，进而整体提升上海基础教育的教师队伍水平，上海市教育委员会组织开展"讲台上的名师"项目，通过搭建优秀教师课堂教学系列展示和学科教学研讨的开放平台，运用全国乃至国际名师资源，激发上海教师的发展意识，强化优秀教师立足讲台的意识，促进教师规范教学行为、切磋教学技艺、解析教学难点、交流学科认识、培育教学风格、增进学术意识、活跃教学研究、探讨教学思想，发挥名师在教师队伍中的示范辐射作用，促进更多的优秀教师成为学科教学专家，扩大上海基础教育和教师队伍在全国乃至国际的影响力，逐步培育海派名师的成长环境。

　　经过层层选拔，我光荣入选为2017年展示名师，也是上海市小学数学学科第一位进行教学展示的老师。被入选的各学科名师在进行展示前，必须对自己的教学主张、学科理解进行进一步的凝练，同时要更清晰地厘清基于教学主张下的实施策略以供推广。于是，我把原有的思考放入数学学科发展的大背景下，加上自已在上海市数学课程标准修订组、上海市数学教材审查组、上海市绿色指标评价项目组的专家研究的过程积淀,对自己所提出的"数学课堂的整合观"这一概念的内涵进行了进一步的厘清,同时梳理了课堂实施的策略。

第一节　关于数学学科理解的再认识

[思] 我的数学理解与教学主张

教学主张的再提炼是基于对数学学科的深度理解,在这期间我再次梳理了教学主张如下:

我的学科理解

数学学习不仅是数学知识的学习,更是对数学方法、数学思想的体验;数学学习不仅是解答问题,更是一种数学思维体系下的理性精神的生成过程。若干年之后,学生或许会把数学知识遗忘,但若能将数学方法、数学思想内化于心,使其成为一种理解世界、思考问题、表达认识的方式,这便是数学的育人价值所在。

我的教学主张

数学课堂的"整合观"——数学课堂是整合知识、方法、思想的体验课堂;数学课堂是整合数学阅读与数学表达的交互课堂。以"整合"视角展开数学教学,在提升学生数学素养的同时,发展学生核心素养,包括沟通与合作、创造性与问题解决、信息素养等核心素养等。

[述] 数学学科的育人价值

这个时期,我对小学数学学科的理解更加深入,开始考虑到数学学习对学生终身的影响及其育人价值的所在。因此,数学课堂的"整合观"也在践行第二阶段所总结的路径之上,开始思考如何在提升学生数学素养的同时,发展学生核心素养,包括沟通与合作、创造性与问题解决、信息素养等核心素养等。

有了这样的深层次的思考,我开始在提炼学科理解、教学主张的同时,归纳实施课堂策略,供名师工作室学员、区域的数学老师们借鉴推广。

第二节　关于数学课堂"整合观"的实践策略

关键事件:讲台上的名师——来自媒体的报道

[行] 数学课的美妙就在于将知识应用于生活

每个人都有自己的"编码",即身份证号码。这一长串 18 位数字中,究竟隐藏着哪些数学的奥秘? 近日,"讲台上的名师"——上海基础教育优秀教师展示和学术论坛小学数学专场在上海师范大学附属卢湾实验小学开讲,该校校长、特级教师虞怡玲就用一串身份证号码,引出了一堂生动的小学数学"编码"课。

数学教学需要有"整合观"。虞怡玲执教的这堂数学课,从实际生活中的问题开始,在运用数学思维和方法寻求解决方案的同时,传授了数学知识和技能。"学生的数学学习,除了提升数学素养之外,更应该教会他们把数学知识用于实际生活。"上海师范大学国际与比较教育研究院院长张民选教授的一席话,道出了眼下沪上中小学数学课堂未来的变革方向。

整合资源引领学生变革学习方式

身份证号码都有哪些编写规则? 虞怡玲的问题刚一抛出,五个小组的学生争先恐后地站起来论述自己课前的研究成果。一个小组的学生说,"通过对比研究我们发现,身份证的第 7—14 位呈现的是出生日期。"另一个小组成员的研究则遇到了一些"挫折":"我们研究的是身份证开头六位地址码,只是研究过程中我们出现了些许分歧——地址码究竟应该三位一组还是两位一组进行解读呢?"一名虎头虎脑的小男生提出了自己的疑问。

当小组总结完自己的研究成果后,其余同学纷纷提出了质疑。"身份证号码表示出生日期的这部分编码为什么没有分隔符?""当身份证最后一位校验码为 10 时,为什么要用 X 代替?"

身份证号码包括了地址码、出生日期码、顺序码和校验码,它们都有各自的规律。为了解决同学们的疑惑,虞怡玲用多种多样的方法呈现问题答案——邀请同学们上网搜索问题的答案,请他们看视频,或者是通过实际体验对比来得出正确的结论。

讨论完身份证编码,虞怡玲还给学生们布置了一项小作业——利用这堂课学到的知识,为生活中的事物进行编码。学号、住宅楼牌号,每个小组的学生都拿出了各自的编码方案,并头头是道地解释了编码原理。

具有 27 年教学经验的虞怡玲认为,眼下,教师的教学应该具有"整合观"。比如讲解地址码时,可帮助学生了解上海乃至全国行政区域划分的基本知识;讲解校验码时,还可以展示学生们自行设计的校验码生成软件。虞怡玲说,教师整合资源进行教学,也会引领学生学习方式的变革,让他们懂得如何查阅资料、触类旁通地学习、拓展知识,更好的学习品质在此过程中逐渐形成。

而且"课堂上,学生们不再是单兵作战,而是团队协作;面对答案不是人云亦云,而是敢于质疑",上海市教委教研室小学数学教研员、特级教师姚剑强在点评这节课时说。这也充分展现了数学课堂的育人价值。

数学来源于生活,更应回归生活

数学知识不仅体现在编码中,数学知识遍布生活。在上海的小学一年级数学课中,安排了"左手、右手"的相关内容,这正是数学空间概念在点上的体现;排列组合的相关知识中,也蕴含着小学五年级的"编码"知识点……闵行区教育局局长、数学特级教师恽敏霞说,在小学低年级阶段的数学课中,以生活化的、学生可以理解的案例来讲述数学知识的基本思想和理念,是上海基础教育阶段数学成功的奥秘之一。

"虞老师的课一开始就提到身份证,这样熟悉的事物很容易引起每个人的思考和猜测。听下来就知道,将每个人的信息转换为'码'的过程就是数学知识。"恽敏霞说,这样生动的数学学习方法,才能让学生产生学习的动力。

张民选则说,从过往两次 PISA 测试的经验来看,上海学生在数学学科上的表现可圈可点。但关起门来,我们也应反思上海的数学教育的不足。他说,上海学生用数学知识和技能来解决数学问题的能力较强,但解决实际问题的能力较弱。"数学问题应该来源于生活,从生活实际抽象成数学问题,再通过运算解答得出结论,从而揭示真实世界中问题的解决办法。而在这一点上,上海还需要向新加坡、日本等国家学习。"

在与会专家们来看,未来的数学教学将不仅仅关注掌握基本知识和发展"准确运算的思维品质",更是要将教学与学习科学结合起来,通过强化"跨学科学习""自控学习""协作学习"和"深度学习",以提高学习者的数学素养。

(文汇独家稿件)

[思] 基于数学课堂整合观的实施策略

我的课堂策略

基于生本分析—汲取生成资源—促进数学阅读—提升数学表达

有了策略的提炼,课堂实践更有方向,更有指引,也可供辐射。在"讲台上的名师"的展示平台上,我进行了沪教版五年级《编码》的教学展示。这是我时隔11年之后对《编码》的一次同课异构,由于所面对的学生情况不同、所面临的社会情况不同,更因为我对自己教学主张的进一步思考与提炼,我展示了一节更符合现今学生需求、社会需求,具有浓厚"整合观"的数学课堂。

第三节 实践数学课堂"整合观"提升数学学习品质

[述] 实践数学课堂"整合观"提升数学学习品质

一次展示的机会、一个展示的平台,促成了我找寻到专业发展阶段与阶段间垂直攀登的阶梯,在这个过程中,我不仅对数学学科理解进行深度剖析,而且把这份理解放入学科发展的大背景、中西数学文化比较的大背景中进行思量;对学科理解的深入,同时促成自己教学主张的再度凝练并匹配课堂实施的策略,使之更有操作性和辐射推广力度,而自己的教学风格便在这样的过程中得以凸显。

何为数学课堂教学的"整合观"? 先从数学学科理解说起——数学学习,不仅仅是知识、技能的学习,更应该是它背后所承载的数学思想、数学方法的体验。数学学习不仅仅是为了解题,更重要的是一种数学理性精神生成的过程。有了这份学科理解,我们期望培育的孩子便会用数学的眼光去看待世界、理解世界;会用数学的方式思考问题、阅读表达、解决问题。

综上,数学课堂的"整合观",应该是整合知识、方法、思想的体验课堂;数学课堂也应该是整合数学阅读与数学表达的交互课堂。以"整合"的视角展开数学教学,在提升学生数学素养的同时,发展学生核心素养,包括沟通、合作、创造性与问题解决、信息素养等,这就是数学课堂"整合观"的体现。

[行] 数学课堂"整合观"的多维实施路径

一、目标整合

教学目标是课堂之魂,在教学目标设定的过程中,需从"整合"的视角,进行如下的思考:

以沪教版五年级《编码》为例,其教学目标如下:

1. 知道编码的基本特点,了解编码的唯一性;能正确解读身份证号的编写规则;能根据实际情境编写数字编码,以反映编码简明、有序、对应的优化效能。

2. 在身份证号的比对阅读中,了解身份证号的编写规则,提高信息解读能力;能在个体自学阅读及小组合作探究过程中主动有序观察、分类比较、合理推测,在比对、联系中提高数学阅读、表达能力。

3. 体验数字编码与现实生活的密切联系,能主动把编码运用与学科德育渗透相整合;充分运用身边的学习资源,在质疑问难中提高数学学习的积极心向;在交流中形成合作分享的习惯、时间管理的意识。

(一) 以知识技能为载体,整合其背后所承载的数学方法、数学思想

如果我们仅仅把学习的关键聚焦在"知道编码的基本特点,了解编码的唯一

性"上,这就是仅从知识技能维度思考。从上例的教学目标中可见"在身份证号的比对阅读中,了解身份证号的编写规则,提高信息解读能力;能在个体自学阅读及小组合作探究过程中主动有序观察、分类比较、合理推测,在比对、联系中提高数学阅读、数学表达能力。"这就是从过程方法维度进行了目标设定,有了这样的思考便真实促发了学生学习的发生。在课堂上,聚焦研究身份证号的第1—6位地址码的小组,为了方便观察讨论,主动要求把小组内同学的身份证号进行了列表排序,如下表3-1:

表3-1　身份证号前六位例举列表

组　员	第一位	第二位	第三位	第四位	第五位	第六位
A	3	1	0	1	0	1
B	3	1	0	1	0	1
C	3	1	0	1	0	1
D	3	1	0	1	0	3
E	3	2	0	2	8	1
F	3	2	0	6	8	1

有了列表,学生们可以进行比对阅读,但这时争论发生了:一位同学认为"地址码应该是3位一级,因为平时我爸妈是这样报身份证号的——310,101;上海市,黄浦区";另一位同学认为"地址码应该是2位一级,因为正好对应省、市、区(县)"。当两位同学争论不止的时候,第三位同学给出了建议,我们前一节课不是已经学习了邮政编码了吗?看看前面的编码是如何规定的。于是,没有了不聚焦的争辩,有了仔细的数学阅读和思辨。既然代表省一级行政区的代码只需要2位,那么……,学生们立马达成共识——既然省、市、区(县)的编码码段都可以用2位数字涵盖,就可以推出,身份证号前6位的数字是2位一级,分别对应省、市、区(县)。整合着知识技能和过程方法目标的设计,不仅对编码的有序、唯一性有了了解,更是通过过程方法维度的目标设定,在教学中引入了前置分组学习、课上合作交流的环节。在小组中有争论、有建议,通过有序观察、分类比较、合理推测有效解读出身份证地址码的编写规定。而将以上的方法、策略与知识技能目标进行整合,不仅在教学目标中提及,更贯穿于整个学习的过程中,通过有效的教学设计

和实施促成深度学习的发生,学生的数学思想、数学方法在过程中渐渐生成。

（二）以知识技能、过程方法为基础,整合其学科育人价值

目标整合的第二个观点是以知识技能、过程方法为基础,整合其学科育人价值。很多老师都说情感态度价值观的目标最难写,比较容易空泛、贴标签。为避免以上的问题,情感态度价值观的教学目标一定是在前两者的基础上,通过整合的视角体现目标的一致性。而在情感态度价值观的教学目标中需要思考如何体现学科特质,如何做到无缝对接。

在上例的教学目标 3 中提到"体验数字编码与现实生活的密切联系,能主动把编码运用与学科德育渗透相整合;充分运用身边的学习资源,在质疑问难中提高数学学习的积极心向;在交流中形成合作分享的习惯、时间管理的意识。"从学科整合的视角出发,我们引入了行政区划变迁的历史,从黄浦区先后两次的"撤二建一",来解读"区代码"变化的过程（见下图 3 - 1）：

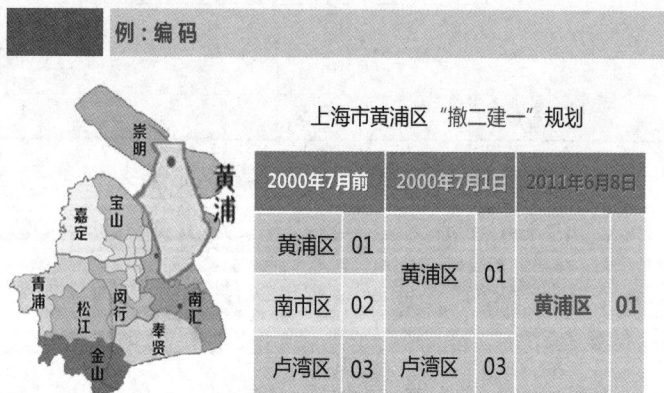

图 3 - 1 上海市黄浦区"撤二建一"区号变迁

同时,在学习过程中教师给出如下解读："黄浦区先后两次的'撤二建一'是上海中心城区资源整合、促进经济发展的需求,很有意义。在海纳百川的上海,又有更多的来自外省市的人才,像这两位同学的爸爸妈妈那样,一起参与到上海的建设中,这才有了上海的繁荣与发展。"把区代码的变迁和上海发展历史以及上海海纳百川的城市精神相架接,基于编码学习的学科德育渗透做到了无缝且有效。

在以上的教学目标中还提及了时间管理,在小组合作中做好分工、进行时间管理都是有效落实小组合作的关键。因为在教学目标引领下,引导学生分组汇报

课前前置学习的探究结果,并有机会向他组提出问题;而他组在倾听理解的过程中或追问、或回答问题,在多维度的交互中促成学习成效的达成。讨论环节充分利用 SEEWO 白板软件的功能,在合作要求中对时间有具体要求,利用 SEEWO 白板自带计时器的功能,帮助学生有效支配合作学习的时间,以此提高时间管理能力。

二、资源整合

我们常说,需要变革学生的学习方式以顺应数学课程教学的改革,而实施的有效途径之一便是资源整合。资源的延展扩充,整合方式的变革,必然带动教学方式、学习方式的变革。

(一) 学科知识体系内的资源整合

数学学科有着系统的知识体系,把学习的知识进行建构内化是促进有效学习的策略与方法。而从学习资源整合的视角,可以促成知识架构内化的达成。在上海市小学数学教材输出英国之时,教材进行了再次的统整修订,其中一年级的"我们来做加法"中的加法表,由原有的菱形表格修订为正方形表格(见下图 3 - 2):

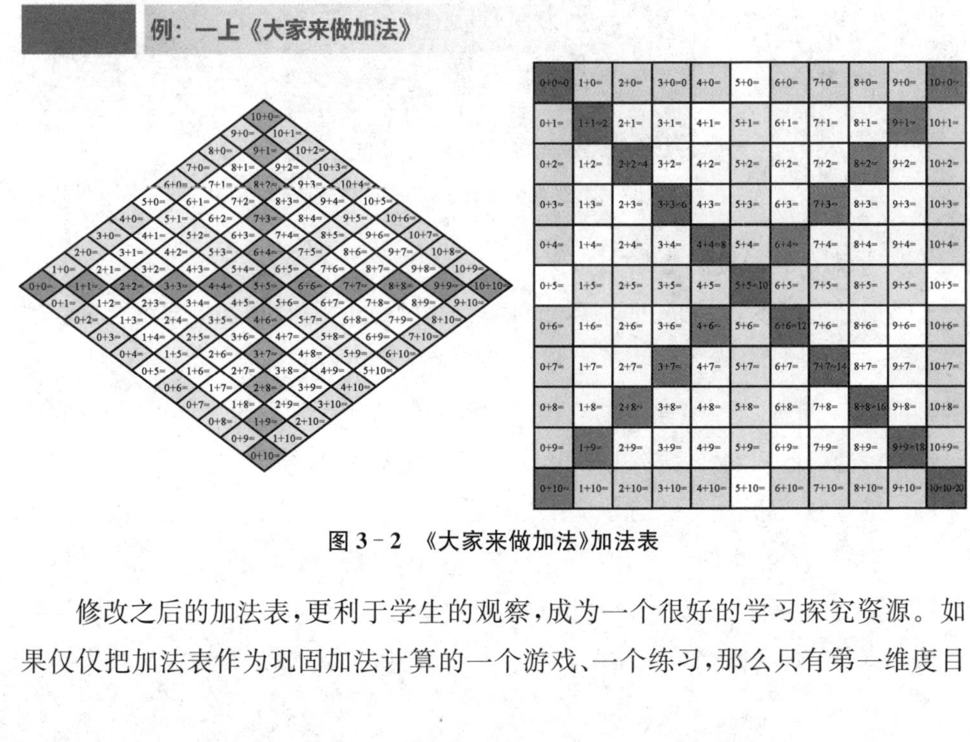

例: 一上《大家来做加法》

图 3 - 2 　《大家来做加法》加法表

修改之后的加法表,更利于学生的观察,成为一个很好的学习探究资源。如果仅仅把加法表作为巩固加法计算的一个游戏、一个练习,那么只有第一维度目标的达成。如果有资源整合的意识,那么就可以通过颜色的提示,在仔细观察中把已学过的知识整合在同一张加法表中:红色对角线,是"加倍与一半"关系的呈现;蓝色对角线,是"10 的游戏";每一行、每一列,都是推算内容;紫色部分,如果用连线的方式连起来,再配上朗朗上口的表述,$1+5=5+1$,$2+5=5+2$……恰是加法中所提到的"交换",即加法交换律的雏形(见下图 3-3)。如果从整合资源的视角来看待这样的一个学习内容,孩子们从一年级开始就会用整合资源,建立联系的视角进行学习,而在这样的过程中,慢慢积累、慢慢体悟,深度学习、高品质的数学学习就将渐渐生成。

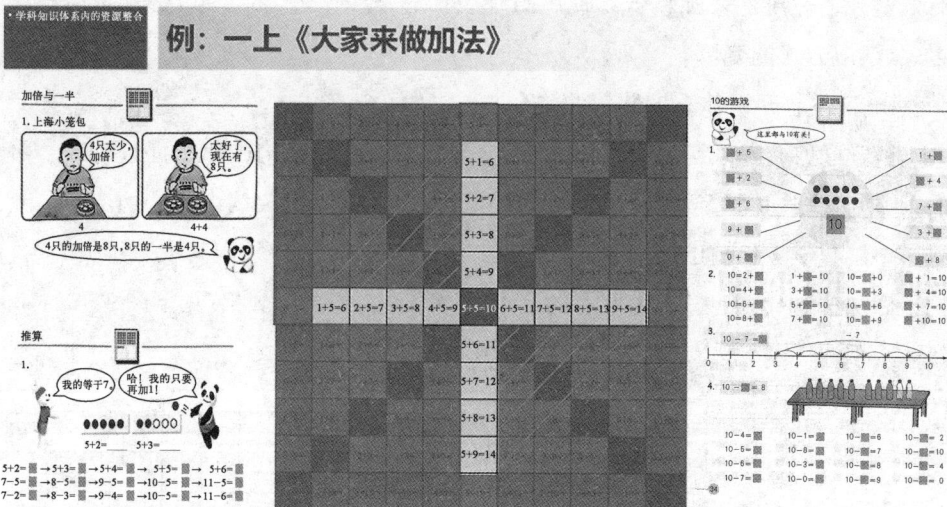

图 3-3　《大家来做加法》加法表中找规律

(二) 跨学科的资源整合

适应社会的发展、未来的需要,打破学科间的壁垒,整合资源促成融合创新的发展,利于学生综合素养的提升是现今教育教学的方向。而在这一过程之中,对教师而言,在于找准学科整合的切入口,把握好度;对于学生而言,学科整合的相融性使得他们能用发展、整体的视角看待世界,拥有用数学的眼光发现问题、用数学的思维思考问题、用数学的方式解决问题的能力。

《编码》的教学中便引入了上网查询信息,用微视频回顾发生在一位小男生关于"校验码"的质疑及教材修改建议的真实故事,为课外探究激发兴趣,同时培养学生求真务实的探究精神。通过游戏,让学生经历验证猜想的过程,从而更深入地了解校验码的产生非具有随机性以及校验码的保障作用,在此过程中注重培养学生严谨的学习态度。用跨学科整合的方式,更多地开放学习空间,促进深度学习的生成。以上的教学设计和教学实施,把数学学习置于更大的社会背景之中,将数学与信息技术、社会变迁等跨学科知识进行整合,对于学生数学核心素养的提升及综合能力的提升均起到支持作用。

三、途径整合

(一)关注数学阅读与数学表达的整合

数学阅读是指用数学的视角阅读连续文本、非连续文本,用数学的思维找寻关键。在平时的教学过程中可以倡导学生用标识等方法把阅读的重点呈现出来,用连线的方法把内容中的关联表示出来。如果说数学阅读是输入的环节,那么数学表达便是输出的环节,数学表达一定是清晰的、有逻辑的,这是学习数学的过程中潜移默化渐成的素养。数学阅读中的关键找寻是需要数学方法支撑的,例如比对分析、建立联系等;数学表达是由数学逻辑结构所支撑的,关于数学最基本的思想,抽象、推理、建模等均是数学表达得以清晰呈现的保障。

(二)关注数学学科素养和核心素养的生成

数学学科素养带有数学学科的特质,它依托于数学学习过程中渐渐生成并内化。学生核心素养的培养是贯穿在整个学习过程之中的,需要整合数学学科素养和学生培养核心素养间的关系。在数学课堂上,用整合的观点,既关注数学学科特质,又把数学学习还原到社会大背景之下,把数学学习理性精神的达成作为学生培育综合素养组成的重要组成部分。

[述] 日渐丰厚的数学课堂"整合观"

在"讲台上的名师"展示活动中,基于任务驱动,我进一步厘清了对数学学科的理解,丰富凝练了自己的教学主张——数学课堂"整合观",同时匹配了课堂教学中的实施路径与策略,以上的充分准备为教学主张向教育思想的凝练做好了专业准备。

第四章　从教学主张到教育思想：小学数学课程"整合观"

成长故事

进行上海市"讲台上的名师"展示，给予我又一个进一步梳理提炼教学主张的机会，并匹配了实施策略，这个过程是专业发展再次找到垂直攀登阶梯的过程。2017年12月，我有幸被评为正高级教师，并被推选为国培计划首期名师领航工程学员。

2018年5月，当首期名师领航工程的一百多名学员在北京集结之时，我们被当作"皇冠上的明珠"一般接受高层次培训的师德培训；同时对自己的基地进行了双向选择。一个下午，14个大学基地的项目负责人依次用激情、用诚意阐述了基地的培养模式和研训特点，学员们在仔细聆听后郑重地做出了抉择。

在选择基地的时候，我的志愿单上只有一个志愿——东北师范大学基地。确认吗？不增补志愿吗？记得在场的志愿者们一直在提醒着我，我微笑着点头确认。把东北师范大学选为自己第一也是唯一的志愿，因为——

申报基础：

十几年间，我有幸参与到上海市数学课程改革与实践的历程中，全方位经历数学课程、教材、教改实验项目的推进。

作为上海市数学课程标准修订组专家，全程参与上海数学课标的修订、细化及转化工作，参与编写由人教社出版《上海市小学数学学科教学基本要求》《上海市小学数学单元教学指南》。

作为上海市二期课改数学教材审查组专家暨中心撰稿人，参与整套上海教材及配套练习册的审查工作，为沪教版教材的质量提供专业保障，为后续教材编写提供分析论证，为沪教版教材输出英国提供专业支持。

作为上海市小学数学特级教师，致力于架构数学课标与教学实践间的通道，参与上海市"基于课程标准的教学与评价项目",以上海市绿标评价理念为引领,在学校数学学科中率先倡导建立"教—学—评"融合的数学教学评价实施框架,并予以实施,取得优异的成绩。实践项目思考及路径在 2017 海峡两岸暨港澳地区基础教育论坛中进行研究论文发布。

申报理由:

期望从数学教育观的视角,进一步解读国家数学课程标准的精髓;从数学核心素养在小学数学课程教学有效落实的视角,架构课程到教学的实施通道。以上的研究思考,期望得到东北师范大学小学数学名师领航工程培养基地专家团队的支持,心仪东北师大基地执行负责人、首席专家马云鹏教授作为国家数学课程标准组专家对于课标的专业解读及对数学核心素养的相关研究;心仪基地所提供的"9 位理论导师＋8 位实践导师"的专业团队,汇集全国小学数学理论及实践顶级专家的团队,期待在东北师大专家团队的专业引领与指导下,我能够更加深入地思考与实践自己的研究,实现专业发展。

于是,我顺利地通过遴选,成为国培计划名师领航工程东北师范大学基地学员,踏上了专业成长的又一个垂直攀登的阶梯。

第一节　从数学教学主张到数学教育思想

关键事件:"数"说名师领航工程之东师基地培训

2018 年 7 月,东师基地的 12 名学员共聚长春开启了首次的集中培训。至 2019 年 5 月,名师领航工程年度集中汇报时,我有幸代表学员们用一组组数据,"数"说东师培训的故事——

第一组数据: 7/ 12

基地共有 12 名学员,数学学科 7 名。为何选择东师? 我们会异口同声地回答,因为在东师有全国知名的数学教育专家——史宁中校长、马云鹏教授、高夯教授……我们还戏称,要了解中国数学课程教学包括课程标准的变革历程与方向,一定要去东师。

于是,我们有幸来到史校长与马教授的课堂,了解数学课程教学改革的缘由、历程及方向。我们的队伍也从 7/12 发展到 12/12,每一次我们 12 人都会悉数来到教育大家的课堂吸纳、学习,因为学科是相通的,收获是共融的!

第二组数据:15＋32＋N

首次集中培训 15 天,第二次 32 天——这是我们的研修课程表。每一次精彩的专家讲座、参与在其中的小组研讨式交流、实践导师的现场授课与研讨、与导师共研课题,都让人感到收获满满。

在完成项目办的问卷调查时,被问到与导师见面并得到指导的次数。其实,这组数据背后的数据可以用一张统计表来呈现:两次集中培训,我们每次都有 10 来天与马老师相聚,聆听讲座、互动研讨;在 7 月的上海,马老师带着我们小数 3 位学员在第三届华人数学大会上聆听世界各地数学教育名家的讲座,我们还有幸在大会上进行现场论文发布;11 月在桂林,全国数学年会上聆听马老师的讲座与点评,自己经马老师指导的一篇论文进行主场论文发布;2019 年 5 月,我们相聚在广州参加丁老师名师工作室的授牌与展示活动;6 月在北京参加实践导师吴正宪老师工作站的活动……而实践导师吴老师更是以课堂展示儿童数学的立场,向我们传递数学灵动课堂的魅力。

N 是指非集中培训段基于网络的学习 N 天里,我们成为网上的英语打卡一族、精品网络课程一族。网络把我们紧紧链接在一起,同伴互助、携手共研、专业共进。

第三组数据:12

12 名学员、12 个课题。导师们说,我们会像对待硕士、博士学位论文那样,帮助你们立项、开题、研究、梳理。在冬日的东师校园里,我们 12 个人在课堂上吸纳知识,与导师们恳谈,去图书馆、去孟老师的"书屋"博览群书,渐渐地,课题研究的方向越来越明晰……

带着课题"单飞"回到上海的日子,我带领工作室的全体学员就着开题报告的规划展开研究,深深体会到了一个完备、周全的规划对课题研究后续的巨大支持作用。

第四组数据:1＋1＋N

1——每个学员都要建立自己的工作室进行学科辐射;挂牌仪式、赋予铭牌是每个学员的骄傲,也是每个人的责任。

+1——对东师小数组的学员而言,+1是必须的,在挂牌仪式上要同时展示1节富有自己教学风格的研究课,因为名师是"必须"站立在讲台之上的。

于是,5月的广州,丁玉华老师率先进行了公开展示。而我们的展示是"命题作文"聚焦核心内容"基本图形的认识"。9月的唐山,11月的上海,魏晓辰老师和我的展示都在规划中扎实推进。

+N——N个学员、N次展示,用课堂阐述、回应工作室课题研究所带来的教学变革及基于学生学习的课堂变革。

第五组数据:6

我们微信群上除了12名学员,还有6位基地管理团队的老师们——风趣、大格局的李广院长一直向我们传递着来自东师的满满诚意和专业规划的高度;优雅、知性的段丽华副院长为我们做好每一次的课程规划和学习生活安排;热情、睿智的孟繁胜部长为我们购书,为我们的研究出谋划策;年轻、细致的秦占民主任为我们周密安排每一次培训……

调研中曾被问到,培训中碰到困难找谁? 我们的回答是——找基地,因为我们把基地当成自己的家,温暖、踏实。

我们与东师的故事在延续,属于我们的研修成效,正以一个个数据的变化呈现着……

[行] 导师马云鹏教授与我

在东师基地,小学数学三人组的导师是马云鹏教授,一位睿智、专业、谦和、以生为本的小学数学界名师。在东师基地培训的日子里,我和马老师之间有了不少的接触,我的教学主张就是在那一刻起,在马老师的引领下向教育思想凝练。记得,我曾经写下如下的感言——

2018.10:上海——第三届华人数学教育大会论文《"教—学—评"融合　提升数学教学品质》现场发布。

2018.11:桂林——全国第十八届小学数学学术年会论文《深度学习之"问题"整合观》现场发布。

……

　　两篇学术论文、两次现场论文发布,用导师马云鹏老师的话来说"写得好快啊!"是的,这可能是我成文速度最快的两篇学术论文,写成于 2018 年暑假——东北师大首期集中培训之后。追问速度、质量背后的缘由,这是一次专业、前沿、扎实的培训带给自己的收获,是一份理念上的提升,是一种实践上的变革。

　　当初,东北师范大学是我在双选会上第一也是唯一的志愿,东师强大的数学教育基因是我选择的缘由。我们基地 12 名学员当中有着 3 名小数、4 名中数的强大人员构成,因为大家都有着同样的选择理由。

　　我与马云鹏,这位学识渊博、睿智谦和的长者的师生缘起于 7 月的东师校园。马教授的一场学术大讲堂《核心素养与深度学习的课堂变革》从核心素养到数学学科核心素养,到核心素养培育与深度学习的关联剖析,再到从实例中解析研究落实于实践的现实案例,从理论追溯的视角、从理论结合实践的路径,全方位地为大家剖析了现今数学教育的变革思考与实施路径,对所有的学员提炼已有的实践经验等起到了助推作用。正是这场学术报告及之后与马老师间的一次次当面沟通交流与求教,成为我成文《深度学习之"问题"整合观》的撰稿动力,"写得快"是因为太有感悟、是因为有写稿的动力,结合着马老师的研究指向、结合着自己的教学主张"数学教学的整合观",梳理提炼后的学术论文得到了全国小数年会专家组的认可。

　　做马老师的弟子都有一个共同的感受,马老师很和善、很亲切,但每位学生都会有与导师"见与不见"的纠结。"不见"是源自于对自己的研究方向、思路思考不够完备的担忧;"见"是源自于一次次见面后马老师必定会帮助你厘清研究思路的期待……但对马老师而言,"见"是主基调,而且是一次次的主动"约见"! 在 11 月的长春——东师,完成研究开题报告期间,马老师对我们的"约见"是很有规律的,平均 1 天半面谈一次,"约见"更是一种平等的对话、智慧的启迪,因为穿插在你汇报过程中,马老师会以一个又一个的追问来让你深度思考——学理研究部分是否全面? 研究架构是否有逻辑、有结构? 研究路径是否细化可操作? ……说到兴起,他会当场板书,一个个研究架构图跃然在白板上;他也会回家把珍藏版用书借给我们,引导我们在阅读中吸纳……于是,研究课题《指向核心素养的小学数学课程整合的实践研究》的 2 万多字开题报告在一次次追问、思考、阅读、梳理的过程中,在一次次约见、归纳、完善、修整的过程中渐渐成型,就如在最后的开题报告会中所感悟的那样,这是一次历练与磨练,变革着我们一线教师原本的惯性思维"从经验总结中出发",我们开始尝试从研究的视角整体架构研究及实践框架,注重顶层设计,关注实施要点,因此实践的方向性更明确、实施的操作性更明晰。当助推着学员们的开题报告完成的那一刻,看得出马老师欣慰不已,因为他知道,学员们阶段性离开东师"单飞"后,会带着课题的思考有序有效地实践的。

于是,马老师又开始帮我们规划之后的研训任务——每个学员的学术研讨专场、2020 共同参加第四届华人数学教育大会的论坛专场、备战 2020 国际数学教育大会(ICME)……

来到东师,东师强大专业的数学导师团队是深深吸引着每一位学员的——我们可以去蹭史宁中校长的课,史校长对于小学数学教育有着许多独到的见地;我们可以去听实践导师吴正宪老师的公开课,吴老师引领我们一起从学科核心素养的视角研讨,从儿童的视角理解数学、教数学;我们还可以和数学团队的王燕玲、丁锐、孙兴华等老师们一起交流、研讨,成为亦师亦友的学习共同体。

当初,选择东师时都会被问到,是否太远? 是否太冷? 我们每个学员都会坚定地说,我们的选择是正确的,因为东师有着全国顶尖的数学教育专家团队,同时在东师还有一大批为名师领航工程管理协调服务的优秀团队——风趣、大格局的李广院长一直向我们传递着来自东师的满满诚意和专业规划的高度;优雅、知性的段丽华副院长为我们做好每一次的课程规划和学习生活安排;热情、睿智的孟繁胜部长为我们购书、为我们的研究出谋划策……满满的幸福感充斥在每个学员的心间。在东师导师们的引领下做一个有思考、有高度的教育家型的优秀教师,是我们每个人的努力方向。

[思] 从教学主张到教育思想

小学数学课堂的"整合观",源自对自己的成长过程中所历经课题的研究思考,化归为自己的教学主张并通过教学策略的提炼付诸于教学实践。从进入名师领航工程的培训之日起,无论是项目办所主持的共性培训,还是东师基地所主持的通识培训,特别是导师马云鹏教授从见面的第一天起,对小学数学课堂的"整合观"向小学数学课程的"整合观"发展的反复追问,都让我意识到小学数学"整合观"必须从数学课堂走向数学课程,必须从育人的角度、素养培育的角度拓展其外延与内涵,从教学到教育体现更深远的推广价值。从教学主张走向教育思想,成为我的思考方向与实践方向。

第二节　研究的视角:小学数学"整合观"从数学课堂走向数学课程

[行] 夏日到冬日的导师之约

2018 年夏日,当我面对所有的基地理论导师们汇报自己的教学主张——小学数学课堂的"整合观"时,理论导师马云鹏教师对我进行了追问——为何要提出小学数学课堂的"整合观"作为自己的教学主张? 从生本的视角、育人的角度思考,这份教学主张可以走向何方? 进行何种凝练?

追问是马老师带教我们的主要方式,第一次集中培训期间,理论导师马老师和实践导师吴正宪老师就一次次地听我们阐述自己的教学主张,同时也提出了更高层次的思考方向。小学数学课堂的"整合观"作为学科教学观是中观层面的思考与实践,如果向上追溯,从教育的最终目标即立德树人、培育社会主义合格的接班人的视角进行思量与顶层设计;向下衍生,从教学延展至课程,进行小学数学课程"整合"的整体架构及实施路径的厘清。从宏观、中观、微观层面厘清小学数学"整合观"的育人价值,从实践的角度提供操作实施路径,从科学性、时代性的视角回应小学数学课程学科素养的培育方向,以学科素养的提升来支持综合素养的提升,培育学生成为未来的有用之才。

2018 年冬日,我们再次相聚东师,为期一个月的集中研训的主目标是确立研究主题并形成开题报告。马老师一次一次地约见我,基本两日一约见,为我提供了厚厚一沓的专业理论书籍,从比恩的《课程统整》、罗日叶的《整合教学法》、田中义隆的《21 世纪型能力与各国的教育实践》,到国内大家钟启泉、崔允漷教授等关于核心素养与教学改革方面的文章,一个月的时间,充分地吸纳理论并进行了梳理,2 万多字的文献综述背后,渐渐厘清了从教学到课程,从教学主张到教育思想背后的思考。

[思] 小学数学"整合观"从数学课堂走向数学课程

教育的最终目标指向人的发展,"立德树人"是教育的最根本任务。人的发展是综合的、立体的,因此需要从课程整合的视角为学生提供最适切的、能促进其后续发展、终身发展的教育。同时,现代社会信息化、全球化迅猛发展,社会发展的需求,对面向未来世界的人才培养提出了新时代的要求。如何从学校课程切入,以课程整合的视角为学生提供面向未来世界的综合的、整体的学习,引导真实学习的发生,促进高阶思维的生成,促进学科素养养成,继而促进核心素养的提升,以达成"立德树人"的教育根本任务,是现阶段学校教育需要关注的问题。

小学数学学科的"整合观"从课程整合的视角入手,成为培育小学数学学科核心素养的重要途径,通过不同的实践样态,在学习过程中引导学生体验、生成,发展理性思维、批判性思维、解决问题的能力,为核心素养的提升提供学科的贡献。

小学数学"整合观"从数学课堂走向数学课程,从教学走向教育,育人价值更清晰、更凸显。于是,课题《指向学生核心素养的小学数学课程整合实践研究》在冬日的东师校园里顺利通过了开题评审。

第三节 实践的平台:带着名师工作室学员一起研修

带着课题,我回到了上海,成立了名师领航工程虞怡玲名师工作室,开始带领着工作室学员们对小学阶段数学学科素养的要素进行逐一梳理与提炼,匹配着学科内、学科间、超学科三种实践样态进行了实践的探究。2019 年 11 月,我们迎来了名师领航工程名师大讲堂活动的展示。

关键事件:名师领航工程名师大讲堂展示

一堂引人入胜、有趣高效的小学数学课是什么样的?在 11 月 29 日上午举行的教育部名师领航工程虞怡玲名师工作室"名师大讲堂"活动上,名师领航工程工作室主持人、正高级教师、上海市数学特级教师、上海师范大学附属卢湾实验小学校长虞怡玲展示的一节《平行四边形的认识》数学课,为在场专家和教师作了生动精彩的演绎,真正诠释了小学数学的深度学习。

不同于常规课堂的35分钟一节课,这节展示研究课时长达80分钟,通过操作探究、表格梳理、图式表征等形式,该校五(2)班学生在虞怡玲老师的引领下,思维一步步地推向深入,师生互动、生生互动,课堂上充满了对数学本质的思考和碰撞。东北师范大学教授、教育部名师领航工程理论导师马云鹏在点评中表示:这是一堂以"学科内整合"的方式指向学生核心素养培养的课堂,虞怡玲作为领航名师的专业素养在这节课中体现得淋漓尽致。

校园里的扶梯、教室里的电视机……这节课一开始,虞老师就为学生引入了生活中的四边形,启发他们从数学的角度进行介绍。生活中的"素材"成了数学学习的对象,激发了学生们浓厚的学习兴趣。虞老师将这些生活中的四边形进行抽象,同时基于学生对前继知识长方形特征的了解,在课堂操作活动中进行再抽象,得到平行四边形"从长方形的对边位置关系,类推得到平行四边形对边位置关系"这一很好的学习资源。

课堂上,孩子们对虞老师提出的问题争相举手回答,展开小组合作讨论。虞老师巧妙地引入部分的两次抽象,从具体到抽象、从抽象到再抽象,递进呈现,为学生体悟"数学抽象"提供了良好的学习情境。整堂课上,虞老师特意让学生自主采用自己喜欢的方法进行操作,充分体验了"观察—猜想—验证"的学习策略。

"整节课体现了一种'数学美'。"东北师范大学教授、教师教育研究院执行院长李广在课后评价道,这节课展现了充满节奏感的数学学习过程,流露出富含逻辑推理、分类比较等特点的数学学科本身的"理性美"。

借助于多媒体信息技术,虞老师的这节《平行四边形的认识》数学课涵盖了动态演示、操作体验等活动内容,即时投影学生作品,进而进行交流辨析,在此过程中,学生明晰了平行四边形的特征,并对部分特征进行了推理论证。经过比较、操作、验证等活动,再通过表格梳理、类比等方式找寻正方形、长方形与平行四边形三者间的关系。

整个教学过程中,虞老师有效地引导学生聚焦观察、规范操作、说理表达,发展了学生的几何直观能力与抽象能力,充分体现了如何在课堂中培养学生的数学核心素养的思考及实践范例,受到与会专家的高度赞扬。

华东师范大学孔启平教授说道:"这节课非常接地气,符合小学阶段学生的特点,虞老师启发学生有根有据地说理,有条有理地思考,非常有创意地将核心素养落地。"他认为,虞老师通过整合的方法,将学生的生活经验与数学学习有机结合,促进了学生思维品质和抽象概括能力的发展。

领航名师高质量的展示课获得广泛好评,印证了教育部全国中小学幼儿园教师校长培训专家工作组执行秘书长黄贵珍所言:"领航名师何以领航? 新时代赋予了教师新的使命,要做'四有'好老师,做学生锤炼品格、学习知识、创新思维、奉献祖国的'引路人',做好学生的引路人,为学生的发展点亮一盏明灯。"

(来自记者的报道)

[思] 小学数学课程"整合观"从理论走向实践

从学生终身发展所需要的必备品格与关键能力的视角出发,小学数学课程整合为数学学科素养的提升提供了重要渠道。从历史发展的维度、比较的视角出发,工作室厘清了小学数学学科素养的要点——数学运算、几何直观、数据分析、具体到抽象、数学交流、问题解决;厘清了学科核心素养内涵,提出小学数学学科核心素养要点,为小学数学课程整合提供理论支撑及思考源点。同时,基于理论的厘清,从学科内、学科间、超学科整合三个样态出发,进行实践模式的探索,匹配实施策略,厘清基于小学数学课程"整合观"教育思想的实践路径,为学生核心素养的提升提供有效范例。

中　编

小学数学课程"整合观"的架构

第五章 "课程整合"的发展脉络

随着国家新一轮课程改革的深化,课程整合作为中小学教育转型的一项重要内容,在各地展开了全方位的实践试点。在这一过程中,课程整合的内涵与模式应该如何界定? 中小学教学实践中为何要开展课程整合? 如何以课程整合发展学生核心素养? 具体到小学数学学科课程及教学中,如何进行课程整合? 已有研究给出一些回应和借鉴,更多的实践问题仍需要以理论为指导,在一线教学实践中开展行动研究来探索。因此,首先要对已有研究进行综述,为本研究的后续开展提供理论基础。

在中国知网"期刊"文献库中以"小学数学课程整合"为主题进行精确检索,得到 90 条左右的记录,且均在 2004 年以后,2014 年之后更为集中。一方面说明学界在该领域的研究基础相对薄弱,另一方面也反映了该研究还有很大的研究空间。本研究从课程整合的理念、概念、操作模式,核心素养与课程整合,小学数学课程整合的内容与策略三个方面展开综述,为研究的后续展开提供学术基础。

第一节 作为课程组织的课程整合

一、课程整合的理念发展

(一) 知识本位的课程整合

已有研究对课程整合的发展时期较为一致的看法是——课程整合源于 19 世纪赫尔巴特的统觉心理学整合原理。赫尔巴特在整合教育观发展过程中提出: "最有效地、自始至终地安排教学的整体,以便使每一个先进的结果能为学生在心理上对相似的和较远的结果做好准备",这为后期"中心统合法"的课程编制原理的确立提供了基础。[①] 受赫尔巴特的影响,齐勒和赖因试图将历史或文化作为中心科目进而连接各学科内容,形成"学科整合";麦克默里兄弟将地理科目作为中心开展分科课程的整合研究。到 19 世纪末 20 世纪初,著名的课程整合理论主要包括齐勒计划、麦克默里的中心整合论和帕克的儿童计划。[②]

(二) 社会中心与儿童中心的课程整合

20 世纪 30—50 年代,作为知识本位的整合课程开始受到学校层面的关注,同时也遭到美国进步主义教育者的诟病。典型代表如杜威倡导将儿童的社会经验和活动作为课程组织的中心,用一种整体和联系的观点将儿童与课程的关联性看作动态过程,课程整合的目的在于使学生的学习与生活联系起来。[③]

在杜威的理念基础上,克伯屈发表了基于问题解决的《设计教学法》,提出了设计教学法的准确的模式,并且揭示了注重自发活动与丰富经验的新教育运动的理念,提出教学设计的指向是将"知识的组织与统整置于个人、社会学习以及问题中心专题研究所形成的脉络中"。

杜威与克伯屈都强调儿童经验与社会生活的整合,但侧重点有所区别:前者注重社会功能性知识,着眼于使学习者掌握社会活动所必需的知识、技术、技能;后者关注学习者的学生个体,重视以个人生活经验为核心的自我整合。

(三) 跨学科的课程整合

20 世纪 60 年代,后现代思想开始逐渐影响课程领域,多尔的后现代课程观中弥散着课程整合的思想,"极力主张'去中心'和'边界松散',极力主张学科之间界限的消除,极力主张科际整合"。随着脑科学研究的发展以及全语言教学、多学科整合单元教学的进一步推广,人们愈发认同"新的知识与技能的内化和使用是基于儿童的先前经验以及对整体知识的理解为基础的,而不是建立在抽象的、片面的零碎知识之上"。[④] 以雅各布斯等人为代表的学者将"整合"一词用于诸如"学科取向"、"科际整合取向"之类的概念中,在其著作《跨学科课程:设计与实施》中,强调通过课程整合减少课程要素的交叉、重叠,从而提高学科教学的效率。他们主

① 王琼.小学课程整合模式的个案研究——以成都 H、重庆 Z 小学为例[D].重庆:西南大学,2015.
② 黄甫全.整合课程与课程整合论[J].课程·教材·教法,1996(10):9-11.
③ 钟启泉.现代课程论[M].上海:上海教育出版社,2003:100.
④ Kovalik S, Olsen K. ITI: The Model. Integrated Thematic Instruction. Third Edition. [M]. Susan Kovalik & Associates, 1994:374.

张不同科目的教师需要先发现科目之间所涵盖的共同技能与概念,再以此为基础设计共同的主题,让学生体会各科目间的关联。

可见,雅各布斯等人所提倡的课程整合实际上是一种跨学科课程,以不同学科之间的共同知识与技能为组织中心进行课程整合,更注重体现教学的效能。到了80年代中期,我国也开始了课程整合的探索,这种探索最先发生于计算机技术与学科的整合,已有研究多是以跨学科的课程整合理论为基础。

(四)指向学生培养的综合化课程整合

20世纪90年代以来,随着世界各国、各地区的课程改革推进,课程整合的理念和实践共同呈现出了向儿童经验和生活回归的趋向,追求培养学生素养课程的综合化。比如雷格于1997年提出"立方体课程"的概念,以立方体的三根中心线代表课程的三个不同的维度,即学科、跨课程主题、教学与学习的形式。[①]

其中,对当下影响最深刻的当属比恩的《课程统整》,比恩依据其30余年的课程设计经验,扩展课程统整的理论,以解决"为何统整"、"谁来统整"以及"统整什么"的三个问题。在价值取向上,比恩解决了"为何统整"的问题,强调课程需要关注民主社会统整理念,通过养成儿童民主生活习惯,建立民主社会才是课程统整的根本目的;在课程观上,比恩将儿童的经验与社会问题作为课程组织的中心,强调学生参与计划、脉络知识、真实的生活议题以及统合组织,为不同的儿童提供更广泛接触知识的机会,这就要求师生共同参与课程统整设计,也就回答了"谁来统整"的问题;从知识观的角度来看,比恩主张知识是由个体与环境的交互作用建构而成的。至于"统整什么",他提出课程统整应当包含四个主要部分:经验统整、社会统整、知识统整以及课程设计统整。[②]

知识本位的整合到社会中心与儿童中心的整合体现着整合观的理念转换,"整合"不是知识的概括与重组,而是强调为儿童的未来生活、适应社会需求做准备;跨学科的整合强调技能的运用,受信息时代的发展影响大多呈现为信息技术与其他学科的整合,将信息技术应用于数学课堂也成为趋势;指向学生培养的综合化课程整合,则从理念上更凸显人本性、教育性,关注学生核心素养的培育。综上,为了回应国家深化课程改革、培育学生发展核心素养的要求,课程整合应该从

---

① 董诞黎,胡早娣等.课程整合——课堂教学新变局[M].杭州:浙江大学出版社,2012:24.

② 詹姆斯·比恩.课程统整[M].单文经,译.上海:华东师范大学出版社,2003.

课程观、教学观、学习观的视角进行综合化整合。

二、课程整合的内涵与概念

已有研究对课程整合的内涵及概念的界定各不相同,有的观点将"课程整合"视作一种课程设计的理念,也有的将其本身看成一种课程形态,主要观点有:

(一) 课程整合是一种理念

一种观点认为课程整合是一种理念,是能够帮助学生以一种超越历史和学术的观点来看待学习内容的课程设计方式。比恩认为课程整合是指一种特定的课程设计方法、一种兼容并蓄的课程设计理论,涵盖了学校的教育目标、学习的本质、知识的组织与应用,以及教育经验的意义等,其最终目的要达到学校教育与民主、社会的整合。[①] 在比恩看来,若是一项综合课程的开发无法体现"整合"的观念,则算不上课程整合;若在教育过程中关注到了"整合"的理念,则尽管没有开设综合课程也已实现了课程整合。黄甫全也认同课程整合是"使分化了的学校教学系统各要素及其各成分形成有机联系、成为整体的过程",课程整合的对象包括教育系统中的具有内在联系却被人为割裂了的各个要素,不仅包括各门学科知识,还包括书本知识与儿童经验,学校生活和社会生活。[②]

(二) 课程整合是一种课程组织形态

也有学者认为课程整合是一种课程组织形态。亢洪宇认为课程整合用对等的、有秩序的方式合并课程分割部分的共通点,从而形成另一种具有整合形态的课程。段俊霞认为课程统整是在整体系统的理念下采用各种有机整体的形式,使学校教育教学系统中分化了的各要素及其各成分之间形成有机联系的课程形态,包括学习和能力培养、学习的结果和过程、学习过程中的知情意行等内容。毕惠丽认为课程整合是将两门或两门以上的学科融合为一门课程体系或者融合在一节课中。[③] 邵朝友、朱伟强认为整合课程是指依据一门或两门及以上学科整合而得的课程。[④] 这种课程形态的最终目的在于改变学科间相互隔离、学科与生活脱

---

① 詹姆斯·比恩.课程统整[M].单文经,译.上海:华东师范大学出版社,2003:109.
② 黄甫全.整合课程与课程整合论[J].课程·教材·教法,1996(10):9-11.
③ 毕惠丽.课程整合中的主题学习模式探究[D].大连:辽宁师范大学,2012.
④ 邵朝友,朱伟强.基于标准的统整课程设计[J].教育发展研究,2014(Z2):114.

离的现象,但都更加强调分科的学科知识,而忽略了学校教育中的其他组成部分。

两种观点各有侧重,前者强调理念的引领,后者重视结果的呈现。在日常教学实践中,课程整合常常作为一种思想指导教师的课堂教学,教师凭借丰富的经验旁征博引、在多学科、多方法间进行知识迁移,渗透阅读表达与学科育人思想,即"尽管没有开设综合课程也已实现了课程整合";另外,在学校课程建设中则多以课程形态来具体化表现,如综合实践课程的开发、某学科的校本课程等。

三、课程整合的模式

很多学者没有正面回答课程整合具体操作层面的问题,但在研究中可以看出其中蕴含的观点:

(一) 知识中心的模式

从学科的视角出发,靳玉乐从理论分析的角度总结了课程整合的多种模式:(1) 相关模式,要求在设计课程或在教学过程中打破学科间的孤立状态,寻找到学科间的连接点和共同点,使教学能够相互照应,穿插进行,从而形成关联课程。(2) 交叉模式,利用两种不同的学科内容上的重合和交叉部分将两种科目联系起来,通过两种学科所共有的重复概念将两种科目组织起来。(3) 主题模式,以主题为基点,学生根据主题去获取和钻研不同学科课程中与该主题相关的内容。(4) 线型模式,通过超越了具体课程内容的、但又是学习各门课程必需的各科技能、技巧和能力的联系来达到课程的综合化。(5) 融合课程,旨在寻求将那些有着内在联系的不同学科合并或融合为一门新的学科。(6) 广域模式,是合并数门相邻学科的教学内容,组成新的学科。(7) 问题中心模式,指通过围绕重大的社会问题来达到各学科知识之间的综合。[①]

(二) 主题中心的模式

从课程设计的角度来看,多数研究者认为课程整合是以主题为依据,以单元、模块为设计单位展开的课程组织方式。无论是以雅克布斯的跨学科知识与技能理念,还是杜威、克伯屈的社会与儿童中心理念,或是比恩主张的问题驱动课程整合,在操作模式上都表现为"主题课程"。典型研究如:

---

① 靳玉乐.论课程的综合化[J].基础教育研究,1996(5):3-5.

徐玉珍采用了美国学者雅克布斯的观点,认为课程整合有六种设计方式,分别是学校本位、平行、多学科、跨学科、整合设计和现场教学,强调多学科设计是"围绕一个共同的主题将多个相关学科整合在一个正式的单元或学程里"①。这一连串的课程整合设计方式逐渐打破了学科界限,从完全依照学校课程设置,仅对学科内部内容进行整合即"学校本位的设计",到不考虑学科界限,而是以日常生活、学校环境为内容进行"现场教学",体现了课程整合强度的不断增强。

德雷克等人所主张的"故事模式",强调故事是一种学习方式,可以运用到各个年龄层的学习,以探究各种不同的社会主题或议题,例如:家庭、教育、环境等问题。

比恩在《课程统整》一书中引用的许多课程设计案例都是以"同时涵盖青少年个人关注与大世界关注所交际的主题为依据",如围绕"未来的生活"的主题提出各种各样的问题,再通过设计与实施活动拟解决这些问题。② 同时,比恩强调主题的来源是"协同合作规划"所得,强调学生参与规划课程,教师进行学生意见的调查以决定问题与关注焦点,进而提出课程的主题。③

已有研究从不同的理论视角出发,对课程模式的研究各不相同。整体来看,课程整合要求有共同的主题,主题可以是学科知识、问题探究或社会议题;整合的呈现方式通常为主题单元设计、综合课程,即需要外化为学校课程纲要和单元设计来体现,并使其在实践中不断完善、推广使用;人员参与方面,不仅需要教师的主动建构,还可能需要社会、家庭、学生的积极参与,实现协作式研讨,多方提供资源与保障。

第二节　指向学生核心素养的课程整合

"核心素养"最初来源于 OECD 于 21 世纪初所提出的概念,之后世界上主要的国际组织、国家和地区都开始研制本国的基于核心素养的教育目标体系,如联

---

① 徐玉珍.从学校的层面上看课程整合[J].课程·教材·教法,2002,22(04):25.
② 詹姆斯·比恩.课程统整[M].单文经,译.上海:华东师范大学出版社,2003:58.
③ 詹姆斯·比恩.课程统整[M].单文经,译.上海:华东师范大学出版社,2003:60.

合国教科文组织、欧盟、美国、英国、芬兰、法国、日本等。2014 年起,教育部发布《关于全面深化课程改革,落实立德树人根本任务》,"核心素养"进入大众的视野,在国内也进行了系列研究。课程整合对于学生核心素养的培育有着巨大的支持作用,因此指向学生核心素养培育的课程整合成为教育教学变革的主要方向。

一、学生核心素养的不同解读

(一) 国际上对于核心素养的解读

国际经济与发展组织(OECD)以"关键能力的界定与选择"为主题,对"核心素养"进行解读——它由三种能力构成:其一,使用工具进行沟通的能力;其二,在异质集体交流的能力;其三,自律地行动的能力。[①] OECD 将"素养"一词简洁界定为:素养不只是知识与技能。它是在特定情境中通过利用和调动心理社会资源(包括技能和态度)以满足复杂需要的能力。例如,有效交往的能力是一种素养,它可能利用一个人的语言知识、实用性信息技术技能以及对其交往的对象的态度。[②]

欧盟对"素养"界定为:"素养是适用于特定情境的知识、技能和态度的综合。"对"核心素养"界定为:"核心素养是所有个体达成自我实现和发展、成为主动的公民、融入社会和成功就业所需要的那些素养。"欧盟所列出的八大核心素养:母语交际、外语交际、数学素养和基础科技素养、数字素养、学会学习、社会与公民素养、首创精神和创业意识、文化意识和表达。[③]

美国"21 世界学习框架"(Framework for 21 Century Learning)以核心素养为核心进行架构,体现如下典型特征:其一,它把核心学科和 21 世纪主题与 21 世纪技能既做了清晰区分,又使两者有机融合,由此使知识与技能相得益彰;其二,它把核心学科与跨学科性质的 21 世纪主题既做了清晰区分,又使两者有机融合,由此使学科课程与跨学科课程相得益彰;其三,它对 21 世纪技能做了清晰分类,又恰当处理了彼此间关系,由此形成完整的 21 世纪技能或素养体系;其四,它为如

---

① 田中义隆. 21 世纪型能力与各国的教育实践[M]. 东京:明石书店,2015:20.

② OECD. The definition and selection of key competencies[Executive Summary][EB/OL]. Available onlion at:http://www.oecd.org/dataoecd/47/61/35070367.pdf.

③ Gordon. Jean et al. (2009)Key competences in Europe:Opening doors for lifelong learners across the school curriculum and teacher education, Case Network Reports,No. 87, ISBN 978 - 83 - 7178 - 497 - 2, Annexl:Key competences for lifelong learning-A European reference framemork.

何实施"21世纪学习框架"提供了完备的支持系统,包括"21世纪标准"、"21世纪评价"、"21世纪课程与教学"、"21世纪专业发展"、"21世纪学习环境"五个彼此联系的子系统,由此为框架实施提供了保障。①

(二) 国内对于核心素养的解读

2014年,教育部发布了《关于全面深化课程改革,落实立德树人根本任务》,"核心素养"进入大众的视野,并在近几年成为中国教育界研究的焦点。学术界对此尚无统一的定论,我国目前关于核心素养主要有两种理解:②

1. 以林崇德、钟启泉和崔允漷为代表的品格能力说

林崇德认为,核心素养是学生在接受相应学段的教育过程中,逐步形成的适应个人终身发展和社会发展需要的必备品格和关键能力;钟启泉认为,核心素养指的是同职业上的实力与人生的成功直接相关的涵盖了社会技能与动机、人格特征在内的统整的能力;③崔允漷认为,核心素养是个体在知识经济、信息化时代面对复杂的、不确定性的现实生活情境时,运用所学的知识、观念、思想、方法,解决真实的问题所表现出来的关键能力与必备品格。

2. 以辛涛、成尚荣等为代表的基础思维说

辛涛认为,学生核心素养是按照学生发展规律规定了具有一定教育经历后其必须拥有的基本素养和能力;成尚荣认为,核心素养就是基础性素养。他们认为,核心素养就其内涵而言,应当以个体在现在及未来社会中应该具备的关键能力、知识技能及态度情感等为重点;就学科属性而言,核心素养并不指向某一学科知识,并不针对具体领域的具体问题,而是强调个体能够积极主动并且具备一定的方法获得知识和技能,从人的成长发展与适应未来社会的角度出发,跨学科跨情境地规定了对每一个人都具有重要意义的素养;就功能指向而言,核心素养的功能超出了职业和学校的范畴,不局限于满足基本生活和工作需要,而更有助于使学生发展为更健全的个体,能够更好地适应未来社会的发展变化,能够达到促进社会良好运行的目的。④

① 张华.论核心素养的内涵[J].全球教育展望,2016,45(4):10-24.
② 郭家海.谨防"核心素养"概念化[J].新课程研究(上旬),2016(6):4-5.
③ 钟启泉.基于核心素养的课程发展:挑战与课题[J].全球教育展望,2016,45(1):3-25.
④ 辛涛,姜宇,刘霞.我国义务教育阶段学生核心素养模型的构建[J].北京师范大学学报(社会科学版),2013(01):5-11.

对上述中外较为典型的关于"核心素养"的解读进行比对解读，如下：

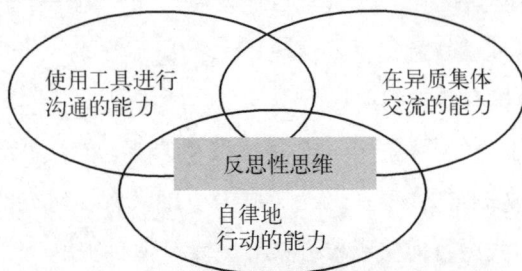

图 5-1　OECD 关于核心素养之关键能力的框架

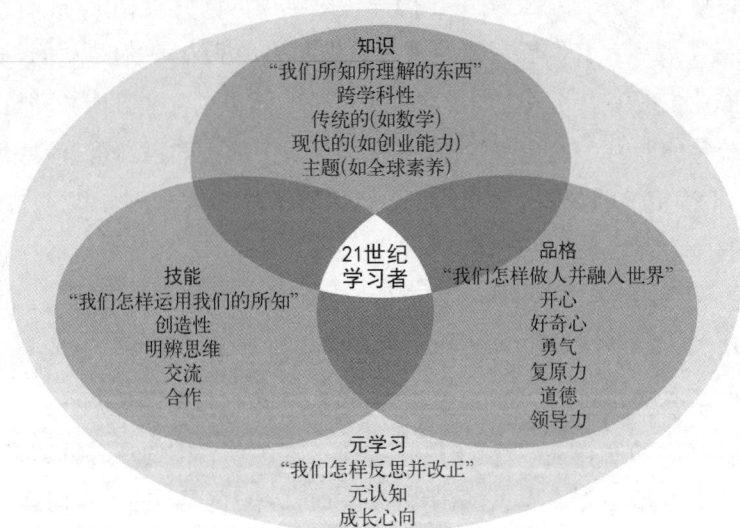

图 5-2　21 世纪成功学习者所需要的素养

图 5-3　欧盟组织学生核心素养框架

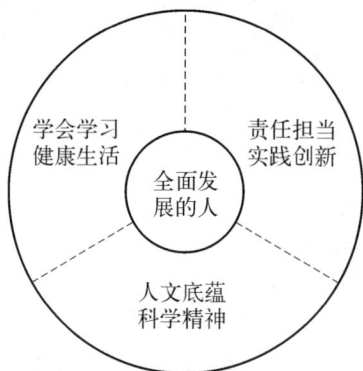

图 5-4 中国学生发展核心素养的框架与内容

表 5-1 四种核心素养要点比较表

	内涵界定	共同核心素养				其他核心素养列举
		社会和文化素养 I	数字化素养 II	合作与交流素养 III	公民素养 IV	
OECD 核心素养之关键能力	素养不只是知识与技能。它是在特定情境中通过利用和调动心理社会资源（包括技能和态度）以满足复杂需要的能力。	*使用工具进行沟通的能力（使用语言符号及文本沟通互动的能力；使用知识与信息沟通互动的能力；使用技术沟通互动的能力）I/II/III　*在异质集体交流的能力（构筑与他者关系的能力；团队合作的能力；处理与解决冲突的能力）III/IV				*自律地行动的能力（在复杂的大环境中行动与决策的能力；设计与实施人生规划、个人计划的能力；伸张自己的权益、边界与需求的能力）
21 世纪成功学习者所需要的素养		核心学科：英语、阅读或语言艺术、世界语言、艺术、数学、经济学、科学、地理、历史、政府与公民 I　核心主题：*全球意识、公民素养 IV　核心技能：*学习与创新技能（交往与协作）III　*信息、媒介和技术技能（信息素养、媒介素养、信息通信技术素养）II　*生活与生涯技能（社会与跨文化技能）I				核心主题：金融经济商业和创业素养、健康素养、环境素养　核心技能：*学习与创新技能（创造性与创新、批判性思维与问题解决）　*生活与生涯技能（灵活性与适应性、首创精神与自我导向、生产性与责任制、领导力与责任心）

（续表）

	内涵界定	共同核心素养				其他核心素养列举
		社会和文化素养 I	数字化素养 II	合作与交流素养 III	公民素养 IV	
欧盟组织学生核心素养	素养是适用于特定情境的知识、技能和态度的综合。核心素养是所有个体达成自我实现和发展、成为主动的公民、融入社会和成功就业所需要的那些素养。	学科素养： ＊母语交流、外语交流 I/III 跨学科素养： ＊数字化素养、社会和公民素养、文化意识与表达 I/II/III/IV				学科素养： ＊数学素养与科技素养 跨学科素养： ＊学会学习、主动与创新意识
中国学生发展核心素养	学生在接受相应学段的教育过程中，逐步形成的适应个人终身发展和社会发展需要的必备品格和关键能力。	文化基础： ＊人文底蕴（人文积淀、人文情怀）I 自主发展： ＊学会学习（信息意识）II 社会参与： ＊责任担当（社会责任、国家认同、国际理解）III/IV				文化基础： ＊人文底蕴（审美情趣） ＊科学精神（理性思维、批判质疑、用于探索） 自主发展： ＊学会学习（乐学善学、勤于反思） ＊健康生活（珍爱生命、健全人格、自我管理） 社会参与： ＊实践创新（劳动意识、问题解决、技术运用）

综上，世界各大国际组织及各个国家根据各自的需求及传统，对核心素养进行了解读。其中，社会和文化素养、数字化素养、合作与交流素养、公民素养这四个素养在各个核心素养框架中均有提及。社会和文化素养基于各个核心学科，通过学科间的整合融通而形成；数字化素养是面向未来信息化社会需求的素养，是学科整合、交流沟通中主要运用到的信息化素养；合作与交流素养是在问题解决、交往沟通中不可或缺的综合素养；公民素养是作为社会人，立足社会、服务社会所拥有的综合素养，也是达成"立德树人"目标所拥有的必备品格与素养。大多数框架倡导的核心素养有——规划与决策能力、创新能力、问题解决能力等。

此外，虽然当前我国使用的核心素养概念尚未完全统一，但从现有的权威观念中可以发现，期望学校的课程与教学等关注社会要求、关注解决真实问题，指向学生核心素养的发展。核心素养不仅体现在学科知识的理解与技能技巧的掌握方面,同时还体现在学生的学习意识、思维主动性等方面。在核心素养时代,由于不同学科领域和素养之间存在多重交叉相连的关系,某一种素养的培育很可能是多个学科的目标,课程整合由此被认为是面向学生核心素养发展的课程开发模式的必然选择。[①]

已有研究认为,学生核心素养为课程目标提供上位参考,为课程内容的整合提供依据,引领着学习理念的变革。学生核心素养将是小学课程整合的出发点和落脚点,在学生核心素养的发展过程中课程是载体,整合为手段。作为深化课程改革的重要内容,学生核心素养背景下的小学课程整合立足于学生的生活经验,将课程中相互关联、交叉重复的知识内容进行主题整合,由知识课堂向主题课堂转变。这既能减轻师生负担,又能以相对完整的知识系统引导小学生建构知识结构,培养学生发现问题、分析问题及解决问题的能力。小学课程整合将促进学生核心素养的发展,使学生能更好地适应、融入社会生活,实现自我价值。学生核心素养折射出"人本主义"思想,基于学生核心素养的小学课程整合的根本目的是培养学生核心素养,促进学生全面发展,为学生的健康幸福成长奠基。[②]

二、数学学科核心素养的不同解读

数学学科核心素养是核心素养的下位概念,是特殊的学科知识素养。我国的数学学科核心素养研究有三种类型:第一类从宏观的理论视角论述数学素养,数学学科核心素养的内涵、构成要素、特征等;第二类聚焦高中数学素养,是因为我国高中数学核心素养在《普通高中数学课程标准(实验)》(2017)颁布时已经公布,相应研究明确而具体,以高中数学为对象研究如何兼顾核心素养提升与高考改革的要求,从课堂教学或教材的角度给出操作建议等;第三类是由国际数学素养框架高中数学核心素养向小学阶段推广的探索。小学数学核心素养的研究尚处于起步阶段,并未单独提出,或借鉴 PISA、TIMSS 等国际上较为权威的数学测试框架,或是基于国内外数学课程标准的解读,或是国内学者立足育人目标的研究,其

① 安桂清.共同走进素养时代的课程整合[N].中国教育报,2018(3):1-2.
② 朱琳.学生发展核心素养背景下小学课程整合的策略研究[D].重庆:西南大学,2017.

独立研究还有待来者。

（一）PISA、TIMSS 等国际权威的数学测试框架及中国上海绿色指标评价对学科核心素养的解读

国内外对数学学科核心素养的定义并不完全一致，其中较早提出核心素养的 OECD 组织在 PISA 测试"全球学生素养评价"中对数学素养的界定具有较大的影响力和代表性：数学学科核心素养是当前和未来的生活中，为满足个人成为一个会关心、会思考的公民需要而具备的认识，并理解数学在自然、社会生活中的地位的能力，做出数学判断的能力，以及参与数学活动的能力。[①] 它强调在一个人生活的自然、社会与文化环境中，在私人生活、职业生活、社会生活以及社群公民生活中，要确认和理解数学所起的作用，要有一定宏观和整体的数学视野，要有微观和具体的数学体验，要做出有充分根据的数学判断，都需要一定的数学知识、技能、思想、方法乃至创造，需要良好的数学立场、交流、评估和欣赏。[②] PISA 提出数学素养的八大核心能力：数学思维和推理、数学论证、数学交流、建模、问题提出和解决、表征、符号、工具和技术。PISA 关注数量、空间与图形、变化与关系、不确定性四个领域，基于此构造了数学素养的树状模型。[③]

TIMSS（国际数学和科学评测趋势研究）在数学测评框架中也提出，在学校里学习数学的首要理由是通过掌握，更重要的是通过应用数学，增强作为一个公民的效率意识和在工作中的成功机会。TIMSS 在内容领域则是关注数、几何、代数、数据和机会，是根据各国数学课程共同的核心内容"整合"形成的，将课程作为影响学生数学表现的重要因素。[④]

2011 年起，中国上海中小学生学业质量绿色指标评价改革中，对四年级数学学科的学业水平评价分别从内容和能力维度进行细化，其中的能力维度分别从知识技能、数学理解、规则运用、问题解决四个维度分层展开。"绿色指标"的学科水平测试与许多测试不同，它是低利害的，以义务教育课程标准为依据，针对教学内容抽样进行，不需要学校、师生展开针对性训练，不会增加学生的学业负担。为了

---

① 康世刚.数学素养生成的教学研究[D].重庆：西南大学，2009.
② 周淑红.小学数学核心素养培养研究[D].哈尔滨：哈尔滨师范大学，2017.
③ 桂德怀.中学生代数素养的内涵与评价研究[D].上海：华东师范大学，2012.
④ 王鼎，李宝敏.TIMSS 和 PISA 数学测评分析框架比较分析[J].全球教育展望，2017(6)：20-34.

保证学科水平测试的高质量,在命题时坚持几项原则,如注重考查学生对学科核心知识、技能的理解和掌握,尤其是学生综合运用所学知识解决实际问题的能力、收集与分析信息的能力以及对重要学科思想方法的理解与掌握;试题多使用真实的情境和任务,注重通过客观性试题考查学生高层次认知能力等。① 综上,绿标评价从数学学科素养方面以数学学科关键能力的评价导向,反映出对数学学科素养的关注;同时,绿标评价的综合性、过程性也是对学生核心素养提升的一种评价导向。

(二) 基于国内外数学课程标准的解读

已有研究还从英国的科克罗夫特报告、德国、日本的数学教学大纲中概括不同国家对数学核心素养的阐述,如周淑红在博士论文中基于国外数学课程标准的解读将数学核心素养归纳为:知识观念层面,能用数学的观念和态度观察、解释和表示事物的数量关系、空间形式和数据信息,以形成量化意识和良好的数感;创造能力方面,通过解决支撑生活实际情景和其他学科问题,发展提出数学模型,了解数学方法,注意数学应用的创造型数学能力,并形成忠诚、坚定、自信的意志品格;思维品质方面,熟悉数学的抽象概括过程,掌握数学中的逻辑推理方法,以形成良好的思维品质和合理的思维习惯;科学语言方面,作为一种科学的语言,数学也是人际交流不可缺少的工具,数学素养应包括能初步运用这种简约准确的语言的能力。② 简而言之,数学素养应包括数学意识、问题解决、逻辑推理和信息交流四个部分。

杨庆余依据美国国家数学教师协会(NCTM)的课程标准,指出数学学科核心素养大致可以表述为:第一,懂得数学的价值。即能初步懂得数学的价值以及在文化中的地位和社会生活中的作用,了解用数学思想来思考并用数学方法来处理日常生活中发生的事件与现象的优越性,提高用数学的知识与经验、思想与方法等进行观察、推测、尝试、计划并合情合理地思考日常事物和现象的意识和兴趣;第二,对自己的数学能力有自信心。即在学习中对自己的数学能力有信心,并有可能常常在数学的学习中获得一些积极良好的情感体验,从而提高参与社会生活

---

① 徐淀芳,纪明泽,汪茂华.学业质量绿色指标:促进学生全面发展的利器——上海市中小学生学业质量绿色指标评价改革概要[J].人民教育,2013(18):13-16.

② 周淑红.小学数学核心素养培养研究[D].哈尔滨:哈尔滨师范大学,2017.

以及在社会生活的探究、发现和改造等活动中主动进行决策的兴趣和态度;第三,有解决现实数学问题的能力。即能初步掌握对日常生活中存在的各种信息的采集、整理、辨析及处理与运用的基础能力并能用数学的方法对它们进行初步的考查、区分、组织和模型建构,从而获得最基础性的解决数学问题的能力;第四,学会数学交流。即会读数学、写数学和讨论数学,包括学会简单的数学交流,能用数学语言来解释、阐述或证明自己的研究与解决问题的猜测、计划、过程和结果等;第五,学会数学的思想方法。即学会一些初步和简单的数学思想和数学方法,包括对应思想、变量思想、统计思想等以及化归、假设、模型等方法。①

最后,我国《义务教育数学课程标准》(2011 年版)将课程性质表述为"义务教育阶段的数学课程是培养公民素质的基础课程,具有基础性、普及性和发展性。"将数学教育的作用表述为:"作为促进学生全面发展教育的重要组成部分",强调"数学素养是现代社会每一个公民应该具备的基本素养",数学教育是素质教育的重要组成部分。马云鹏从《义务教育数学课程标准》(2011 年版)的解读中提出数学的十大核心素养——数感、符号意识、空间观念、几何直观、数据分析观念、运算能力、推理能力、模型思想、应用意识和创新意识。② 同时,对数学素养作出如下界定"数学素养是指当前或未来的生活中为满足个人成为一个会关心、会思考的公民的需要而具备的认识,并理解数学在自然、社会生活中的地位和能力,作出数学判断的能力,以及参与数学活动的能力。③ 因此,数学素养具有综合性、阶段性、持久性。④《普通高中数学课程标准》(2017 年版)中提到"数学学科核心素养是数学课程目标的集中体现,是具有数学基本特征的思维品质、关键能力以及情感、态度与价值观的综合体现,是在数学学习和应用的过程中逐步形成和发展的。数学学科核心素养包括:数学抽象、逻辑推理、数学建模、直观想象、数学运算和数据分析。"⑤

(三) 国内学者立足我国育人目标的研究

在对 PISA、TIMSS 等国际数学测试框架、国内外数学课程标准解读的基础

---

①　杨庆余.小学数学课程与教学[M].北京:中国人民大学出版社,2010:18.
②　马云鹏.关于数学核心素养的几个问题[J].课程·教材·教法,2015(9):36-39.
③　马云鹏,张春莉等.数学教育评价[M].北京:高等教育出版社,2003:199.
④　马云鹏.关于数学核心素养的几个问题[J].课程·教材·教法,2015(9):36-39.
⑤　教育部.普通高中数学课程标准(2017 年版)[S].北京:人民教育出版社,2017:4.

上,立足于国家的育人目标,国内学者就数学学科核心素养的内涵及培育提出了不同的主张,代表性的观点如:

蔡金法、徐斌艳认为对数学核心素养的研究需要基于人的培养目标,社会所需各级各类的未来人才的特质形成以及个人将来的生活质量,应该伴随在数学核心素养发展过程中。根据教育的人才培养目标以及数学学科的本质特征,认为数学交流、数学建模、智能计算思维和数学情感无疑是数学核心素养的重要成分。数学交流素养包含数学推理论证、数学表征等数学关键能力;数学建模素养与提出问题、解决问题能力密切相关;智能计算思维则是一种系统的问题解决过程,而在强调数学素养认知成分的同时,非认知因素尤为重要;数学知识的认同感、信任感和审美能力,这些积极的数学情感有助于数学核心素养的发展。[①] 同时强调了数学核心素养的研究要基于人们对数学的认识,在数学核心素养构建过程中要重点考虑如何测评了解学生数学核心素养之表现、如何在学校教育中发展核心素养、如何让数学教育在人才培养目标达成中发挥作用,这些是持续研究的方向。

孔凡哲、史宁中结合国家教育目标与《中国学生发展核心素养》,从"数学学习对中国学生发展有哪些特殊的、其他学科无法替代的作用"的源头思考出发,提出数学核心素养包含三种成分:一是学生经历数学化活动而习得的数学思维方式,二是学生数学发展所必需的关键能力,三是学生经历数学化活动而习得的数学品格及健全人格养成。其中,关键能力包括数学抽象能力、数学推理能力、数学建模能力、直观想象能力、运算能力、数据分析观念。学生只有亲身经历数学化活动,才能真正形成数学核心素养。[②]

此外,孔企平认为数学素养的内涵包括发展逻辑思维、学会常规方法的使用、运用数学知识的能力三个方面,并提出数学素养的内容随着时间的推移而发生变化、与日常密切联系。[③] 阳凌云从我国未来公民应具备的素质角度提出两个层面的数学学科核心素养:一是数学科学素质,包括数学知识、数学技能、数学能力,以及对数学的科学价值、思维价值和应用价值的初步认识;二是数学文化素质,包括

---

① 蔡金法,徐斌艳.也论数学核心素养及其建构[J].全球教育展望,2016(11):3-12.
② 孔凡哲,史宁中.中国学生发展的数学核心素养概念界定及养成途径[J].教育科学研究,2017(6):5-11.
③ 孔企平.国际数学学习测评:聚焦数学素养的发展[J].全球教育展望,2011(11):78-82.

数学思想方法、数学意识、数学精神和数学气质。^① 苏明强认为数学核心素养由关键能力和基本思想两部分组成,包含两个维度七个要素。^② 陈六一、刘晓萍则归纳为数学人文、数学意识和数学思想。^③

从以上研究中可以看出,数学学科核心素养是学生在先天基础上,受后天环境、数学教育等影响,通过个体自身的认识和实践活动所获得的知识技能、数学思考、问题解决、情感态度等融于身心的一种比较稳定的状态;结合学科及学生年龄特点,小学数学核心素养应是指小学生应具备的、能够适应终身发展和社会发展需要的,关于小学生数学知识、技能、思想、能力、情感、态度、价值观等多方面要求的综合表现。

三、课程整合对学生核心素养的回应

培育学生核心素养是我国深化课程改革的基本理念和价值追求,然而中国基础教育分科教学的形式,存在学校学科课程与学生发展核心素养不能完全匹配的现象,因为核心素养的培育依赖于多学科课程的整合。

因此,课程整合是建立指向学生核心素养的学校课程十分必要的方式。近年来,"核心素养"与"课程整合"成为教育领域研究的高频词,已有研究十分肯定课程整合对学生核心素养培养的重要意义,认为"学校应在学生核心素养理论的指导下,以课程整合为依托,促进课程体系的改革与发展,逐渐建立起以学生核心素养为中心的新课程体系"。^④ 然而,现有研究存在重理念分析、少实践论证,多方案设想、少操作案例的现状。课程整合应如何回应学生发展核心素养? 已有研究提供了一些思路。

钱丽欣认为应从多方面系统考察课程整合的本质、目的和价值,更重要的是要建立配套的支持系统,如评价体系、师资队伍、课程资源及时间安排等;在实施路径上,课程整合不仅要实现课程内和课程间的教学目标、教学内容、教学方法的整合,也指向课程实施过程中课内课外、校内校外的整合,还可包括其他课程要素

① 阳凌云,吕国一.数学教育的三个阶段、四个层次及三个转变[J].数学理论与应用,2003(4):127-128.
② 苏明强,吕传汉.初论数学课程培育的核心素养[J].齐鲁师范学院学报,2016,31(6):72-75.
③ 陈六一,刘晓萍.小学数学核心素养要素分析与界定反思[J].中小学教师培训,2016(5):57-60.
④ 钱丽欣.课程整合:回应未来社会对学生核心素养的期待[J].人民教育,2015(24):33-35.

的整合,更要处理好课程整合与传统分科课程之间的关系。①

　　安桂清借鉴多伊尔课程规划的系统观点,认为课程整合需要渗透于课程方案、科目计划和课堂事件三个层面,并由此建构起整合的三种形态,即课程方案层面的整合、科目层面的整合和课堂层面的整合。(1)课程方案层面:学校在落实上述国家课程方案整合意图的基础上,还需要从自身的办学理念和育人目标出发,以育人目标所彰显的核心素养为指引,探索与课程整合相匹配的教学组织形式、班级编排、教研方式等在内的课程实施和管理结构的创新,为学生学习提供整合性的课程空间;(2)科目计划层面:要从学校课程方案的整体规划出发,对整合性科目究竟落实哪些核心素养进行设计和布局,明晰核心素养在各整合科目上的分布,然后基于素养分布,围绕整合性科目的目标、内容主题、实施方式和评价方式展开整体设计。特别是以素养作为具体的学习内涵,运用相同的概念、共同的主题、共同的目的、互补的关系、阶段性过程等方式,结成有组织结构和意义的学习单元。同时,建议适当采取大单元教学、主题轴教学、项目学习、探究学习等,融合各项议题,落实课程的整合实施;(3)在课堂层面:课程整合主要体现为以主题/单元教学的方式所展开的学习活动设计,具体包括对学习的情境、协同、支架、任务、展示和反思等要件的设计。课堂层面的整合有助于改变课时主义和以知识点为中心的教学,推动课堂转型和教学变革,促进学生核心素养发展。②

　　这三个维度相互依赖、相辅相成,而从课程整合的维度上来看,首先要对核心素养作相关界定以实现课程目标要素的整合;其次,要设计共享的任务结构以对活动与练习进行整合;再次,应整合不同的教学模式和方法以实施学校课程;此外,需整合标准和工具以评估核心素养的学习;最后,建议整合正规、非正规和非正式等不同形式课程,吸引各类教育机构、家庭和社会人士的广泛参与,进而促进基于核心素养的课程整合的建构。③

　　总而言之,课程整合是培养学生核心素养的可行、有效的方式,通过课程规划、纲要设计、课堂教学等路径,从学校、教师、学生、社会等不同层面促进学生发展核心素养的提升。

---

①　钱丽欣.课程整合:回应未来社会对学生核心素养的期待[J].人民教育,2015(24):33-35.
②　安桂清.共同走进素养时代的课程整合[N].中国教育报,2018-1-10.
③　安桂清.基于核心素养的课程整合:特征、形态与维度.[J].课程·教材·教法,2018,38(9):48-54.

第三节　小学数学课程整合

已有研究关于"核心素养"、"课程整合"的多为理论的建构,实践研究中也大多呈现为综合实践活动课程、语文与历史文化课程、科学探究课程、艺术综合类课程等。而"小学数学课程整合"仅有个别研究,且学术性及可推广性不高,这也反映了本研究的必要性。

一、小学数学课程整合的类型

小学数学课程应该整合什么? 已有研究主要包含以下几种类型:

(一) 教学目标与内容的整合

在目标与内容的整合方面,已有研究认为:一方面,研读课标、教材,是课程整合的基本要求。课标详细地阐述了课程理念,以及各个学段课程目标和内容标准,具有指导作用,而教材是整个知识体系的载体,因此研读《义务教育数学课程标准》和教材是有效整合教材的基础。另一方面,找准契合点,是有效整合教材的关键。

具体来讲:首先,要研读课标,熟悉课程理念,明确课程目标。作为一线教师,首先要整体把握基础教育阶段的课程要求,才能统揽全局,高屋建瓴。同时要明确每册教材以及各个学段的目标,熟悉整体框架和知识体系,这样教师才能科学合理地分配时间,并根据教学实际合理地组织教材,在课堂教学中科学地指导学生采取合理的学习方式。其次,研读教材,挖掘教材的内涵。教师要吃透教材,理解教材的编写意图,并且能够联系学生生活实际,创造性地使用教材。只有这样,教师才能有效利用知识之间的相互作用、彼此关联、相互发展的特点,有效地整合课程,并在课堂教学过程中驾驭教学情境,及时发现和利用教学过程中的创造因素,捕捉创造契机。再次,找准契合点,在不影响学科知识逻辑性和系统性的前提下,将同学科或不同学科相关的内容或教材整合在一起。最后,注意依托"三维"目标有效整合,精心设计教学过程和方法。在教学活动中,要想实现"三维"目标的整合,关键在于如何整合这三个维度,达到理想的教学状况。这就需要教师精心设计教学过程和方法,充分调动学生学习的兴趣,使学生在兴趣盎然中轻松掌握知识和技能,培养情感、态度和价值观。

(二) 教学方法的整合

关于教学方法的整合,可供借鉴的有姚荣金将小学数学学科内整合方法划分为以下三类:第一,重组式课程整合,主要应用于教学内容的整合;第二,相关式课程整合,主要是对运用相同数学思想方法、前后相关联的课时进行整合;第三,根源式课程整合,主要是根据学生的学习基础,以及知识间的联系对复习课进行相关整合。课程整合其实是一个梳理的过程,在具体实施过程中,教师可以采取相应策略有效展开,让学生联系所学知识,自主建构个体独特的知识网络。[①]

(三) 教学资源的整合

邱恭志认为在教学研究中要依据儿童需求,把握时代特征,搜集各种资源,进行基于主题的课程资源整合。他主张在教学中应该把学科内容与儿童生活联系起来,与儿童经验联系起来,从儿童现实生活与精神生活中确定"组织中心",围绕"组织中心"整合教育目标和儿童需要,通过学生、家长、教师等人员的合作,实现多个学科领域的课程资源整合。在整合资源时应注意基于课程标准、感受精神愉悦、倡导自主选择。[②]

对小学数学的课程整合的研究十分欠缺。从数量看,在知网以"小学数学课程整合"为主题、基础教育为研究领域筛选,发表在核心期刊的文献仅有 4 篇,且全部是"信息技术与小学数学课程整合",全部期刊来源也不足 80 篇;从质量上看,研究缺少创新点、重复性高,关于教学目标与内容整合、教学方法整合、教学资源整合的研究多为经验叙述,缺少理论思路、实践路径和操作建议的提炼,难以为后续研究提供借鉴。

二、小学数学课程整合的策略

关于小学数学课程整合的已有研究多为教师的经验总结,因此对整合策略的提炼更是缺乏。一些教师的教学经验呈现为:整合研究性学习,在自主探究中发

---

① 姚荣金.例谈小学数学学科内课程整合的实施策略[J].教学月刊(小学版数学),2017(11):39-41.
② 邱恭志.整合理念下小学数学课程资源建设的思考和实践[J].新教师,2016(12):44-45.

展数学应用意识;整合现代信息技术,在多样的教学环境中提高学习主动性;整合综合实践活动,提升综合数学素养。[①] 或者提出:整合优化校内课程资源,整合数学学科知识资源,强化教师自身资源开发,优化数学与其他学科之间的资源整合;优化整合校外资源,如让小学生参加一些社会实践活动,得到与数学有关的体验。[②] 研究大多是信息技术在小学数学教学中的运用,表现为"信息技术"与"小学数学"两学科间的整合。

可见,课程整合策略的研究更为薄弱,现有研究主要还是集中于概念和模式方面;整合实践主要是针对课程结构的整合,而从课程功能角度所做的整合相对较少;整合停留于技术层面而缺乏深度,使教学过程中的课程内容在形态上依然支离破碎,缺少完整的图景。[③]

① 孟红亚.扎实课改脚步,促进学科领域整合——以小学数学课程为核心促进领域之整合[J].学苑教育,2015(17):48.
② 梅玲玲.小学数学课程资源优化整合探讨[J].课程教育研究,2018(26):142.
③ 朱琳.学生发展核心素养背景下小学课程整合的策略研究[D].重庆:西南大学,2017.

第六章　小学数学核心素养要点的理解

第一节　培育核心素养　落实立德树人

　　教育的最终目标是指向人的发展,"立德树人"是教育的最根本任务。人的发展是综合的、立体的,因此需要从课程整合的视角为学生提供最适切的、能促进其后续发展、终身发展的教育。同时,现代社会的发展,进入了信息化、全球化的进程,社会发展的迅猛及发展的需求,对面向未来世界的人才培养提出了新时代的要求。如何从学校课程切入,通过课程整合的视角为学生提供面向未来世界的综合的、整体的学习,引导真实学习的发生,促进高阶思维的生成,促进学科素养养成,继而促进核心素养的提升,以达成"立德树人"的教育根本任务,是现阶段学校教育需要关注的方向。

　　核心素养是当今世界各国课程教学改革的主方向,自国际经合组织(OECD)提出核心素养之后,联合国教科文组织、世界经济论坛等国际组织,以及美国、英国、法国、芬兰、韩国、日本、新加坡、澳大利亚、新西兰等国均提出了自己的"核心素养"。在中国,2014 年起启动学生发展核心素养项目研究,建构了三个维度、六个素养、十八个基本要点的中国学生发展核心素养框架;2017 年,在国家修订的普通高中课程标准中,每一个学科均凝练了本学科核心素养。学科核心素养是核心素养培育的基础与支撑,也是通过课程与教学的实施途径,在过程中引导学生体验、生成,鉴于学生核心素养、学科核心素养的教育性、人本性,因此需要课程的整合及支持整合课程的教学实施予以落实。

　　目前,在小学数学课程中指向学生核心素养的课程整合的实践研究比较缺乏,数学学科的核心素养也仅限于高中阶段的研究。因此,本研究拟解决的问题如下:对小学数学学科核心素养要点的厘清;指向学生核心素养培育的小学数学课程整合的样态和类型;小学数学课程整合样态的实践案例与启示分享。

第二节　小学数学核心素养要点框架

一、从课程标准解读中理解小学数学核心素养

21世纪初开始的新一轮课程改革,不断丰富着数学教育的内涵,从提炼数学课程的核心词到对数学学科素养的厘清,体现了对数学学科价值迭代升级的考量,对数学学科的育人价值及对学生核心素养培育的贡献度的思考。

1.《义务教育数学课程标准》(2001年版)

《义务教育数学课程标准》(2001年版)提出"课程内容的学习,强调学生的数学活动,发展学生的**数感、符号感、空间观念、统计观念,以及应用意识与推理能力。**"

数感主要表现在:理解数的意义;能用多种方法来表示数;能在具体的情境中把握数的相对大小关系;能用数来表达和交流信息;能为解决问题而选择适当的算法;能估计运算的结果,并对结果的合理性作出解释。

符号感主要表现在:能从具体情境中抽象出数量关系和变化规律,并用符号来表示;理解符号所代表的数量关系和变化规律;会进行符号间的转换;能选择适当的程序和方法解决用符号所表达的问题。

空间观念主要表现在:能由实物的形状想象出几何图形,由几何图形想象出实物的形状,进行几何体与其三视图、展开图之间的转化;能根据条件作出立体模型或画出图形;能从比较复杂的图形中分解出基本的图形,并能分析其中的基本元素及其关系;能描述实物或几何图形的运动和变化;能采用适当的方式描述物体间的位置关系;能运用图形形象地描述问题,利用直观来进行思考。

统计观念主要表现在:能从统计的角度思考与数据信息有关的问题;能通过收集数据、描述数据、分析数据的过程作出合理的决策,认识到统计对决策的作用;能对数据的来源、处理数据的方法,以及由此得到的结果进行合理的质疑。

应用意识主要表现在:认识到现实生活中蕴含着大量的数学信息、数学在现实世界中有着广泛的应用;面对实际问题时,能主动尝试着从数学的角度运用所

学知识和方法寻求解决问题的策略；面对新的数学知识时，能主动地寻找其实际背景，并探索其应用价值。

推理能力主要表现在：能通过观察、实验、归纳、类比等获得数学猜想，并进一步寻求证据、给出证明或举出反例；能清晰、有条理地表达自己的思考过程，做到言之有理、落笔有据；在与他人交流的过程中，能运用数学语言合乎逻辑地进行讨论与质疑。

2.《义务教育数学课程标准》(2011 年版)

《义务教育数学课程标准》(2011 年版)将课程性质表述为"义务教育阶段的数学课程是培养公民素质的基础课程，具有基础性、普及性和发展性。"将数学教育的作用表述为："作为促进学生全面发展教育的重要组成部分"，强调"数学素养是现代社会每一个公民应该具备的基本素养"，数学教育是素质教育的重要组成部分。

在数学课程中，应当注重发展学生的**数感**、**符号意识**、**空间观念**、**几何直观**、**数据分析观念**、**运算能力**、**推理能力和模型思想**。为了适应时代发展对人才培养的需要，数学课程还要特别注重发展学生的**应用意识和创新意识**。

数感主要是指关于数与数量、数量关系、运算结果估计等方面的感悟。建立数感有助于学生理解现实生活中数的意义，理解或表述具体情境中的数量关系。

符号意识主要是指能够理解并且运用符号表示数、数量关系和变化规律；知道使用符号可以进行运算和推理，得到的结论具有一般性。建立符号意识有助于学生理解符号的使用是数学表达和进行数学思考的重要形式。

空间观念主要是指根据物体特征抽象出几何图形，根据几何图形想象出所描述的实际物体；想象出物体的方位和相互之间的位置关系；描述图形的运动和变化；依据语言的描述画出图形等。

几何直观主要是指利用图形描述和分析问题。借助几何直观可以把复杂的数学问题变得简明、形象，有助于探索解决问题的思路，预测结果。几何直观可以帮助学生直观地理解数学，在整个数学学习过程中都发挥着重要作用。

数据分析观念包括：了解在现实生活中有许多问题应当先做调查研究，收集数据，通过分析做出判断，体会数据中蕴涵着信息；了解对于同样的数据可以有多种分析的方法，需要根据问题的背景选择合适的方法；通过数据分析体验随机性，一方面对于同样的事情每次收集到的数据可能不同,另一方面只要有足够的数据就可能从中发现规律。

运算能力主要是指能够根据法则和运算律正确地进行运算的能力。培养运算能力有助于学生理解运算的算理,寻求合理简洁的运算途径解决问题。

推理能力的发展应贯穿在整个数学学习过程中。推理是数学的基本思维方式,也是人们学习和生活中经常使用的思维方式。推理一般包括合情推理和演绎推理,合情推理是从已有的事实出发,凭借经验和直觉,通过归纳和类比等推断某些结果;演绎推理是从已有的事实(包括定义、公理、定理等)和确定的规则(包括运算的定义、法则、顺序等)出发,按照逻辑推理的法则证明和计算。在解决问题的过程中,合情推理用于探索思路,发现结论;演绎推理用于证明结论。

模型思想的建立是学生体会和理解数学与外部世界联系的基本途径。建立和求解模型的过程包括:从现实生活或具体情境中抽象出数学问题,用数学符号建立方程、不等式、函数等表示数学问题中的数量关系和变化规律,求出结果、并讨论结果的意义。这些内容的学习有助于学生初步形成模型思想,提高学习数学的兴趣和应用意识。

应用意识有两个方面的含义,一方面有意识利用数学的概念、原理和方法解释现实世界中的现象,解决现实世界中的问题;另一方面,认识到现实生活中蕴涵着大量与数量和图形有关的问题,这些问题可以抽象成数学问题,用数学的方法予以解决。在整个数学教育的过程中都应该培养学生的应用意识,综合实践活动是培养应用意识很好的载体。

创新意识的培养是现代数学教育的基本任务,应体现在数学教与学的过程之中。学生自己发现和提出问题是创新的基础;独立思考、学会思考是创新的核心;归纳概括得到猜想和规律,并加以验证,是创新的重要方法。创新意识的培养应该从义务教育阶段做起,贯穿数学教育的始终。

3.《上海市中小学数学课程标准》(2004年版)

《上海市中小学数学课程标准》(2004年版)中提到"数学素养是现代公民必备的一种基本素养。""中小学数学教育在基础教育中占有重要的地位。学生通过数学学习,掌握数学的基本知识、基本技能和思想方法,学会有条理地思考和简明清晰地表达思考过程,并运用数学的思想方法分析问题和解决问题。这对培养学生的**抽象能力、推理能力、创造能力**具有特殊作用,对培育学生认识世界的积极态度和思想方法,求真求实的和锲而不舍的精神具有深远影响。"

4.《普通高中数学课程标准》(2017年版)

《普通高中数学课程标准》(2017年版)提到"数学学科核心素养是数学课程目标的集中体现,是具有数学基本特征的思维品质、关键能力以及情感、态度与价值观的综合体现,是在数学学习和应用的过程中逐步形成和发展的。数学学科核心素养包括:**数学抽象、逻辑推理、数学建模、直观想象、数学运算和数据分析**。这些数学学科核心素养既相对独立、又相互交融,是一个有机的整体。"

综上,从《义务教育数学课程标准》(2001年版)到《义务教育数学课程标准》(2011年版)核心词的变化可见,既有数量和广度上的扩充,核心词从6个到10个;更有内涵上的凝练,从学科知识内容维度提炼至学科素养及学生核心素养领域的发展轨迹。而《上海市中小学数学课程标准》(2004年版)及《普通高中数学课程标准》(2017年版)中关于学科素养的阐述更为精简,更凸显数学学科的特质,无论是前者所提到的"抽象能力、推理能力、创造能力",还是后者从数学学科素养的角度所阐述的"数学抽象、逻辑推理、数学建模、直观想象、数学运算和数据分析",都反映出数学学科的本质特征。

是否能从学科特质及学生认知特点的视角,对小学阶段数学学科的价值进一步厘清,对学生核心素养的学科贡献度进行系统梳理,提出较为精炼又反映出学科素养的综合性、阶段性、持久性特质的小学数学学科素养假设,以此为小学数学课程整合样态的凝练与梳理提供理论内核,这是本研究的思考原点。

二、小学数学学科核心素养要点阐述

从文献研读的历史发展轨迹出发,结合小学数学学科本质、小学生学习特点,对小学数学学科素养要点进行了假设,其中"数学运算"、"数据分析"沿用高中数学课程标准的提法,但有新的界定与解读;出于小学阶段数学学科本质和学生学习特点方面的思考,"几何直观"、"具体到抽象"、"数学交流"、"问题解决"等概念,与高中数学学科素养的提法有些许不同之处。

(一)小学数学学科素养之"数学运算"

通观我国建国后的数学教学大纲及数学课程标准可以发现,从计算能力、运

算能力到数学运算,历经了从知识到能力,再到素养培育的学科课程目标的变革。我们可以从一组组概念的辨析中厘清、理解小学数学学科素养之"数学运算"的内涵。

1. 相关概念辨析

辨析:计算能力与运算能力

日常用语中通常把计算能力等同于运算能力,在数学学科范畴中两者间有一定区别。计算能力一般表现在能运用数学的法则、公式等正确、熟练地进行有关算术和推导的过程。而运算能力不仅包括了计算能力,更是一种综合能力的体现。北京师范大学的曹才翰教授指出:运算能力是一种综合能力,它是运算技能与逻辑思维能力的一种独特结合。林崇德教授则提出了更具体的说法,他认为运算能力不仅表现在根据数学的法则、公式等进行数学运算中表现出来的正确、合理、灵活、熟练程度上,还表现在理解运算的算理、根据题目条件寻求最合理、最简捷的运算途径的水平上。在《义务教育数学课程标准》(2011年版)中提到,运算能力主要指能够根据法则和运算律正确地进行运算的能力。培养运算能力有助于学生理解运算的算理,寻求合理简洁的运算途径解决问题。可见,《课程标准》中运算能力的内涵阐述与林崇德教授的观点是比较接近的。概而言之,运算能力可分为两个阶段,第一阶段是依据法则能正确运算,也可以称为计算能力。第二阶段是能根据题目条件寻求合理、简洁的运算途径来解决问题,这个阶段才可称为运算能力。也可以说,运算包含了更深层次的计算过程。

辨析:运算能力与数学运算

《普通高中数学课程标准》(2017年版)把"数学运算"作为高中阶段数学学科的六大学科素养之一,其中明确指出"数学运算"是在明晰运算对象的基础上,依据运算法则解决数学问题的素养。主要包括:理解运算对象,掌握运算法则,探究运算思路,选择运算方法,设计运算程序,求得运算结果。另外,还提到通过运算不仅要促进数学思维的发展,形成规范化思考问题的品质,养成一丝不苟、严谨求实的科学精神。对比"运算能力"和"数学运算"的内涵阐述可见,"数学运算"在理解运算对象、运算法则、选择合理算法解决问题的基础上,还包括了思维品质以及情感、态度和价值观。

综上所述,计算能力较多体现在知识与技能目标领域;运算能力涵盖计算能力,较之前者在过程中体现了一定的算理理解、算法思维。数学运算素养是建立在前两者基础之上,从关注学生数学品格及健全人格的养成的视角,不仅是知识技能的习得,更包括了思维品质的培育,以及情感、态度和价值观的生成。

2. 小学数学学科"数学运算"素养解读

小学数学学科数学运算素养,是明晰运算对象、依据运算法则解决数学问题的素养。包括在现实或数学情境中明晰数学运算对象,主动运用适切的运算方法与法则,厘清运算思路,求得运算结果的过程。数学运算素养涵盖了计算能力、运算思维及规范严谨计算的品质及科学精神。

3. 从整合视角看——数学运算素养与其他数学学科素养间的联系

* 数学抽象和推理是数学运算的基础

数的运算建立在数的认识的基础上。学习数的认识是一个从具体到抽象的过程。例如,学习 10 以内数的认识时,从 1 支铅笔、2 朵小花、3 只小猪具体的数量引入,从而抽象出 1、2、3 这样的数,建立起数量与数之间的联系。数的运算也是一个数学推理的过程。例如,"$258 - 101 = 258 - 100 - 1 = 157$",实际上是运用了减法运算性质 $a - (b + c) = a - b - c$,这个思考过程显然是一个演绎推理的过程。又如,在运算定律或性质的教学中,教师往往会让学生经历一个"发现——猜想——举例验证——归纳总结"的过程,也就是一个不完全归纳的推理过程。可见,数学运算离不开数学抽象和推理。

* 几何直观是数学运算的支撑

几何直观可以使复杂问题简单化,抽象问题具体化。在数学运算的教学中,借助几何直观能帮助学生理解数的概念,分析并发现算式间的关系,对学生数学运算的素养培养发挥着重要的作用。例如,在《乘法分配律》的教学中,可以借助面积图(图 6 - 1)来解释"$65 \times (32 + 15) = 65 \times 32 + 65 \times 15$",不仅突破学生把握算式结构的困难点,还能直观地呈现乘法

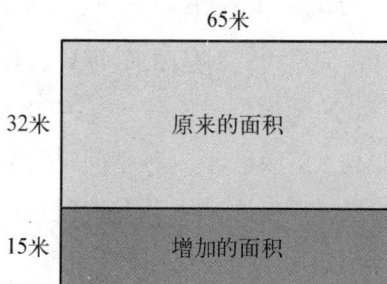

图 6 - 1 《乘法分配律》相关教材截图

分配律的本质意义。

＊数学运算是数据分析和问题解决的保障

统计需要经历收集、整理、分析、解释数据并从数据中推理结论的过程,统计的研究对象就是数据,数的运算是分析数据的基本保障。问题解决无论是在数学领域,还是在物理、化学、生物、地理、信息等其他学科中都离不开相关的运算。可以说,数学运算是一种重要的核心素养。

(二) 小学数学学科素养之"几何直观"

"几何直观"是《义务教育数学课程标准》(2011 年版)中的十大核心词之一,被定义为"利用图形描述和分析问题。借助几何直观可以把复杂的数学问题变得简明、形象,有助于探索解决问题的思路,预测结果。几何直观可以帮助学生直观地理解数学,在整个数学学习过程中都发挥着重要作用。"由于小学阶段的学生正处在形象思维向抽象思维转化的关键时期,因此借助"几何直观"展开数学学习,提升数学素养成为必然的选择。我们可以从一组概念的辨析中厘清、理解小学数学学科素养之"几何直观"的内涵。

1. 相关概念辨析

辨析:几何直观、空间观念、直观想象、数形结合

《义务教育数学课程标准》(2011 年版)修订稿中包含十大核心词,其中有"几何直观"(见前文)和"空间观念",空间观念的定义是:"根据物体特征抽象出几何图形,根据几何图形想象出所描述的实际物体;想象出物体的方位和相互之间的位置关系;描述图形运动和变化;依据语言的描述画出图形等。"而《普通高中数学课程标准》(2017 年版)把"直观想象"作为高中阶段数学学科的六大学科素养之一,明确指出"直观想象"是借助几何直观和空间想象感知事物的形态与变化,利用空间形式特别是图形,理解和解决数学问题的素养。主要包括:利用图形形式认识事物的位置关系、形态变化与运动规律;利用图形描述、分析数学问题;建立形与数的联系,构建数学问题的直观模型,探索解决问题的思路。另外,还提到通过数学课程的学习,学生能提升数形结合的能力,发展几何直观和空间想象能力;增强运用几何直观和空间想象思考问题的意识;形成数学直观,在具体的情境中感悟事物的本质。在上文"直观想象"的阐述中,提及"数形结合"能力,"数形结合"作为数学能力、数学思维在数学课程学习中被广泛提及并运用。

下面,我们用表格的形式对"几何直观"、"直观几何"、"空间观念"和"数形结合"进行辨析:

表 6-1　几何直观及其相关概念的比较

比　　较	几何直观	空间观念	直观想象	数形结合
适用领域	数学学科各个领域	几何领域	数学学科各个领域	代数与几何领域
研究对象	研究对象的几何意义。	研究对象的形态、方位和相互之间的位置关系,变化情况。	建立形与数的联系,利用几何图形描述问题,借助几何直观理解问题,运用空间想象认识事物。	研究两类对象之间的关系。
属　　性	数学核心词	数学核心词	数学素养	数学能力、数学思维

综上所述,"数形结合"联接了代数与几何领域,是通过数学课程学习所生成的数学能力和思维。而《义务教育数学课程标准》(2011 年版)中提到的数学核心词中的"几何直观"和"空间观念"在其适用领域方面有所不同,较之"空间观念","几何直观"的适用领域更广,涵盖数学学科各个领域。而同样适用于数学学科各个领域的"直观想象",从数学素养方面进行了定义阐述,较之《义务教育数学课程标准》(2011 年版)中关于"几何直观"的阐述,在认识事物、问题解决方面有更清晰的学科育人价值的要求。因此,出于对学科育人价值、学科本质及小学生学习认知特点的综合考虑,需要对小学数学学科"几何直观"素养进行重新界定。

2. 小学数学学科"几何直观"素养解读

小学数学学科"几何直观"素养,是指借助图形、几何的直观感知事物的形态与变化,理解并解决数学问题的素养。主要表现为:建立形与数的联系,借助几何图形描述问题,借助几何直观理解问题。是一种利用直观感悟事物本质,思考问题并合理解决问题的素养。

3. 从整合视角看——几何直观素养与其他数学学科素养间的联系

＊几何直观是数学抽象的思维基础

史中宁教授在文章中提到"直观想象是实现数学抽象的思维基础",换言之,将数学问题一般化,势必利用几何直观思维对问题进行抽象,然后通过数学抽象来形成数学理解。因此,数学直观与数学抽象这两大核心素养辩证统一地存在于认识事物和数学对象的学习过程中。特别是在概念的教学中,往往采用直观的方法对概念进行识别和直观认知,并在此基础上再抽象出数学概念的过程。例如:平行的含义。

②

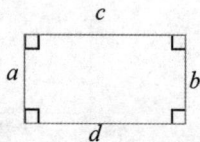

左图的长方形中,边 a 和 b 都垂直于边 c. 像 a、b 这样垂直于同一条边的两条边,我们说它们是互相平行的. 平行可用符号∥表示. a 与 b 互相平行,可记作: $a∥b$,读作: a 平行于 b ,或记作: $b∥a$,读作: b 平行于 a. 在左面这个长方形中,还有哪两条边是互相平行的?

图 6-2 《平行》相关教材截图

首先,在平行一课中,教材利用学生熟悉的长方形引入平行概念,学生通过直观感知的思维活动过程,其实早已初步理解线段 a 和线段 b 互相平行,指向了核心素养"几何直观"的发展;其次,再从直观感受的基础上抽象和概括出平行的特征、要素和关系,让学生再次理解平行的含义,这一过程指向了数学学科核心素养"数学抽象"的发展。从中我们发现概念教学中突出地体现了数学直观和数学抽象之间辩证地综合发展过程。

*几何直观与逻辑推理密不可分

几何直观是一个思维的过程——通过图形去研究对象,建立形与数的联系,从而认识事物,这其中也会获得一些结论和解题思路,过程与逻辑推理类似,所以几何直观与逻辑推理密不可分。

再从教学经验上思考,学生进行数学交流(推理与说理的过程)中遇到困难的直接原因是对知识理解不够到位,掌握的不够好,所以追本溯源,学生在对知识的习得过程中,如何有效地理解知识的本质是关键,教学中我们经常利用图形语言形象、直观地帮助学生识记、理解问题的本质,所以"几何直观"从某种意义上来说是可以发展逻辑推理能力的。

*几何直观是解决数学问题的有效保障

要想使学生有效建构模型,解决问题,小学阶段的数学课堂一定要从身边事物出发,引导学生从生活实际中提炼出数学模型,而几何直观从某种意义上讲就是数学活动经验不断积累所形成的数学素养,数学模型需要经历这一重要环节,几何直观是帮助学生直接感知模型的有效载体。

＊几何直观与数学运算的联系

几何直观与数学运算的联系在数学教材中的例子比比皆是,最为典型的就是应用几何直观让学生更好地理解运算算理,例如两位数乘一位数:

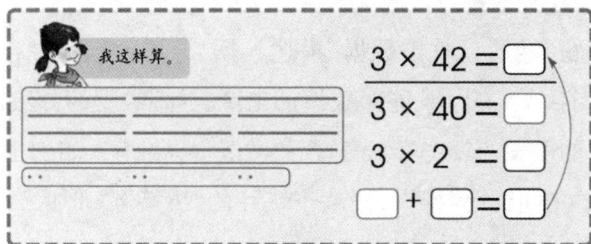

图 6-3 《两位数乘一位数》算理图

一方面是发挥了直观替代物的作用,是抽象的符号化表示;另一方面是直观化的表象与抽象的算式互相对照,两两联系。借助几何直观,教师也能够引导学生掌握数学运算算理,培养数学运算能力。

＊几何直观与数据分析关系

几何直观主要是借助直观可以把复杂的数学问题变得简明、形象,有助于探索解决问题的思路。也就是说,几何直观以其优势,让抽象的数学公式不难理解,让数学概念不容易混淆,将数学语言具体化,促进学生进行有效的数据分析,快速解决问题,提升数学素养。

(三) 小学数学学科素养之"数据分析"

"数据分析"是《义务教育数学课程标准》(2011 年版)中的十大核心词之一,其中包括"了解在现实生活中有许多问题应当先做调查研究,收集数据,通过分析作出判断,体会数据中蕴涵着信息;了解对于同样的数据可以有多种分析的方法,需要根据问题的背景选择合适的方法;通过数据分析体验随机性,一方面对于同样的事情每次收集到的数据可能不同,另一方面只要有足够的数据就可能从中发现规律,数据分析是统计的核心。"通常,"数据分析"与"概率与统计"数学课程板块紧密相连,体现着数学学科与现实世界的紧密关联。随着数字时代的到来,人们每天都要面对大量的数据,基于数据、分析数据,真实地认识世界、合理地进行推断、解决问题成为数学学科育人的重要目标。我们可以从一组概念的辨析中,来厘清、理解小学数学学科素养之"数据分析"的内涵。

1. 相关概念辨析

辨析：数据分析与统计观念

《义务教育数学课程标准》(2011年版)中首次把"统计观念"修订为"数据分析观念"。"课标实验稿"中指出，"统计观念主要表现在：能从统计的角度思考与数据信息有关的问题；能通过收集数据、描述数据、分析数据的过程作出合理的决策，认识到统计对决策的作用；能对数据的来源、处理数据的方法，以及由此得到的结果进行合理的质疑。"较之《义务教育数学课程标准》(2011年版)中关于"数据分析"的定义，少了"随机性"特点；把基于统计的"决策"降低要求为"作出判断"，更符合小学生的年龄特点。

《普通高中数学课程标准》(2017年版)中指出："数据分析是指针对研究对象获取数据，运用数学方法对数据进行整理、分析和推断，形成关于研究对象知识的素养。数据分析过程主要包括：收集数据，整理数据，提取信息，构建模型，进行推断，获得结论。"通过数学课程的学习，能提升获取有价值的信息并对其进行定量分析的能力，以及通过数据认识并刻画事物的本质、关联和规律的能力。

综上，"数据分析"较之"统计观念"在数学学科育人角度有着更深邃的内涵，它们均包括了对统计对象的清晰把握、对统计过程的整体经历及对基于统计数据分析的合理推断等。在利用数据刻画事物本质、关联和规律方面，"数据分析"有更清晰的界定。而《普通高中数学课程标准》(2017版)中对"数据分析"从数学学科素养角度进行定义，但高于小学阶段学生的认知特点；而《义务教育数学课程标准》(2011年版)中关于"数据分析"的定义较符合小学阶段学生的年龄特点，但尚需从学科育人、素养提升的方面作进一步的凝练。

辨析：数据分析与大数据

我们所面临的世界及未来的世界是一个数字时代，每一天都涉及大量的数字信息，而大数据的随机性及其背后所蕴含的规律，让我们可以通过数据分析逼近事物的本质，是认识世界、改造世界的一个重要的数学手段，是大数据时代数学应用的主要方法，有其独特的价值。同时，数据的随机性有其难以采集、找寻规律的特点，因此"数据分析"作为数学学科素养，在如何求真务实、科学运用数据方面有其独特的育人价值。

综合以上的比较分析，我们对小学数学学科"数据分析"素养有了重新的内涵界定。

2. 小学数学学科"数据分析"素养解读

小学数学学科"数据分析"素养是指获取研究对象的数据信息,经历数据分析、数据整理、数据呈现、数据分析的过程,透过数据的随机性发现规律进行合理判断,获得结论。具体来说,是指具有运用数据刻画事物、发现规律的意识;依托数据实事求是认识事物、思考辨析、解决问题的能力。

3. 从整合视角看——数据分析素养与其他数学学科素养间的联系

＊"数学抽象"为"数据分析"提供对象

数学抽象是数学的本质,通过抽象把生活对象凝炼为数学对象,例如"数"即"数量"的抽象。把生活中的研究对象,抽象到数学内部,通过数据来刻画分析研究对象的本质及规律,继而解决问题是"数学抽象"与"数据分析"间最为紧密的关系。例如,对于上学时间段校园周边交通情况的调查研究,即通过机动车的分类,把生活情境抽象为统计对象,通过对统计对象数据的收集、整理与呈现,用数据真实反映放学时间段校园周边交通的真实情况,然后基于数据进行分析、推断并提出合理化的问题解决策略。

＊"数据分析"依赖"数学运算"的结论

"数学运算"是在明晰运算对象的基础上,依据运算法则解决数学问题的素养。在统计过程中,我们常用统计图、表、统计量等形式呈现我们统计的数据与整理的结果,在小学阶段常用条形统计图、折线统计图以及(算术)平均数呈现,而在这些过程中大多离不开数学运算。例如用正字法收集动态数据后,人们常用 5 的乘法计算汇总结果;在解读或绘制统计图时,人们会利用估算或精算等方式解决相关问题;同样,在求解统计量(平均数)时,就更离不开数学运算了。因此"数学分析"在一定程度上依赖"数学运算"的结论。

＊"数据分析"与"几何直观"的关联

在统计过程中,为了能更清晰地呈现统计的目的,人们常会选用统计图等形式呈现相关数据。统计图可以使复杂的统计数字简单化、通俗化、形象化,使人一目了然,便于理解和比较,它具有直观、形象、生动、具体等特点。而在绘制、解读、分析统计图的过程中就离不开"几何直观"素养。"几何直观"主要是指利用图形描述和分析问题,借助几何直观可以把复杂的数学问题变得简明形象,有助于探索解决问题的思路,预测结果。良好的"几何直观"素养可以直接作用于"数据分析"。例如上教版四年级第二学期第三单元《折线统计图的认识》例2(如图6-4)中,小胖(左图)与小丁丁(右图)都呈现了小亚生病时体温的变化情况。"几何直观"素养强的学生能立刻通过观察比较,发现小丁丁绘制的折线统计图能更好地呈现出体温变化的情况。又例如在平均数的计算中,"几何直观"素养强的学生能"以形助数",利用移多补少的方式求解平均数,为统计量的呈现提供了更多的选择与手段。因此,"几何直观"也是"数据分析"的重要基础。

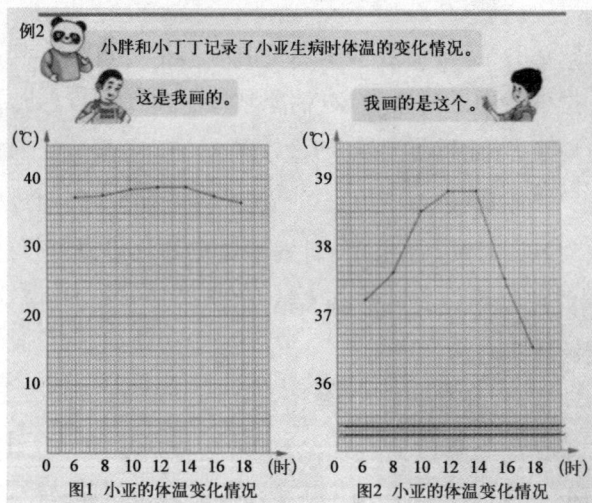

图6-4   上教版四年级第二学期第三单元《折线统计图的认识》例2

*"数据分析"通过"数学交流"呈现

"数学交流"简单来说就是用清晰、有逻辑的数学语言阐述观点。在小学阶段的逻辑推理中,学生接触的合情推理较多,而统计与概率的推理本质是运用归纳法,由部分来推断总体。由此可见,良好的"数学表达"素养与高质量的"数据分析"素养呈正相关。

同时在数据分析时,我们可以利用合情推理让数据"开口说话"。通过分析样本数据,探寻并合理推断样本总体,用清晰简洁的数学语言(文字语言、图形语言或符号语言)进行表述,在此过程中既可以培养"数学交流"素养,也能发展"数据分析"素养。

*"数据分析"是"问题解决"的重要途径

"数据分析"素养与"问题解决"素养既有联系,又有区别。

　　首先,"数据分析"和"问题解决"都需要经历从数学的角度发现问题、提出问题、分析问题的过程,而"问题解决"还需要通过分析问题后的结论去解决相关问题。

　　其次,"数据分析"和"问题解决"两者最本质的区别在于"数据","数据分析"需要收集数据、整理数据、呈现数据,并基于数据做出合理的分析。而"问题解决"的适用范围更广,它能有意识地将现实问题数学化表征,然后整合已有知识能力,形成新的知识结构和法则,从而解决问题。在解决问题后还能数学化地阐述问题解决过程,在这个过程中可以基于数据,也可以不基于数据。因此,可以说数据分析是问题解决的一种方式。"问题解决"素养可以依托"数据分析"素养,而"数据分析"素养也可以影响"问题解决"素养。

(四) 小学数学学科素养之"具体到抽象"

　　数学抽象作为数学的基本思想之一,反映出数学学科最本质的特性。数学抽象是对抽象概念进行数学限制得到的,即"在事物中抽取数学属性而撇开事物的其他属性"来对抽象概念进行限制。《普通高中数学课程标准》(2017 版)中将"数学抽象"定义为:"通过对数量关系与空间形式的抽象,得到数学研究对象的素养。主要包括:从数量与数量关系、图形与图形关系中抽象出数学概念及概念之间的关系,从事物的具体背景中抽象出一般规律和结构,并且运用数学符号或者数学术语进行表征。"《义务教育数学课程标准》(2011 版)中虽没有直接出现"数学抽象"这个概念,但十大核心词中的"数感"、"符号意识"等均为数学抽象在小学阶段的具体表现。

1. 相关概念辨析

辨析: 具体和抽象

　　具体是指对客观存在的各种事物或在认识中的整体的反映,是特定事物多方面属性、特点、联系和关系的统一。具体和抽象是一对哲学范畴,是在实践过程中正确认识事物的一种科学思维方法。二者对立统一,并在一定条件下互相转化。从认知心理学的角度来看,小学阶段的学生正处于由具体形象思维向抽象逻辑思维转化的阶段,因此这个阶段的学生所感悟到的"抽象",更凸显出"具体到抽象"的特质。

辨析: 抽象和概括

　　概括是把抽象出来的若干事物的共同属性进行归纳来思考的思维方式,概括是以抽象为基础,是抽象的发展。抽象可以只涉及一个对象,但概括必须涉及一类对象。抽象侧重分析,概况侧重归纳、综合。所以,从思维活动的连续性来看,人的认识从具体到抽象再到概括,又回到具体是一个不断提升、循环的过程,但这一过程不是简单机械的重复。

2. 小学数学学科"具体到抽象"素养解读

小学数学学科的具体到抽象素养,是指具体情境中通过数感、量感、符号化等素养抽象出数学研究对象,积累从具体到抽象的活动经验;经历用数学符号简洁表示现实世界事物、关系、规律的过程;感悟用数学的眼光观察现实世界,形成数学想象、产生数学学习兴趣的一种重要素养。

3. 从整合视角看——具体到抽象与其他数学学科素养间的联系

＊几何直观是实现具体到抽象的思维基础

"直观想象是实现数学抽象的思维基础。"具体到抽象通常是从直观开始,可以借助几何直观思维进行抽象。数学直观与数学抽象辩证统一地存在于认识事物、抽象出数学对象并进行进一步数学学习的过程之中。例如,学习《平方数》时,在初步感悟平方数后,先让学生根据平方数的含义想象下一个平方数并画在纸上来巩固对平方数的理解,再通过观察图形与数之间的变化规律,感受平方数和奇数之间的联系,并利用算式表述找到的规律。再如,学习《表面积的变化》时,学生在将 2、3、4 块正方体积木块拼成一排感受变化规律后,便通过想象归纳出将 n 块正方体积木块拼成一排时表面积的变化规律。这些思考过程都先经历一定的具体实物,再在此基础上进行一定的直观想象,最后达到抽象。说明直观想象可以穿插在具体到抽象的过程中,作为最后理性抽象的思维基础。

＊具体到抽象是数学建模的保障

具体到抽象是去掉外部世界的物理属性等,向数学内部抽象的思维过程。数学建模则是在数学与外部世界之间搭建桥梁的思维过程,并且这一桥梁能用于解决同一类问题。这样来看,具体到抽象与数学建模之间既有区别,又有联系,两者辩证统一,但都对抽象有明确要求。而在小学阶段,具体到抽象作为更基础的素养,必定是数学建模的保障。例如,一年级学习"求合并"的实际问题时,先让学生从一个具体情境中抽象出数学关系,经历具体到抽象的过程,再让学生经历不同的具体情境,感受到背后数学关系的一致性,体验建模的过程。

＊数学运算、数据分析是具体到抽象的延伸

小学阶段在解决数学问题中主要运用到数学运算、数据分析。具体到抽象作为最基本的数学素养，是数学运算和数据分析的前提。因为从具体现实中抽象出的数学对象具有了符号化、抽象性，也就拥有了数学运算和数据分析的可能。具体来说，从数学运算的对象来看，小学数学运算在不同抽象层次中有着不同的数学对象，如：数的运算、代数式的运算、方程的运算。这些运算都是建立在具体到抽象的基础上进行的。例如，学习《化简求值》时，学生必须能理解含有字母的式子表示的含义，才能进一步地运算，这里学生的抽象程度就直接影响了他的数学运算。

＊具体到抽象为数学交流提供可能

具体到抽象作为最基础、最核心的数学学科素养，把现实世界的事物抽象为数学的对象。数学对象的符号化、抽象性决定了在数学的内部世界里，其抽象的特性为数学清晰、有逻辑地交流表达提供了可能。而在数学交流与表达的过程中将会体现出数学推理这一数学的特性，其在小学阶段中将以有理有据的说理为主要的呈现方式。

（五）小学数学学科素养之"数学交流"

数学的思维、数学的表达的本质即数学推理。《义务教育数学课程标准》（2011年修订版）中，将"推理能力"作为数学学科十大核心概念提出，并将之表述为"推理一般包括合情推理和演绎推理，合情推理是从已有的事实出发，凭借经验和直觉，通过归纳和类比等推断某些结果；演绎推理是从已有的事实和确定的规则出发，按照逻辑推理的法则证明和计算。"主要表现为：通过观察、实验、归纳、类比等获得数学猜想，并进一步寻求证据、给出证明或举出反例；能清晰、有条理地表达自己的思考过程，做到言之有理、落笔有据；在与他人交流的过程中，能运用数学语言、合乎逻辑地进行讨论和质疑。

1. 相关概念辨析

辨析：数学交流、数学推理

推理是使用理智从某些前提中产生结论的行动，也可以理解为是由一个或几个已知的判断推出新判断的过程。关于推理，数学家陈省身说过："数学的主要方法，是逻辑的推理。"因此在高中教育阶段，推理是以"逻辑推理"的说法被提出的。

《普通高中数学课程标准》(2017年版)将"逻辑推理"作为数学学科六大核心素养提出,并将之定义为"从一些事实和命题出发,依据规则推出其他命题的素养"。主要表现为掌握推理基本形式和规则,发现问题和提出命题,探索和表达论证过程,理解命题体系,有逻辑地表达与交流五个方面,包括从特殊到一般的推理以及从一般到特殊的推理。通过课程学习,学生能掌握逻辑推理的基本形式,学会有逻辑地思考问题;能够在比较复杂的情境中把握事物之间的关联,把握事物发展的脉络;形成重论据、有条理、合乎逻辑的思维品质和理性精神,增强交流能力。

综上所述,数学推理作为一种数学学科素养,最终指向数学交流能力的提高。在小学阶段,学生年龄的特点、思维的特征决定了对数学推理仅限于体验感悟阶段,需要用一种更外显、更匹配年龄段特征的素养来体现。数学交流能促进学生在学习数学语言、运用数学语言中,有逻辑地思考、表达,从而认识世界、获得积累。而数学交流素养中包含了数学推理论证、数学表征等关键能力与素养。因此,本研究中把"数学交流"作为小学阶段的数学学科核心素养要点之一,促进学生交流表达、逻辑思考、推理能力的发展。

2. 小学数学学科"数学交流"素养解读

小学数学学科"数学交流"素养,是指通过观察、实验、归纳、类比等获得数学猜想,并进一步寻求证据、给出证明或举出反例;能清晰、有条理地表达自己的思考过程,做到言之有理、落笔有据;在与他人交流的过程中,能运用数学语言、合乎逻辑地进行讨论和质疑的素养。

3. 从整合视角看——"数学交流"素养与其他数学学科素养间的联系

*数学交流的本质是逻辑推理,需要数学运算的支持

数学运算是指在明晰运算对象的基础上,依据运算法则解决数学问题的素养。在数学运算的过程中,需要经历理解运算对象、掌握运算法则、探究运算思路、选择运算方法、设计运算程序、求得运算结果等环节,可以说数学运算的过程就是一个逻辑推理的过程,换言之数学运算就是逻辑推理的一种重要形式。而数学表达则是把这个过程有逻辑地呈现出来,并进行数学交流的过程。

以"457-128-172"的巧算为例。学生在对算式形式及数据特征观察理解的基础上,选择运用减法运算性质进行巧算:457-128-172=457-(128+172),最终巧算得到结果。其中，$a-b-c=a-(b+c)$ 是大前提，连减算式 $457-128-172$ 是小前提，$457-128-172=457-(128+172)$ 是结论，整个过程是典型的三段式演绎推理。

＊数学交流依托几何直观进行推理表征

借助几何直观和空间想象感知事物的形态与变化，利用空间形式，特别是图形来理解和解决数学问题是数学学科素养不可或缺的一部分，它与逻辑推理是不可分的，常常需要逻辑来支撑。因为直观想象不仅指看到了什么，更多的是要通过看到的内容去思考、想象，进而猜想出一些可能的结论，也就是合情推理，为演绎推理证明结论奠定基础。而在小学阶段，通过清晰有逻辑地表达来促进学生推理能力的提升，即数学交流依托几何直观进行推理表征。

以沪教版二年级第二学期的《三角形分类》为例，本节课在认识锐角、钝角、直角以及三角形的基础上认识和辨别直角三角形、钝角三角形、锐角三角形。

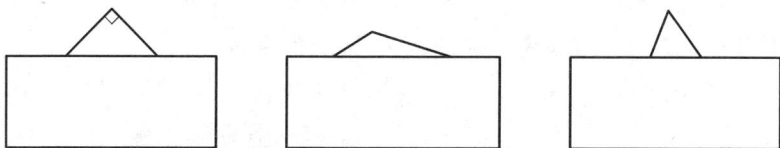

图 6-5　《三角形分类》练习题

在新授内容结束后，教师往往会选择"猜一猜被长方形遮住的是什么三角形"这道经典题作为巩固练习之一，出示的顺序往往如上图（图 6-5）所示，先出示露出一个直角或一个钝角的情况，最后出示露出一个锐角的情况。引导学生根据看到的角结合直角三角形、钝角三角形、锐角三角形的特征去想象、判断三角形的类型，在交流的过程中引导学生对左图遮住的肯定是直角三角形，中间遮住的肯定是钝角三角形，右图遮住的三角形不确定的理由充分交流，而且在交流的过程中要做到言之有理，合乎逻辑。

＊数学交流基于数据分析

数据分析是指针对研究对象获取数据，运用数学方法对数据进行整理、分析和推断，形成关于研究对象知识的素养。数学交流基于数据，利用数据进行推理论证，体现数学的特质，言之有据，数学表达清晰有逻辑。

以沪教版四年级第一学期《折线统计图》为例：

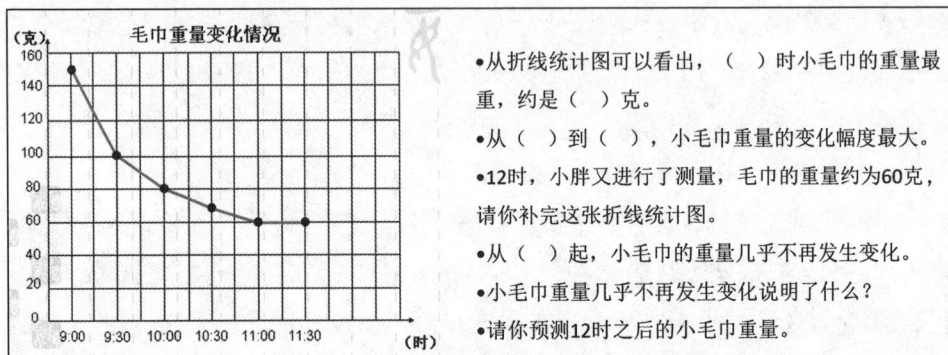

图6-6 《折线统计图》练习

在新知探究环节之后,教师出示"毛巾重量变化情况"折线统计图,请学生预测12时之后的小毛巾重量并说明理由,引导学生在基于数据的基础上结合生活经验合理地预测毛巾的重量,这既是对学生数据分析素养的培养,同时也是是逻辑推理素养的培养,还是一个数学交流表达清晰呈现的过程。

* 数学交流以数学抽象为基础,以问题解决为目标

数学抽象是数学素养的基础,通过数学抽象把数学外部的事物抽象为数学研究对象,数学对象的符号化、简约性等特点为数学推理提供了保障,成为数学交流的前提。而数学交流的逻辑性、简约性成为运用数学素养进行问题解决的一种途径。数学抽象即运用数学眼光看待世界,数学交流是运用数学思维思考问题、运用数学表达表征世界,而前两者的联结与综合为解决数学问题提供了支持与保障。

(六) 小学数学学科素养之"问题解决"

数学需要与现实世界链接,通过对一类普适性问题的解决来体现数学模型思想。在《义务教育数学课程标准》(2011版)中提到:"一方面有意识利用数学的概念、原理和方法解释现实世界中的现象,解决现实世界中的问题;另一方面,认识到现实生活中蕴涵着大量与数量和图形有关的问题,这些问题可以抽象成数学问题,用数学的方法予以解决。"

1. 相关概念辨析

辨析:问题与数学问题

《现代汉语词典》(第6版)对"问题"的解释是:问题就是要求回答或解释的题目,或者是需要研究讨论并加以解决的矛盾、疑难。美国哲学家、教育家杜威认为：问题存在于人们碰到困难之时。数学教育家波利亚曾说，问题是指有意识地寻求适当的行为，以便达到被清楚地意识到，但不能立即达到的目的。可见，问题既可以引导研究，也能产生学科。

"数学问题"是对实际生活中一般问题的抽象与概括，发现生活中的"数学问题"，能够促进数学的不断发展。"数学问题"是没有直接的程序或方法能够解决的对人具有智力挑战特点的问题，是让人感到难以理解的东西或要求做出解答的事物。"数学问题"是相对而言的，同样的问题，对于一个人可能构成问题，但对另一个人而言可能就不是问题，而且随着年龄的增长以及知识的累积，原本是问题的事物，现在已经不再构成问题。数学问题对于不同的个体在不同的时期，是会发生变化的。

辨析：问题解决与解决问题

《数学课程标准》（实验稿）的课程目标从知识技能、数学思考、解决问题、情感态度四个方面进行阐述，而《数学课程标准》（2011年版）的课程目标则从知识技能、数学思考、问题解决、情感态度四个方面进行阐述。

从课程标准的变化中可以看出，"问题解决"较之"解决问题"是更加上位的概念，更多地指向意识与能力，而不是局限于下位的策略与方法上，也就是说二者实际上是一种包含关系。"问题解决"能力的培养要贯穿在数学课程的全部教学过程中。

表6－2　"解决问题"和"问题解决"内涵、用途等比较表

	解 决 问 题	问 题 解 决
内容领域	数与代数领域。	数与代数领域、空间与图形、统计与概率、实践与综合应用，以及其他生活与生产中存在的问题。
教学内涵	教师先教学生后练，重视其解题功能，偏重结果。	发挥学生主动性，重视解决问题的过程和经验积累，偏重经验。
教育目标	形成解题思路，发展数学思维。	发展数学思维，同时形成初步的问题意识、策略意识、合作和反思意识，体会数学的实际应用功能。

辨析：数学问题解决与数学建模

通常的数学问题解决是数学建模的初级阶段。相对于"问题解决"，"数学建模"是一种高层次的数学应用过程。通俗地说，数学建模是用数学语言模拟现实

的一种模型,即把一个实际问题中某些事物的主要特征、主要关系抽象成数学语言,近似地反映客观事物的内在联系与变化过程,然后运用数学的方法和技巧(或创造新的数学理论和方法)去分析和解决实际问题。因此,数学问题解决与数学建模两者联系紧密,是互为先后结构的知识层面的整体。

2. 小学数学学科"问题解决"素养解读

小学数学学科问题解决素养,是对问题及其所包含的信息、数据或情境合理分析,然后将其准确转化为相应的数学问题,并选择适当的数学模型和数学方法加以处理、分析和解决,并对结果或结论做出解释和反思的素养。

3. 从整合视角看——问题解决与其他数学学科素养间的联系

＊数学运算、几何直观和数据分析是问题解决的途径

小学阶段的问题解决离不开数学运算。每种运算的本质意义,都产生于相对特定的实际背景,也运用于相对特定的问题情境中。小学阶段加、减、乘、除法的基本运算的关键在于两种数量的关联状态,"暗含"了运算的"实际背景"。学生在问题解决的过程中,首先要在头脑中分析这个问题情境对应着哪种运算,进而使用相应的数学运算来解决问题。同样,打通数与形的领域,通过几何直观来便捷地进行问题解决;通过数据的收集、分析与预测等来进行问题解决同样是运用数学素养解决问题、链接生活与数学的最好途径。

＊具体到抽象是问题解决的基础

运用具体到抽象可以在具体情境中抽象出数学研究对象,积累从具体到抽象的活动经验,经历用数学符号或公式简洁表示现实世界事物、关系、规律的过程,形成相关问题解决的策略与方法。例如,在常见数量关系的教学中,通过相同情境,抽象概括出单价、数量、总价;速度、时间、路程;工作效率、工作时间、工作量三者的关系,建立数量关系模型,解决生活中的实际问题。

＊数学交流是问题解决的手段

图形语言与符号语言的运用是数学表达素养中非常重要的能力。在问题解决的过程中,运用图形、符号、表格等工具抽象出复杂的数学问题、数学现象,建立适当的数学模型来解决问题,并在建立模型和问题解决的过程中进行交流与反思。例如,小学阶段学生较多运用线段图、树状算图、流程图、列表枚举等方法解决较复杂的数学问题。

第七章　整合观下的小学数学课程整合样态与类型

第一节　基于整合观的小学数学课程整合样态与类型

小学数学"整合观"的研究从厘清小学数学学科素养的内涵出发,为课程整合提供了理论支撑及思考源点。课程整合是一种理念,是培养学生核心素养可行的、有效的方式。

一、小学数学课程整合的样态及类型分析

小学数学课程整合的类型分为系列知识中心模式和主题中心模式两种,分别形成了学科内整合、学科间整合、超学科整合三个实践样态(见下表7-1)。

表7-1　小学数学课程整合样态及类型分析

整合样态	整合类型	整合内容
学科内	系列知识中心模式	学科知识整合系列化方向
学科间	主题中心模式	跨学科、与生活链接整合方向
超学科		STEAM课程理念下的主题式、项目化整合方向

其中,学科内整合样态属于系列知识中心模式的整合,从数学学科知识系列化的角度整合思考,找寻其内在的逻辑关系及整合要点是学科内整合样态的特质。学科间整合样态、超学科整合样态均属于主题中心模式,前者从数学问题或生活问题出发,在问题解决的过程中需要链接数学学科与其他学科的整合点,把数学学科的学习归入生活、归入跨学科的背景,更有利于学生素养的提升;后者则是以驱动性问题的解决为出发点,在创造、创意性解决问题的过程中主动调用或学习数学学科、其他学科知识、能力及思维方式等,通过主题式、项目化学习的方

式进行主动、合作学习,提升批判性思维、合作交往等能力。

二、小学数学课程整合的样态类型及其特征

不同的数学课程整合样态的整合切入口有所不同,因此呈现出不同的特征。

(一) 小学数学课程"学科内整合"样态及其特征

"学科内整合"作为数学课程整合最常见的样态,通过厘清数学知识体系、能力维度整合要点,聚焦数学学科关键能力的培育,指向小学数学学科核心素养——数学运算、几何直观、数据分析、具体到抽象、数学交流、问题解决。

通常整合从"大单元"教学入手,从课时观上升为单元观,即充分关注到单元视角下的教与学,可以通过**系统架构、关联思考**充分提炼出"大单元"中的素养导向,且"大单元"中所涉及的学科核心素养是**整合呈现**,在不同的教学与学习情境中有不同的凸显。

因此,"学科内整合"样态通常以"大单元"教学呈现,单元可以不断重组整合,并没有统一固定的规定,有自然单元呈现、结构单元呈现等不同的方式,且体现出**系统架构、关联思考、整合呈现**的特征。

(二) 小学数学课程"学科间整合"样态及其特征

"学科间整合"属于主题中心模式,通常从数学问题或生活问题出发,在问题解决的过程中需要链接数学学科与其他学科的整合点,把数学学科的学习归入生活及跨学科的背景之中,更有利于学生素养的提升。

问题切入是链接数学学科与其他学科的整合汇集点,因此需要基于问题对数学学科的相关内容、其他学科的相关内容,包括各学科相关内容在学生学习上的序列问题进行厘清。其中,关于数学学科的相关内容依然可以归入到"大单元"的视角下进行**系统思考**,以归纳出属于数学学科的学科素养的培育方向;而与其他学科并不仅仅是知识上的链接,更有解决问题所涉及到价值观、必备品格与关键能力的融合链接与提升,即核心素养的培育方面的思考。在"跨学科整合"样态中,学科素养和核心素养的培育将在问题情境下更凸显其**双轨并举**的特点。

因此,"学科间整合"样态在数学领域中依然以"大单元"教学呈现,在问题情境中通过数学学科与其他学科的链接,找寻问题解决的切入口与学科整合的关键点,体现出**问题切入、系统思考、双轨并举**的特征。

（三）小学数学课程"超学科整合"样态及其特征

"超学科整合"属于主题中心式整合，是超越学科界限，从教育或创新系统的角度对所涉及的数学学科和跨学科进行协调，是学科整合的最高层次。基于数学问题、生活问题以及探究主题、项目主题的学习除了需要主动调用数学学科知识、能力、思维外，还需要在过程中发展批判性思维、合作交往能力、信息素养等，因此除了指向数学学科素养之外，还直接指向学生核心素养的培育。

"超学科整合"往往通过项目化学习的方式展开，因此**问题驱动**成为设计与实践的关键所在；同时在过程中师生是**共同参与**到学习的过程之中，均具有规划的话语权、反思的责任心、改进的任务感；同时在驱动问题及相关子问题串的促进下，主动调用数学学科及相关学科的知识、能力、思维，综合解决问题，**伴生评价**是发展过程中的批判性思维、合作交往能力、信息素养等不可或缺的特质。

因此，"超学科整合"具有**问题驱动、共同参与、伴生评价**的特点，对学生核心素养的提升有巨大的支持作用。

第二节　基于整合观的小学数学课程整合与核心素养

一、小学数学课程整合与核心素养

小学数学"整合观"从课程整合、教学整合的视角为学生学科核心素养、学生发展核心素养的培育提供了可操作的路径。"整合观"下的小学数学课程整合与核心素养培育间的关系如下图（图7-1）所示：

学科内整合作为数学课程整合最常见的样态，通过厘清数学知识体系、能力维度整合要点，聚焦数学学科关键能力的培育，指向小学数学学科核心素养——数学运算、几何直观、数据分析、具体到抽象、数学交流、问题解决，且以上的学科核心素养是整合在一起的，在不同的教学与学习情境中有不同的凸显。学科间整合、超学科整合均属于主题中心式的整合，因此问题情境、与生活关联成为其特质，基于数学问题、生活问题，基于探究主题、项目主题的学习除了需要主动调用数学学科知识、能力、思维外，还需要在过程中发展批判性思维、合作交往能力、信息素养等，因此除了指向数学学科素养之外，还直接指向学生核心素养的培育。

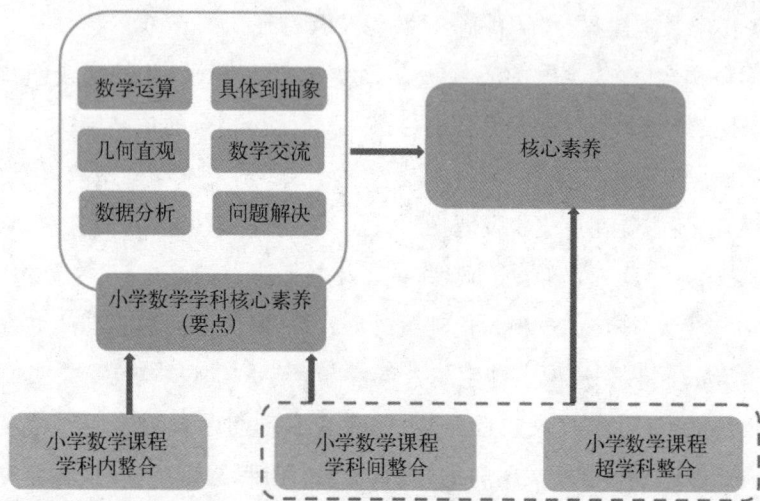

图 7 - 1   小学数学课程整合与核心素养关联图

二、小学数学课程整合样态对核心素养培养的贡献度

不同的整合样态对核心素养的培育具有直接或间接的作用。

(一)"学科内整合"透过学科本质提炼核心素养

"学科内整合"通常用"大单元教学"的方式落实,因此需要**系统架构、关联思考、整合呈现**。而以上特点能在实践中一以贯之落实的关键点在于对学科本质的提炼。

例如,在"图形的认识"单元中,把贯穿在各册教材单元中的相关内容进行结构单元的架构(见表 7 - 2):

表 7 - 2   "图形的认识"单元属性规划表

单 元 规 划				
单元划分依据	☑ 课程标准　□ 教材章节　☑ 知识结构			
课程内容模块	□ 数与运算　□ 方程与代数　☑ 图形与几何　□ 数据整理与概率统计			
单元数量	6			
单元主题	单元名称	主 要 内 容	课 时	
图形的认识	立体基本图形的认识	识别图形(一上)	物体的形状	2
		几何小实践(二上)	正方体、长方体的初步认识	3
			长方形、正方形的初步认识	3
		复习与提高(三上)	正方形组成的图形——多连块	2

（续表）

单元主题		单元名称	主 要 内 容	课 时
图形的认识	立体基本图形的认识	几何小实践（五下）	长方体与正方体的认识	1
			正方体、长方体的展开图	2
	平面基本图形的认识	识别图形（一上）	物体的形状 包括：长方形、正方形的抽象及感悟	2
		几何小实践（二上）	正方形、长方形的初步认识	3
		几何小实践（二下）	三角形与四边形	2
			三角形的分类（1）——按角分	2
		几何小实践（三上）	三角形的分类（2）——按边分	3
		几何小实践（四上）	圆的初步认识	3
		几何小实践（五下）	平行四边形的认识	4
			梯形的认识	2
数学学科素养及数学思想方法		☑ 数学运算　☑ 几何直观　□ 数据分析　☑ 具体到抽象　☑ 数学交流 ☑ 问题解决 ☑ 符号化　☑ 分类　□ 集合　☑ 对应 ☑ 演绎　☑ 归纳　☑ 类比　☑ 转化　☑ 数形结合　□ 极限 □ 模型　□ 方程　□ 函数　□ 统计 ☑ 分析　☑ 综合　☑ 比较　□ 假设　□ 其他		

　　上表从结构的维度就几何图形的认识主题进行关联思考，可以发现，这种关联思考分为"平面图形的认识"和"立体图形的认识"两大部分，其认知序列遵循学生认识的特点，按照"体—面—体"的序列呈现。小学阶段"图形的认识"的学科本质即"测量"，建立在"测量"的前提下，对图形长度进行刻画，进而拓展为面积的刻画、体积的刻画。在测量的前提下，通过对基本图形边的长度研究、边的位置关系的研究、边与边所相交的角度研究，归纳出基本图形的特征，进而加强对图形的认识。在这个过程中，从具体实物中抽象出基本图形发展具体到抽象的素养、几何直观素养；通过对基本图形特征的理解进行周长等计算，从中发展数学运算素养及问题解决能力；基于对图形的认识进行说理，发展数学交流素养等均是基于学科本质理解后的数学素养的提炼。

　　（二）学科间整合基于跨学科综合体现核心素养

　　"学科间整合"样态通常以问题的形式切入，问题是链接数学与其他学科的关键纽带。在过程实践中体现了**问题切入**、**系统思考**、**双轨并举**的特征。

例如,在《不规则物体的体积》一课的设计中,教师先是从纵向的领域,对"测量"这一"大单元"进行了系统分析(见下表7-3):

表 7-3 "测量"单元属性规划表

单 元 规 划			
单元划分依据	☑ 课程标准 □ 教材章节 ☑ 知识结构		
课程内容模块	□ 数与运算 □ 方程与代数 ☑ 图形与几何 □ 数据整理与概率统计		
单元数量	6		
单元主题	单元名称	主 要 内 容	课 时
测量	几何小实践 (一下)	长度比较	1
		度量	2
		线段	2
	几何小实践 (三上)	千米的认识	2
		米与厘米	1
		分米的认识	1
		面积	2
		长方形、正方形的面积	2
		平方米	1
	复习与提高 (三下)	平方分米	1
		组合图形的面积	3
	几何小实践 (三下)	周长	2
		长方形和正方形周长	2
	几何小实践 (五上)	平行四边形面积	2
		三角形面积	2
		梯形面积	2
		组合图形的面积	2
	几何小实践 (五下)	体积	1
		立方厘米、立方分米、立方米	3
		长方体与正方体的体积	3
		组合体的体积	2
		长方体与正方体的表面积	2
		体积与容积(不规则物体的体积) 学科整合点:小学自然、中学物理	3(1)

（续表）

重点渗透的 数学思想方法	☑ 数学运算　☑ 几何直观　☐ 数据分析 ☑ 具体到抽象　☑ 数学交流　☑ 问题解决			
	☐ 符号化　☐ 分类　☐ 集合　☐ 对应			
	☐ 演绎　☑ 归纳　☑ 类比　☑ 转化　☐ 数形结合			
	☐ 极限　☐ 模型　☐ 方程　☐ 函数　☐ 统计			
	☑ 分析　☐ 综合　☑ 比较　☐ 假设　☐ 其他			

上表明晰了"测量"大单元主要从长度测量、面积测量、体积测量等方面展开，即主要围绕"线、面、体"的测量展开。测量需要统一测量单位，规则图形（形体）可以通过计算得到周长、面积和体积的大小。不规则形体的体积测量需要通过媒介（通常是水等流体或沙等流体）进行转化，转化为规则形体的体积进行计算或直接在容器量具中读取容积数据差，从而得到体积的大小。在过程中提炼出了"大单元"教学所指向的学科素养的培育方向，即数学运算、几何直观、具体到抽象、数学交流和问题解决。

同时通过对问题"500 克木球和 500 克的砝码在水里，哪个会沉？哪个会浮？"这一问题所涉及的自然、物理学科的相关内容进行的梳理与分析——经历"猜想→操作验证"的活动过程，使学生自觉调用头脑中的各类知识经验，形成数学知识与相关学科知识的关联。通过前期的自然课学习，学生有一定的能判断一些常见物体的沉浮的经验，并知道这些沉浮现象与浮力有关。由于学生还没有密度的概念，他们的判断依据主要有两类：第一，物体的材质决定了沉浮。第二，物体的质量决定了沉浮。且大部分学生的认知是属于第二类情况，因此，当面对"500 克木球和 500 克的砝码在水里，哪个会沉？哪个会浮？"的问题时，学生间就产生了疑问：同样的质量，为何有沉浮的不同现象，此时，木球的体积大、砝码的体积小这个现象被聚焦。如何通过测量木球的体积、砝码的体积，进而比较两者间的单位体积中的质量成为了迫切需要。一个好的驱动性问题，成为链接自然学科、指向物理学科的优秀指引。

在基于问题的研究与思辨中，数学和其他学科的知识技能被主动调用，在问题解决的过程中，学科融通、学习素养得以综合体现，这种素养不仅聚焦数学学科素养，学生的核心素养包括对问题的坚持探究、不断地分析辨析、反思后的跟进、批判性思维等均有发展，体现了学科素养和核心素养双轨并举的特点。

（三）超学科整合基于问题解决培养核心素养

"超学科整合"样态是基于一个真实情境中的具有挑战性的问题而展开的，在持续的挑战中，需要主动调用已有的知识和能力，团队合作、分享交流并提出方案，方案在交流中不断反思、迭代升级，过程中持续坚持、反思思辨、团队协作、多维度运用信息演绎展示方案或作品，是一种价值观的体现，也是必备品格和关键能力的体现。

例如，新冠疫情打破了学校原有的教学秩序，恢复线下学习之后，防疫的要求使得学生面临一个现实问题：疫情背景下，如何让全体学生都能到室外出操。这是一个源自现实的真问题，在真实的驱动性问题下，学生将主动调用数学学科中所学习的知识，如周长的概念、长度的测量和计算等，以及教材中安排在五年级才学习的"时间的计算"等来系统思考、解决问题。作为"超学科"整合的实践范例，案例的推进并不完全按照教师的预设进行，"伴生"式设计与实施是这类实践样态推进的最本质特点，师生的共同参与、互通协商也是本样态的主要特征之一。

下　编

小学数学课程"整合观"的实践

第八章　研究实践之"学科内整合"样态

　　本章节将对小学数学课程"整合观"下的学科内整合样态进行界定,同时对研究所提炼的设计流程进行阐述,并配合实践案例,把过程研究中的思考、辨析、反思、跟进的历程进行提炼,以供辐射推广。

第一节　小学数学课程"整合观"之学科内整合样态及其实施流程

　　学科内整合作为数学课程整合中最常见的样态,通过厘清数学知识体系、能力维度整合要点,聚焦数学学科关键能力的培育,指向小学数学学科核心素养——数学运算、几何直观、数据分析、具体到抽象、数学交流、问题解决,且以上的学科核心素养是整合在一起的,在不同的教学与学习情境中有不同的凸显。

　　学科内整合在具体实施中依据如下流程(见图8-1):

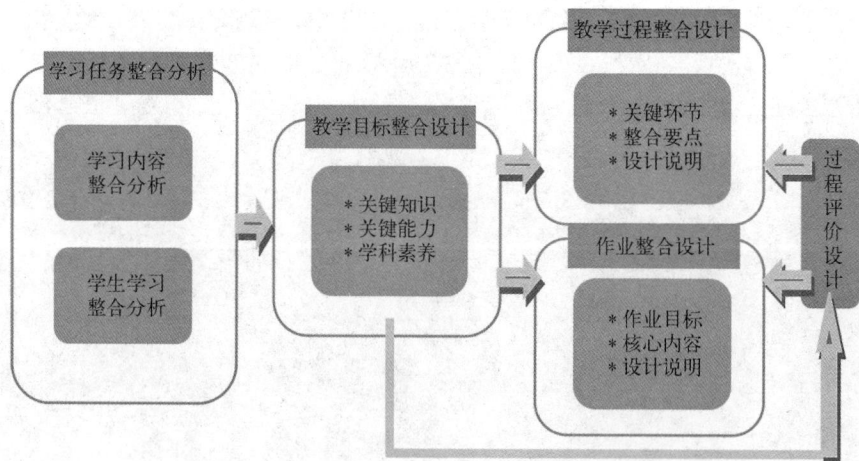

图8-1　小学数学课程"整合观"之学科内整合样态实施流程

一、学习任务整合分析

学习任务整合分析是学科内整合设计流程中的起始环节,是教学目标整合设计、教学过程整合设计、作业整合设计、过程评价设计的依据。包括学习内容整合分析、学生学习整合分析两个部分。

(一) 学习内容整合分析

1. 课标要求分析

对照《义务教育数学课程标准》(2011 版)的相关内容,厘清教学内容上位所对照的课程标准要求,也可以对照《上海市小学数学学科基本要求》的相关内容进行对接与厘清。

2. 学习主题分析

学科内整合中,学习主题以大单元的形式存在,并倡导用以下两条路径展开分析:

(1) 纵向——学习主题梳理及分析

单元学习主题的梳理主要从自然单元、结构单元进行厘清。其中,结构单元需要突破单册教材的内容,厘清学习内容的前序与后继内容,根据学习内容的内在逻辑性确定其各自的定位,体现出学习序列。纵向的单元学习主题的梳理既需要厘清知识间的逻辑序列,更需要凝练单元学习主题所指向的学科素养培育及数学思想方法领域的重点关注内容。通常以单元规划属性表及说明来系统呈现如上内容。下表为"图形的认识"单元属性规划表:

表 8 - 1 "图形的认识"单元属性规划表

单 元 规 划				
单元划分依据	☑ 课程标准	☐ 教材章节	☑ 知识结构	
课程内容模块	☐ 数与运算　☐ 方程与代数　☑ 图形与几何　☐ 数据整理与概率统计			
单元数量	6			
单元主题	单 元 名 称	主 要 内 容	课 时	
图形的认识	立体基本图形的认识	识别图形(一上)	物体的形状	2
		几何小实践(二上)	正方体、长方体的初步认识	3
			长方形、正方形的初步认识	3
		复习与提高(三上)	正方形组成的图形——多连块	2

（续表）

单元主题		单元名称	主要内容	课时
图形的认识	立体基本图形的认识	几何小实践（五下）	长方体与正方体的认识	1
			正方体、长方体的展开图	2
	平面基本图形的认识	识别图形（一上）	物体的形状 包括：长方形、正方形的抽象及感悟	2
		几何小实践（二上）	正方形、长方形的初步认识	3
		几何小实践（二下）	三角形与四边形	2
			三角形的分类（1）——按角分	2
		几何小实践（三上）	三角形的分类（2）——按边分	3
		几何小实践（四上）	圆的初步认识	3
		几何小实践（五下）	平行四边形的认识	4
			梯形的认识	2
数学学科素养及数学思想方法		☑ 数学运算　　☑ 几何直观　　☐ 数据分析 ☑ 具体到抽象　☑ 数学交流　　☐ 问题解决 ☑ 符号化　☑ 分类　☐ 集合　☑ 对应 ☑ 演绎　☑ 归纳　☐ 类比　☑ 转化　☑ 数形结合　☐ 极限 ☐ 模型　☐ 方程　☐ 函数　☐ 统计 ☑ 分析　☑ 综合　☑ 比较　☐ 假设　☐ 其他		

（2）横向——一纲多本教材分析

一纲多本下的教材呈现着对课程标准诠释的不同思考、不同维度。倡导用比较的视角比对不同教材对同一学习主题内容的呈现方法，在比较相同点的过程中进一步厘清学科本质、凝练共同的学科素养；在比较不同点中采集更适合教学实施的方式、载体与评价等。横向比对一纲多本教材为单元学习主题分析提供多视角、更丰富的素材。

（二）学生学习整合分析

1. 学习基础

学习基础需要通过前测或观察等方式，全面了解学生学习本教学内容的前继知识基础、技能基础及问题解决策略等。以单元为视角，纵向分析学习主题中每一个学习内容的知识及技能序列有助于对学习基础的清晰把握。同时，也可以通过日常观察等进一步了解学生问题解决策略等的真实水平。

2. 认知特点

以小学生认知理论和心理学理论为依据,分析学生"最近发展区",制定符合学生认知特点的教学目标、教学重点和难点。这两类分析是学科内整合必备的核心环节,是实施教学活动和落实核心素养的关键环节。

3. 困惑迷思

学科内整合不仅要对学生学习基础和认知基础进行系统的梳理,还需要对学生在学习中的困难与疑惑进行梳理,既可以通过经验回顾锁定困惑迷思,也可以通过问卷、访谈等聚焦困惑迷思。

二、教学目标整合设计

教学目标整合设计遵循整体性原则、逻辑性原则、适切性原则,并在学科内整合教学目标中充分体现三维目标的融合设立,即过程与方法目标及情感态度与价值观目标是通过知识与技能目标这一载体来实现,知识技能的学习有利于其他两个维度目标的实现,两两呼应,相互承接。

不仅如此,三维目标中自我的定位也是需要准确无误的。知识与技能目标应该从数学知识体系出发,凸显关键知识要点;过程与方法目标力求以数学思想、数学方法等为依托,培养学生学习能力;情感态度与价值观目标则由学科育人价值转化而来,彰显学科素养。

三个维度相互呼应、有机融合,倡导教学目标凸显核心知识、关键能力和相关的学科素养。

三、教学过程整合设计

在经历了教学任务的整合分析、教学目标的整合分析之后,教学过程必须围绕着教学目标进行匹配设计。教学过程由一个一个教学活动组成,每个教学活动都由对应的教学目标展开,体现教学目标的预设达成度,并通过教学设计意图,具体阐述教学活动与教学目标间的整合设计及匹配一致性。

四、作业整合设计

作业整合设计主要从作业目标设计和作业内容两方面进行思考:

(一) 作业目标设计与教学目标的整合一致

作业是课堂教学的延续和补充,所以作业设计需要与教学目标一一匹配整合,重视三维目标的融合,构建设置作业诊断目标。同时对于每个作业目标进行学习水平设定。作业目标与教学目标的整合设计,将有效检验学生学习成效及教学目标的达成度。

(二) 作业内容的整合性

1. 内容与目标的整合

作业内容设计要围绕作业目标展开,体现作业目标的可测性及作业内容的丰富度。

2. 作业难度及数量的整合

作业设计要关注难度和数量,在难度上,需要基于标准,围绕作业诊断目标的设定,选择符合学习内容及学生年龄特点、认知特点的作业,不拔高要求,将难度控制在正常水平中;在数量上,可以根据学生学习的具体情况进行增减调整,可以设置弹性作业的。

3. 作业类型的整合

作业类型可以整合多种形式,丰富作业类型,如口头与书面整合,短周期与长周期作业整合,卷面与操作实践整合等。

五、基于"教—学—评"融合一致的教学环节评价设计

对教学目标的转化成为课堂即时评价的要点,在教学设计环节中进行设计规划,并在教学实施过程中围绕评价要点激发师生、生生间的有效互动评价,以评促教、以评促学。

第二节　小学数学学科内整合样态之案例分享

在学科内整合实践路径的指引下,我们进行了系列的实践探索,在此过程中,关于实施中的整合要点的落实,我们有思考、有交流,也有困惑和争辩。本节将以案例的形式对实践探索进行实景还原,并通过具有启示性的梳理为大家提供实践思考,供辐射推广。

案例一：大单元从何而来？

❀ 案例背景 ❀

2019 年的一个冬日,名师领航工程虞怡玲名师工作室的展示正在准备中,《物体的形状》和《平行四边形的认识》作为大单元中的一组课例,将由导师虞老师、学员小余老师分别执教。如何把分属于一年级第一学期和五年级第一学期的两节课作为一个大单元中的一组相关课例来思考？如何提炼这个大单元的数学学科素养,并引领教与学的方式的变革？工作室内展开了头脑风暴。

❀ 情景还原 ❀

情景1：从"1"到"8"

"《物体的形状》是一年级学习几何形体的起步,我们将带领学生从识别生活中的长方体、正方体、圆柱体和球开始,抽象出立体图形,然后在五年级和初中进一步认识以上的立体图形。"主授《物体的形状》的小余老师分析道。

"《平行四边形的认识》是五年级平面几何图形中的内容,如何把这两个内容放在一个大单元中进行整合分析呢？刚才小余讲到了'数学抽象',貌似我们上海版的教材直接从 2 个长方形透明纸的交叠中找出平行四边形,这个是'数学抽象'吗？"小陈老师追问道。

导师虞老师是《平行四边形的认识》一课的主授老师,她微微笑了下说："如果是我,我愿意从纵向的角度,把图形的认识作为一个大单元进行整合梳理,在梳理中反观这两个教学内容间的关联与地位。"

"至于小陈的追问,我们不妨去看看其他版本的教材是如何编写《平行四边形的认识》这一教学内容的。"虞老师看着小陈老师提醒道。

于是,大家开始分头行动,分别从纵向和横向的视角对以上两个教学内容所在的"图形的认识"大单元进行了分析。

2 周后,一个单元规划表呈现在大家的面前。

表 8-2 "图形的认识"单元属性规划表

单 元 规 划			
单元划分依据	☑ 课程标准　　☐ 教材章节　　☑ 知识结构		
课程内容模块	☐ 数与运算　　☐ 方程与代数　　☑ 图形与几何　　☐ 数据整理与概率统计		
单元数量	6		

单元主题		单元名称	主 要 内 容	课时
图形的认识	立体基本图形的认识	识别图形(一上)	物体的形状	2
		几何小实践(二上)	正方体、长方体的初步认识	3
			长方形、正方形的初步认识	3
		复习与提高(三上)	正方形组成的图形——多连块	2
		几何小实践(五下)	长方体与正方体的认识	1
			正方体、长方体的展开图	2
	平面基本图形的认识	识别图形(一上)	物体的形状 包括：长方形、正方形的抽象及感悟	2
		几何小实践(二上)	正方形、长方形的初步认识	3
		几何小实践(二下)	三角形与四边形	2
			三角形的分类(1)——按角分	2
		几何小实践(三上)	三角形的分类(2)——按边分	3
		几何小实践(四上)	圆的初步认识	3
		几何小实践(五下)	平行四边形的认识	4
			梯形的认识	2
数学学科素养及数学思想方法	☑ 数学运算　　☑ 几何直观　　☐ 数据分析 ☑ 具体到抽象　　☑ 数学交流　　☑ 问题解决 ☑ 符号化　　☑ 分类　　☐ 集合　　☑ 对应 ☑ 演绎　　☑ 归纳　　☑ 类比　　☑ 转化　　☑ 数形结合　　☐ 极限 ☐ 模型　　☐ 方程　　☐ 函数　　☐ 统计 ☑ 分析　　☑ 综合　　☑ 比较　　☐ 假设　　☐ 其他			

看着这张梳理出的表格,大家畅所欲言。

"我发现,从纵向领域整合分析,可以发现教材中关于图形的认识遵循'体—面—体'的序列,小余的《物体的形状》是从体的角度入手,而且注重从生活实际的立体形体中抽象出立体图形。"学员夏老师说道。

小陈老师忙补充："我们一共查询了 8 个版本的教材,其中人教版、苏教版、西师大版、青岛版、冀教版五个版本的教材均通过生活中具体的实物,如生活中的'扶梯栏杆'、'收缩门'等的照片,剔除物体的物理、化学等属性,从数学的角度进行抽象得到'平行四边形'。北师大版、浙教版及沪教版则是从抽象出的平行四边形入手直接进行研究。其中北师大版从分类引入,引导学生在分类的过程中对平行四边形、梯形的相同点与不同点进行辨析,从而了解平面图形的定义本质;浙教版直接利用平行四边形对边的位置关系进行定义,这和后继初中平行四边形的相关学习直接关联对接;沪教版则是基于学生对前继知识长方形特征(边与角的特征)的了解,在一组长方形透明色带纸交叠的操作过程中,抽象得到平行四边形,借助长方形对边的位置关系来类推所交叠出的平行四边形对边的位置关系,从而进行定义。"

"无论是从实物中抽象,还是在抽象出的图形的交叠过程中再次抽象,都涉及数学抽象。数学抽象是数学核心素养中最关键、最基本的素养,把具体的事物从数学的角度进行抽象,成为数学学习研究的对象,这是一个数学化的过程,在学习中不可或缺。"虞老师接着小陈老师的分析说道。

听着这番讨论,小陈老师立马有了设计的思考:"在教学中我们是否可以从学生熟知的校园场景照片进行引入,通过'丽园小小摄影师'拍摄的校园照片,对生活中的四边形进行抽象,成为数学学习的对象。同时,上海版教材中基于前继知识,即对长方形特征的了解,在操作活动中进行再抽象,得到平行四边形,从而提供了一个从长方形的对边位置关系类推得到平行四边形对边位置关系的很好的学习资源。引入部分的两次抽象,从具体到抽象、从抽象到再抽象的过程,递进呈现,为学生体悟'数学抽象',提供了一个非常好的学习途径。"

小孙老师感悟道:"当我们把数学学科素养'具体到抽象'看作统领整个图形的认识单元的话,我发现这两节课间有着紧密的关联。从表格中可以清晰地发现图形认识的三个阶段——第一阶段,从生活中的形体中抽象出几何形体,并通过对长方体、正方体的面进行描绘等操作活动,进一步抽象出长方形、正方形;基于"面在体上"的感悟,对基本平面图形进行初步感知。第二阶段,基于生活经验及几何操作对基本图形如长方形和正方形、三角形,从度量的角度——

边的长度、角的大小进行特征的了解,同时通过厘清彼此间的关系或分类,进一步对图形的特征有进一步的理解;圆的初步认识同样从'定点'、'定长'的角度对图形的位置、图形的大小进行认识。第三阶段,正式从定义的角度认识基本图形,基于之前的一组直线的位置关系的认知,'平行四边形'及'梯形'的认识均从对边的位置关系即是否'平行'的角度进行定义——'两组对边分别平行的四边形是平行四边形'、'只有一组对边平行的四边形是梯形'。基于此,再进行几何操作,对图形的'边'、'角'的特征进行观察——猜想——验证,发展合情推理能力。"

启示

　　学科内整合路径的起始环节便是学习任务的整合分析,从大单元的视角出发,纵向追溯对应的课程标准要求、单元结构序列,有利于从素养提升的角度思考教学的价值;横向比对一纲多本教材的不同撰稿特点,有利于聚焦单元的学科素养。素养导向下的单元教学,在原本看似关联度不高的教学内容间搭建桥梁,从统领的角度促使教师的教和学生的学发生变革。

情景2:对话"范希尔"

研讨继续中……

　　"分属于一低、一高两个年级的'图形的认识'内容,孩子们会怎样思考、怎样学呢?"导师的一句追问,让每个老师陷入了沉思和回顾。

　　"《物体的形状》是一年级第一学期的教学内容,这个时期的学生应该是具象思维占主导,他们生活中已经积累了一些基本几何形体的直观经验,但还没有直接进行抽象的能力。"正在教授一年级的范老师首先向大家介绍道。

　　"《平行四边形的认识》是五年级第一学期的教学内容,处于小学高年级的学生应该是由具象思维逐步向抽象逻辑思维过渡的阶段,他们能从具体物品中抽象出物体的形状,能用比较、转化的思想建立起图形之间的联系。"凭借之前的教学经验,正在执教五年级的蔡老师也尝试着分析起来。

在座的老师们有的点头赞同,有的则和邻座的老师小声交流着,对于以上的分析和描述似乎还想补充些什么。

"关于学生的认知水平,是有着许多可以借鉴的成熟的理论的,想想我们在研究小学数学学科素养期间,有过相关的研究方向吗?"导师的一句提醒让大家顿时沸腾了起来。

"对话'范希尔'老师!"一句看似调侃的话语说出了大家的心声。

几天后,老师们再一次聚在一起,以范希尔几何思维水平理论为依据,各抒己见、交流分享。

将要执教《物体的形状》的小余老师对照着范希尔几何思维水平理论,在同伴学员的支持下,梳理出如下表格:

表8-3　《物体的形状》学生学习认知特点梳理

教学主题	学生几何思维水平	具 体 描 述	具 体 表 现
《物体的形状》（一年级）	水平1:直观	学生能通过整体轮廓辨认图形;能根据对形状的操作解决几何问题。	能按一定的标准对几何体进行初步的分类,并用语言表述。如:方方的、圆圆的;平平的、弯曲的等。
		能操作其几何构图元素(如边、角)。	能画或仿画简单的几何图形。
		能使用标准或不标准的名称描述几何图形,但无法使用图形之特征或要素名称分析图形,也无法对图形做概括的论述。	对于正方体学生可能会说是正方形,因为它长得像一个魔方。因此,需要通过命名来进一步清晰区分与辨别。

表格的内容得到了大家的认可,基于学生几何思维水平分析的具体描述、具体表现跃然纸上,相匹配的教学设计呼之欲出。

"那么从进阶的角度,《平行四边形的认识》所属的几何学习水平到达了哪一级? 是否可以从单元的视角,把这两个学习内容所涉及的'学生分析'在小余的表格下延续下去呢?"导师提出了新的要求。

几天后,分析表格延续了……

表 8-4 《物体的形状》、《平面四边形的认识》学生学习认知特点梳理

教学主题	学生几何思维水平	具体描述	具体表现
《物体的形状》(一年级)	【起点】水平1:直观	学生能通过整体轮廓辨认图形;能根据对形状的操作解决几何问题。	能按一定的标准对几何体进行初步的分类,并用语言表述。如:方方的、圆圆的;平平的、弯曲的等。
		能操作其几何构图元素(如边、角)。	能画或仿画简单的几何图形。
		能使用标准或不标准的名称描述几何图形,但无法使用图形之特征或要素名称分析图形,也无法对图形做概括的论述。	对于正方体学生可能会说是正方形,因为它长得像一个魔方。因此,需要通过命名来进一步清晰区分辨别。
	【生长点】水平2:分析	能使用标准的名称描述图形。	识别正方体、长方体、圆柱体和球,能够准确地说出它们的名称。
		能根据组成的要素比较两个形体。	能从几何体的外形特征和能否滚动两个维度对四种几何体进行描述与分类
		尝试使用图形之特征或要素名称分析图形,解决简单的几何问题。	从三维的视角进行形体的比较和描述。
《平行四边形的认识》(五年级)	【起点】水平3:非形式化演绎	学生有一定的抽象思维,开始认识到图形之间的联系。	能自主借助表格梳理平面四边形、长正方形的特征。
	【生长点】水平4:形式化演绎	能够从定义的角度对图形进行认识,用关联词"因为"、"所以"清晰表达结论的由来。	基于对前继长方形特征(边和角的特征)的了解,在操作活动中抽象得到平行四边形,借助长方形对边的位置关系来类推所交叠的平行四边形位置关系,从而形成定义。
		能够通过自己的思考建立几何图形的性质与定义之间的关系,探究图形的内在属性和其包含关系。	能用长、正方形间的关系类比理解长、正方形与平行四边形间的关系,能用图式正确表征三者间的关系。

  一张延续的表格,基于"范希尔"几何学习水平理论的分析,既延展了《物体的形状》的教学空间,又链接了《平面四边形的认识》的学习空间。大家在一起分享着、研讨着……

启示

　　整合思考学生认识特点与思维的进阶水平是小学数学"整合观"的必要环节。在以上的图形与几何的教学中,借助范希尔理论,帮助厘清各主题下学生学习的认知特点和进阶水平,在此基础上再设计与之匹配的教学活动,使延展的教学空间有理论依据,使链接的教学内容有学习的生长点。由此来看,"学生分析"成为数学课程"整合"样态中不可或缺的重要环节,对学生几何思维水平的分析到位,得大单元中的不同学习主题间的联系与进阶清晰明了,匹配适切的教学实施后,不仅有利于促进学生几何思维水平的发展,也有利于学生几何直观素养的逐步提升。

情景3:"小"表格"大"用处

　　"回到大屏幕,一起来回顾我们今天是怎么学习的。还记得本课一开始时我们做了什么吗?"在《平行四边形的认识》一课的课堂小结环节,虞老师看着收获满满的学生们开始对这节课的学习过程进行回顾。

　　"我们复习梳理了长方形和正方形的特征。"

　　"将长方形和正方形的特征用表格来梳理,更加简洁直观,方便比较。"

　　"通过'观察——猜测——验证'得到了平行四边形的特征。"

　　"在表格中补充平行四边形的特征。"

　　"通过表格梳理,更加明晰了图形之间的关系。"……

　　当大家以为这节精彩的展示课就在这样热烈的氛围中落下帷幕时,"你觉得除了上课时所研究的长方形、正方形和平行四边形的这些特征外,还有哪些特征或特性可以研究,请补充以下表格,并在相应的空格内打'√'。"虞老师给学生们留下了这样一份课后作业。

表8-5　平面图形特点梳理表

特　　点	正方形	长方形	平行四边形
对边相等			
对边平行			

（续表）

特　　点	正方形	长方形	平行四边形
四边相等			
对角相等			
四角都相等			
…			
…			

这节课虽然结束了,但是从下课时每个学生都迫不及待地想和同伴交流的神态中,我们知道他们对于知识的探究还没结束。

工作室的学员们结合着亲历的展示课备课、磨课的经历回顾着本节课的准备与教授过程。范希尔的研究中提到,学生一开始只关注图形的整体特点,随后按照先长度、再角度的顺序关注图形元素的单一性质,而兼顾图形及其元素的多种性质是特别困难的。纵观小学数学的"图形与几何"教学,很多知识点在不同的年级段都会出现,在知识的内涵上有所发展与变化,如何在教学设计中,将散点的知识进行整合,通过逻辑思维演绎,引导学生能系统、清晰地整理脉络,找到其中的联系,从而提升思维记忆能力、逻辑推理能力、数学表达能力,"表格"就是一个很好的载体。

在虞老师《平行四边形的认识》一课中,表格的使用贯穿整个课堂教学的始终,统整教学过程和作业设计。

教学片断1(用表格梳理长方形和正方形的特征):

师:我们以比较的眼光来看,这两组同学是怎么对我们熟悉的四边形进行梳理的?

生:左边是直接把正方形和长方形的特点进行列举,右边是用一张表格来列举,我认为表格更好一些,因为表格更加直观,清楚明了。

生:我认为通过表格可以更加直观地体现出其中的差异,而左边一条一条地写的话是体现不出来的。

师:那么左边和右边比,有没有什么地方也值得这张表格来借鉴一下的?

生:左边一条一条地写比右边的表格要详细,表格当中没有写到长方形是轴对称图形,正方形也没写到是个轴对称图形,而且没写到正方形是特殊的长方形。

在长方形和正方形特征梳理部分,虞老师采用比较的方式展开,在学习过程中引导学生体验数学表达的各种形式（语言描述、作图描述、表格整理等），通过让学生感悟辨析表格的简洁、直观的优势，提升学生的数学抽象能力与几何直观能力，落实数学核心素养——数学交流的培育和提升。

教学片断2（第一次扩充表格，补充对边的位置关系）：

师：再来看看这张表格，一般而言，我们是从哪些角度去认识图形的？回忆一下。

生：边。

师：对边是否相等、或者四边是否相等，也就是边的长度关系。

生：还可以从是否是一个轴对称图形来研究。

师：嗯，这个可以在后面进行补充。

生：还可以从角的方面来研究。

师：角的大小关系通常也是我们研究的对象。

生：在边的这块地方，还可以写对边平行。

师：因为我们学过了边和边、对边之间的位置关系了，我们把这部分内容也补充到表格里。

对"一组边的位置关系"的学习是在"长、正方形的初步认识"之后，因此学生在复习回顾时往往会忽略从这个角度进行长、正方形的特征梳理，虞老师通过对表格信息进行扩充，为之后的表格信息扩展提供基础，摆脱碎片化的思维，形成对图形的整体认知，也为后续厘清平行四边形、长方形、正方形间的关系提供支持。

教学片断3（第二次扩充表格，补充平行四边形）：

师：我们对平行四边形这个图形已经有了一定的认识，还记得一开始我们复习长方形、正方形的时候用的这张表格吗？如果你再把它完善一下的话，你建议增加什么？

生：可以把平行四边形添加进去。

师：添加进去以后，你觉得这个表格应该怎么填？想象一下。

当研究范围延伸到正方形、长方形与平行四边形间的关系时，有了之前的学习经验，学生能很自然地联想到利用表格进行梳理，因此基于学生学习需求，实现了表格的第二次扩展。利用表格，不仅把平行四边形、长方形、正方形的各自特点进行了梳理及清晰呈现，也厘清三者间关系，在过程中进一步引导学生理解清晰的数学表达对数学学习的支持作用,提升数学交流的能力。

本节课最后呈现的作业设计中的表格,留有一定的空白,不仅是对课堂教学的补充和延续,也提供给学生更多的思维空间。作业设计与本节课的教学目标呼应,在帮助学生整理、巩固图形的特征与联系的同时,对课堂梳理表(特征及关系)进行再次扩展,学生可以对在课堂中提到的是否是"轴对称图形"、"对角线是否相等"等方面作进一步的比对分析,提升利用表格梳理信息的能力。

同样,在余老师执教的《物体的形状》一课的教学中,一年级学生对于几何体的认知还停留在"直观水平",引导他们向"描述水平"延伸,能通过操作感悟用语言描述几何体的特征是本节课的教学重点,利用表格为培养"数学交流"起到了支架的作用。

教学片断:

师:刚才我们通过数一数、摸一摸大致了解了一些正方体、长方体、圆柱体、球的特性。还有小朋友说……

生:可以滚的?

师:想不想继续来探究一下? 我们在研究的时候,一起玩一个滚动游戏,在玩游戏的过程当中,我们还要动手操作,边操作边记录。在我们的数学课本 49 页有这样一张表格,我们在数学中,经常会用表格来记录。你能读懂这张表格吗?

2. 滚动游戏:做一做,填一填。

	不能滚动	能 滚 动	
		朝一个方向滚动	朝任何方向滚动
	✓		

师:这里有一个勾,你们知道这个勾表示什么意思吗?

生:这个勾表示正方体不能滚动。

师:说得真好。横着,竖着,对应起来观察的,我们看表格的时候的确是要这样。那么现在这张表格要怎么填,你明白了吗?

（出示表格）

2. 滚动游戏：做一做，填一填。

	不能滚动	能 滚 动	
		朝一个方向滚动	朝任何方向滚动
◼	√		
▰	√		
▯		√	
●			√

师：老师想请同学们观察一下这张表格，你们看这里两个勾，勾在了同一列，你能说说看这两个勾表示什么吗？

生：它们都不能滚动。

师：嗯，都不能滚动，用到了"都"字，好像在描述这些物体的共性，可是谁和谁都不能滚动呢？

生：正方体和长方体都不能滚动。

师：她表达得很完整吗？我们一起表扬她。

师：对，用一个"都"字，将表格横着竖着并起来看，我们比出了正方体和长方体的共性，就是都不能滚动。好，刚才我们聚焦这个部分，现在，我们来看一看表格的下一部分。仔细看，这里也有两个勾，我们也来观察一下，你能不能说看它表示的是什么？

生：圆柱体和球都能滚动，圆柱体是往一个方向滚动，球体是所有方向都能滚动的。

师：但是滚动的方向不一样，他很了不起，他在比较这两个物体的相同点和不同点。一句话全部概括出来了，我们掌声送给他。

师：看来这个表格真的是挺好的，它让我们清晰地了解了这些物体的特性，我们还能用非常简洁的语言来概括物体的相同特性和不同点。

以表格的形式归纳几何体的特征，对于一年级的孩子而言，独立完成有一定的难度,因此,余老师先引领学生解读"正方体""不能滚动"所对应的"√"的含义,再让学生以小组合作的形式完成操作并填写表格。有了表格作为支架,学生能用语言描述表格的内容,对四类几何体的本质特征的描述更加准确,对于几何形体特征的相同点与不同点的辨析更加直观,更能尝试对表格的内容进行概括表达。

启示

> "作业设计与实施"是单元教学设计与实施中的必要环节,通过"表格"的方式梳理信息,激活学生的课前知识基础,落实课中教学目标,对课堂教学内容进行巩固与拓展,是课堂教学的有效延续与补充。在大单元的学习中,需要教师思考统领的学科核心素养,以"素养"勾连起散落在学习内容间的紧密联系,同样需要在素养厘清的基础上,在教学设计与实施阶段进行整合思考,选取合适的实施载体。在上例中,用"表格"统领,在"图形的认识"单元从一年级延伸至五年级,作为教学的载体帮助学生从具体形象思维向抽象逻辑思维过渡,体现了"数学交流"素养培育的递进水平要求,助力学生思维的外显化,体现逻辑性。

(案例提供:陈华、蔡丽菁、陈力辰)

【附录:学科内整合案例之教学设计】

物 体 的 形 状

(第一课时)

上海师范大学附属卢湾实验小学　余晨丽

一、学习任务整合分析

(一) 学习内容整合分析

1. 课标要求分析

"物体的形状"隶属于"图形的认识"主题,对应《义务教育数学课程标准》

(2011版)中的"图形与几何"版块,课标中对这一部分的相应目标是:

(1) 经历从实际物体中抽象出简单几何体和平面图形的过程,了解一些简单几何体和常见的平面图形。

(2) 在从物体中抽象出几何图形,发展空间观念;会独立思考问题,表达自己的想法。

(3) 体验与他人合作交流解决问题的过程。

(4) 对身边与数学有关的事物有好奇心,能参与数学活动;了解数学可以描述生活中的一些现象,感受数学与生活有密切联系。

课标中的对应内容标准为:

(1) 能通过实物和模型辨认长方体、正方体、圆柱和球等几何体。

(2) 能对简单几何体和图形进行分类。

本教学内容在《上海市小学数学学科一年级教学基本要求》中对应的目标有:

(1) 经历观察、操作活动的过程,识别正方体、长方体、圆柱体和球,能够准确地说出它们的名称。

(2) 通过触摸、滚动等操作活动能区分平面与曲面。

(3) 发展初步的空间观念,增强观察能力。

(4) 通过对生活中常见物体的探究,逐步体会到数学与生活的密切联系,初步感受到几何图形的美。

2. 学习主题分析

本教学内容是沪教版一年级第一学期第四单元《识别图形》的内容,隶属于课程标准中"图形与几何"领域,该领域包括"图形的认识"、"测量"、"图形的运动"、"图形与位置"四个版块内容。本教学内容属于"图形的认识",是教材体系中"图形认识"的起点。因此,通过触摸、滚动等操作行为识别生活中具体的实物形体,进而抽象成数学几何形体并加以识别,是本课教学内容的重点。通过描述物体的表面,初步体验"面在体上",也是发展空间观念的重要开端。从数学课程整合的视角来看,本教学内容主要可采用"学科内整合"的方式达成优化教学设计和实施的效能。因此,教材分析时将从以下两条路径展开:纵向——研究教材的编排体系;横向——进行一纲多本的比较和分析。

（1）纵向——学习主题梳理及分析

纵向分析沪教版教材的编排顺序可发现，"图形的认识"学习在整个小学阶段是第一次出现。由于孩子所接触到的现实世界中的物体均是三维的、立体的，因此，在研究几何图形时，我们可以先从立体图形开始。对于一个物体，当只研究它的形状、大小和位置关系等数学性质，而不考虑其他物理、化学、生物等属性时，我们称其为几何体。本单元主要是通过操作活动识别长方体、正方体、圆柱体和球这四种几何体，以及圆、正方形和长方形三种平面图形，后续关于几何体的认识学习中，则主要对长方体和正方体这两种几何体进行进一步的认识。（详见表8-6）

表8-6　"图形的认识"单元属性规划表

单 元 规 划			
单元划分依据	☑ 课程标准　□ 教材章节　☑ 知识结构		
课程内容模块	□ 数与运算　□ 方程与代数　☑ 图形与几何　□ 数据整理与概率统计		
单元数量	4		
单元主题	单元名称	主 要 内 容	课　时
图形的认识	识别图形（一上）	物体的形状	2
	几何小实践（二上）	正方体、长方体的初步认识	3
		长方形、正方形的初步认识	3
	复习与提高（三上）	正方形组成的图形——多连块	2
	几何小实践（五下）	长方体与正方体的认识	1
		正方体、长方体的展开图	2
数学学科素养及数学思想方法	☑ 数学运算　　☑ 几何直观　□ 数据分析 ☑ 具体到抽象　☑ 数学交流　☑ 问题解决 ☑ 抽象　☑ 符号化　☑ 分类　□ 集合　☑ 对应 □ 演绎　☑ 归纳　□ 类比　□ 转化　☑ 数形结合 □ 极限　□ 模型　□ 方程　□ 函数　□ 统计 ☑ 分析　□ 综合　☑ 比较　□ 假设　□ 其他		

由表8-6可见，本教学内容从知识结构的维度，就几何图形的认识主题，可以将其与二年级第一学期的"正方体、长方体的初步认识""长方形、正方形的初步认识"、三年级第一学期的"正方形组成的图形——多连块"和五年级第二学期的"长方体、正方体的认识"、"正方体、长方体的展开图"形成关联。不难发现，教材关于

"图形的认识"是按照"体—面—体"的形式呈现。

本单元通过对日常生活中常见的物体进行分类识别,初步感知四种几何体(长方体、正方体、圆柱体和球)的外形特征,并知道相应的名称,进而在后续学习中对其中两种几何体(长方体和正方体)进行深化认知。其中,二年级第一学期主要通过动手制作模型来培养学生的空间想象能力,从体、面、棱、顶点的视角进一步了解长方体和正方体这两种几何体,并明晰两者间关系,比较它们之间的异同,进而研究这两种几何体的表面图形长方形和正方形的异同。三年级第一学期的"多连块"是了解多个相同的正方形的不同组合与拼图,培养组合思维并进一步发展空间观念。而五年级第二学期则更加抽象概括出长方体和正方体的概念、特征与关系,并用语言加以提炼和总结;再通过研究它们的展开图,进一步将体与面建立联系。

本教学内容作为几何图形认识的起点,是通过观察、触摸等方式,先从外形上对立体图形进行识别,再通过描立体图形的表面来识别简单的平面图形,初步体验"面在体上",从而建立立体图形与平面图形间的联系,为后续进一步学习和研究几何图形做准备。同时,可以在识别形体(长方体、正方体)的过程中,引导学生从三维的视角进行形体的比较与描述,提升空间观念、发展空间想象力。

(2)横向——一纲多本教材分析

横向分析一纲多本下的各类教材的相关内容可以发现,我们所选取的八个版本的教材都具备以下三点共性,即具体到抽象、操作几何和数学表达,具体来说:

其一,具体到抽象。在小学阶段,具体到抽象作为数学学科素养之一,在八套教材中均有呈现,它们都是从生活中具体的实物形体入手,将形形色色的物体剔除其物理等属性后,进而抽象出各种图形,这就是我们数学研究的对象——几何图形。从抽象的本质而言,低年段常用的方法是对应的方法,即起个名字。因此,教材中将众多的实物形体归为四大类,并相应地起了名字,分别是正方体、长方体、圆柱体和球。作为几何学习的初始阶段,对图形的抽象过程是非常重要的,它为后续研究图形与图形关系的深层次抽象奠定了基础。

其二,操作几何。在所有罗列的教材中呈现的学习内容都是在动手操作中完成的,如"摸一摸"、"搭一搭"、"滚一滚"、"推一推"、"描一描"等。学生对于形体的感觉,是通过反复的触摸(实验)进行感知的,在触摸中,学生能够按形状的不同对实物图进行分类识别;通过"推一推"、"滚一滚"等操作,能确定图形能否滚动,并判断哪些图形容易滚动,哪些图形可以朝一个方向或任意方向滚动。关于这部分内容,沪教版教材是唯一通过列表呈现的版本,可以在信息梳理的基础上进行清晰呈现;此外,还能通过拼搭,数出图形的个数,从而建立数与形之间的关系,除了沪教版是在后一个单元的练习中呈现,其余版本都有涉及。而在操作的过程中了解各类几何形体的特征、特性,积累几何直观经验,是所有教材共同的设计思路。

其三,数学表达。通过比较,八套教材都十分注重学生的数学表达,教材中反复出现"说一说"的要求,如"图中有哪些物品?你能把它们分成几类"、"你有什么发现"等。关于立体图形的特征描述,主要以北师大版、浙教版、青岛版为主,其中,浙教版用"方方的"、"圆圆的"这类词语主要描述了正方体和圆柱体这两种几何体的外形特征;而北师大版和青岛版,相比浙教版教材的表述更加完整,分别从几何体的外形特征和能否滚动两个维度对四种几何体进行描述。

此外,青岛版教材的练习中,还出现了"比一比"的环节,将图形的高矮、粗细、大小进行比较,值得借鉴,如教师可将物体的大小比较作为本教学内容探究的生长点,做出如下设计:通过将 6 块相同大小的小正方体积木块拼搭成长方体的过程,让学生初步感悟,要搭出一个形如 ▱▱▱▱▱▱ 的长方体时,可以从三个方向进行拼搭。借助多媒体演示,让学生在三个方向拼搭的过程中,感悟三维空间的存在,并匹配数学表达来进一步加深感悟与理解。

(二)学生学习整合分析

1. 学习基础

本教学内容是学生进行几何学习的起点。在几何部分的学习中,应当注重学生的学习经验。一年级的学生已经具备一定的生活经验,当他们在"玩积木"或玩玩具、选择和使用各种生活用具、接触到各种自然现象的过程中,已逐渐感受到各种用具、玩具在几何方面的特点,他们无时无刻不在接触着几何形体,无时无刻不在积累着几何活动经验,显然,学生是依靠经验开始几何学习并逐步形成空间观念的。

对于学生而言,这些观察到的、触摸到的实物都是具体的、直观的,他们也会根据已有的生活经验进行简单的分类。按照范希尔的几何认知理论,这个年龄段的学生已经初步具备了几何思维的第一水平——"直观水平",这个水平阶段是学生整体地认识几何对象,根据几何图形的外表来认识、命名、比较和画出这些图形的时候。他们能通过整体轮廓辨认图形,并能操作其几何构图元素(如边、角);能画图或仿画图形,使用标准或非标准名称描述几何图形;能根据对形状的操作解决几何问题,但无法使用图形之特征或要素名称分析图形,也无法对图形做概括的论述。比如,他们可能会说这个图形是正方形,因为它长得像一个魔方。

尽管学生对于物体有了初步的感知,但是要将这些具体的实物,剔除一切物理、化学、生物等属性后抽象出几何图形,对于刚步入小学不到一年时间的学生而言,是有相当难度的。因此,为了突破这一难点,我们在引入环节中,通过前置任务让学生在课前收集各类实物(可回收垃圾),并以小组合作的形式自行尝试分类,通过在课堂上对比交流不同的分类情况,引导学生理解从数学的角度出发,排除一些非数学本质的特性,如材质、功能等,按几何体的特性即形状的不同进行分类,为学生进一步探究四类几何体的特征及命名做准备。

2. 认知特点

低年段儿童还处在具象思维占主导的阶段,因此,他们更依赖于直观来认识物体,处于范希尔的几何认知理论中所界定的第一水平"直观水平"中。当学生带着原有的认知水平踏入课堂时,正是他们从几何思维的第一水平"直观水平"向第二水平"描述水平"延伸的阶段,这时,语言的匹配学习就显得尤为重要。为此,我们在教学设计时,通过展示两组学生课前收集的可回收物的分类视频,让学生比较、辨析哪一组是按物体的形状进行分类的,并进行说明。通过小组合作的形式,再次体验按形状分类的过程,并为学生准备几何体模型的图片,让学生将分类的实物与几何体模型图片进行配对。结合观察和触摸,分别对四类几何体进行命名,在此过程中学生自然地使用语言去描述几何体的不同特性,比如"方方正正的"、"圆圆的"等,初步感受平面和曲面。

为进一步探究几何体的特征,我们结合教材中出现的操作环节——滚动游戏,让学生在动手操作中,比较、辨析几何体的不同特征。教材以表格的形式予以呈现,对于一年级的孩子而言,独立完成有一定的难度,因此,教师可以先引领学生解读"正方体""不能滚动"所对应的"√"的含义,再让学生以小组合作的形式完成操作并填写表格。在分析表格的过程中,再次引导学生用语言描述表格的内容,并尝试对表格的内容进行概括表达,如"正方体和长方体都不能滚动"、"圆柱体和球都能滚动,但圆柱体只能朝一个方向滚动,而球能朝任何方向滚动"等。通过动手操作,结合对表格的解读,进一步区分几何体能否滚动以及滚动方向的不同,再次明晰四类几何体的特征,从中感知"面在体上",为形成初步空间观念积累经验。

在整个学习过程中,学生通过大量的语言描述,进一步明确了四类几何体的本质特征,并能辨析它们之间的异同,这是我们所期望的学生能达到的几何思维的第二水平"描述水平"——通过几何性质来认识几何对象。

3. 困惑迷思

学生在平时的生活中,虽然接触的大多都是"体",但听到的更多是"面",因此,学生容易用"面"来定义"体"。比如他们容易将所看到的"魔方"或是脑中想象的正方体形体说成是"正方形"。因而,对于学生而言,口头上区分面与体,特别是正方形与正方体、长方形与长方体等,是有一定困难的。为此,在教学设计时,我们通过一个"破损的正方体"实物(有一个面脱落了)来帮助学生理解正方体与正方形的不同,从直观上感受"面在体上"。

此外,由于低年段孩子的年龄特征,他们在拼搭正方体积木块的过程中,往往喜欢朝高处搭,也有朝横向搭的,很少有学生朝纵向(深度扩展)拼搭的,而将这三种方向予以联系的可能性更小。因此,设计了一个拼搭环节,让学生从三维的视角进行观察和辨析,并通过媒体演示拼搭的过程中,引导学生用"变高了"、"变长了"、"变深(厚)了"等语句来描述所看到的积木块变化的过程,从三维视角进行感悟。

二、教学目标整合设计

1. 通过观察、操作和比较等活动,直观认识正方体、长方体、圆柱体、球,能够识别这些图形,准确地说出它们的名称。

2. 能在比较的过程中,通过触摸、滚动、拼搭等操作行为感悟平面与曲面,感悟四种几何体的特征并能进行一定的辨析,体验"面在体上"等。在小组合作探究并交流的过程中,提升动手操作能力和数学表达能力。

3. 通过视觉、触觉、运动觉相协同的方式来感知物体的形状,在体验有趣的小组活动中,感受几何图形的美,以及几何图形都源于生活并在生活中广泛运用。

三、教学重、难点

【教学重点】

直观认识正方体、长方体、圆柱体和球,能在比较的过程中感悟几何体的特征,并加以辨析。

【教学难点】

用三维视角进行长方体和正方体的比较,并用语言进行表述。

四、教学过程整合设计

教学环节	教学活动、设计意图	整合要点	评价观测点
【环节一】创设情境:垃圾分类"可回收物"中的形体	1. 前置任务:课前初次分类 学生在课前收集可回收物中的各类形体,尝试对实物形体进行分类。(教师收集各小组分类情况,并进行拍摄整理) 2. 分类比较:聚焦数学本质 (1) 情境引入,揭题:物体的形状。 (2) 出示两组学生的分类情况(录像),比较、辨析:哪一组是按形状进行分类,并说理。 预设:一组是按功能(吃的、玩的……)/材质(纸张、金属……)等来分,另一组是按形状来分等。 (3) 体验再次分类:明确分类标准(数学的角度)——按形状分。 3. 抽象命名:直观感知几何体的外形 (1) 配对:实物——形体图片 将信封里的几何体模型图片放进与之相匹配的实物篮筐里。 (2) 从视觉上感知几何体的外形并尝试 命名:形成正确的表象,初步建立空间观念。 出示四组分类的实物和与之匹配的几何体模型图片: 第一组:正方体(预设:描述"方方正正的",辨析"正方体"与"正方形",数一数正方体的个数) 第二组:长方体(方方正正的) 第三组:圆柱体 第四组:球 【设计意图】教学中通过前置任务,引导学生在课前收集大量生活中熟悉的可回收物中的形体,并以小组合作的形式尝试初次分类,通过展示两组不同的分类情况,引导学生比较、辨析什么是从数学的角度进行分类,剔除一切非数学本质的属性,聚焦研究物体的形状、大小等,通过再次分类,明晰分类标准。之后通过呈现再次分类后四类的实物形体,从视觉上感知所要研究的几何对象,并尝试命名,初步感知"面在体上",建立空间观念。	数学与生活整合,从生活实际物体中进行数学抽象,得到几何形体。	1. 能借助生活经验对各类形体按照一定的标准进行分类。 2. 能根据几何体的不同特征进行命名。

教学环节	教学活动、设计意图	整合要点	评价观测点
【环节二】探究学习——几何体特征感悟与比较	1. 比较:(滚动游戏)通过观察、触摸、滚动,辨析几何体的不同特征。 (1)解读教材表格中的"√"的含义:"正方体""不能滚动"。 (2)小组合作:选择实物进行操作比较并填写表格。 (3)汇报交流:描述几何体的不同特征(聚焦能否滚动以及滚动的方向),并尝试概括表达。 【设计意图】通过自由选择实物,结合观察和操作,将四类几何体进行比较,在滚动游戏的过程中学生自然地使用语言去描述图形的不同特征。在整个活动过程中,学生以视觉、触觉、运动觉相协同的方式来感知物体的形状特征,通过比较、辨析,开始通过几何性质来认识几何图形,能初步区分曲面和平面,能感知到几何体不同的运动方式,从中体验"面在体上"。通过解读表格,结合语言描述,进一步夯实四类几何体的特征。	借鉴北师大版、浙教版、青岛版教材中对立体图形的特征描述。	1. 能主动参与到活动中,对数学活动感兴趣。 2. 能通过操作和观察,对几何体的不同特征进行辨析与表达。
【环节三】探究学习二——用三维视角认识几何体	1. 拼搭游戏:用小正方体积木块拼成新的长方体或正方体。 说一说: 我们用了____块,我们拼成了_____。 (1)小组合作:利用已有的小正方体积木块进行拼搭。 (2)汇报交流:拍照呈现每个小组的拼搭作品,由学生依次交流。 2. 反馈小结:在拼搭的过程中,我们可以从三个方向进行拼搭。 【设计意图】通过引导学生从三维的视角进行观察和辨析,在媒体演示拼搭的过程中,引导学生用"变高了"、"变长了"、"变深(厚)了"等语句来分别描述所看到的积木块朝一个方向变化的过程,进一步夯实学生对立体图形的整体感知,为后续研究几何图形和发展空间观念做准备。	借鉴青岛版教材中对物体大小的比较。	能从三个维度观察积木块在拼搭的过程中发生的变化,并用"变高了"、"变长了"、"变深(厚)了"等语言进行简单的描述。
【环节四】课堂小结	1. 归纳小结 【设计意图】引导学生从知识、兴趣和习惯维度进行总结,清晰表达。 2. 布置作业 【设计意图】布置相关作业,明确课后任务。		能清晰表达学习经历。

五、板书设计

物体的形状

正方体　长方体

圆柱体　球

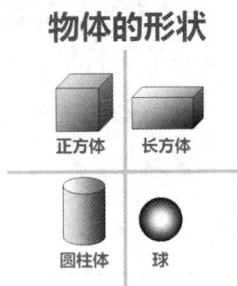

六、作业整合设计

(一) 作业目标设计

作业目标具体描述	对应教学目标	对应作业内容
正确识别正方体、长方体、圆柱体、球。	1、3	练习册 P62/A 级 1
正确辨析正方体、长方体、圆柱体、球,并正确数出图形的个数。	2、3	练习册 P63/A 级 2 拓展练习 1
从三维视角比较物体的大小。	2	拓展练习 2

(二) 作业内容

1. 完成数学练习册 P61—62/A 级 1、2

其中,练习 2 中增加一个问题:下图中一共有(　　)个图形。

【作业检测要点】通过完成配套练习册上的作业,巩固所学知识,促进对知识的理解与掌握。在练习 2 中通过对四种几何形体分类计数,进一步巩固几何形体的特征并予以辨析。结合数出所有图形的总个数,尝试引导学生关注分类计数的个数之和与所有图形的总个数之间的联系。

2. 探究作业

"物体的形状"课后小探究

摆一摆,数一数。

用 ⬛ 分别摆出长方体和正方体,数一数各用了几块 ⬛,并记录下来。

长方体	①	②	……
⬛的块数			

正方体	①	②	……
⬛的块数			

想一想,要摆出一个长方体,最少用几块 ⬛? 要摆成一个大正方体,最少用几块 ⬛?

【作业检测要点】借鉴其他版本教材中的拼搭活动,鼓励学生发挥空间想象能力,动手操作。并通过数出拼搭图形,在"数数"和"形的认识"之间建立联系。通过练习,尝试引导学生从三维的角度来认识几何体,进一步探究几何体的本质特征。考虑到学生的差异性,对于补充的探究作业,允许学生根据自身学习情况选择独立完成,如果独立完成有困难,学生可以选择与其他学生合作完成。

平行四边形的认识

(第一课时)

上海师范大学附属卢湾实验小学　虞怡玲

一、学习任务整合分析

(一)学习内容整合分析

1. 课标要求分析

"平行四边形"属于"图形的认识"主题,对应《义务教育数学课程标准》(2011

版)中的"图形与几何"版块,课标中的相应目标有:

(1)探索一些图形的形状,了解一些平面图形的基本特征;

(2)在观察、猜想、验证等活动中,发展合情推理能力,能进行有条理的思考,能比较清楚地表达自己的思考过程与结果;

(3)经历与他人合作解决问题的过程,尝试解释自己的思考过程;

(4)初步养成乐于思考、勇于质疑、言必有据的良好品质。

课标中的对应内容标准为:通过观察、操作,认识平行四边形。

本教学内容在《上海市小学数学学科教学基本要求(试验本)》中对应的目标有:

(1)知道平行四边形的意义;知道平行四边形对边平行且相等,对角相等;并能辨别平行四边形。

(2)理解平行四边形与长方形、正方形的关系。

(3)经历发现图形特征的过程,建立图形与其特征的双向联想。

(4)初步形成观察图形、动手操作等良好习惯。

2. 学习主题分析

本教学内容是沪教版五年级第一学期第五单元《几何小实践》的内容,隶属于课程标准中"图形与几何"领域,该领域包括了"图形的认识"、"测量"、"图形的运动"、"图形与位置"四个版块内容。本教学内容属于"图形的认识",与"长方形和正方形的认识"相比,本教学内容是用定义的方式进行基本平面图形的认识。从数学课程整合的视角来看,本教学内容主要可采用"学科内整合"的方式达成优化教学设计和实施的效能。因此,教材分析时将从以下两条路径展开:纵向——研究教材的编排体系;横向——进行一纲多本的比较和分析。

(1)纵向——学习主题梳理及分析

纵向分析沪教版教材的编排顺序可发现,对于"基本平面图形的认识"从一年级开始就从实物中抽象、感知,从二年级的"正方形、长方形的初步认识"开始进行系统学习,包括之后的"三角形与四边形"、"三角形的分类(按角分/按边分)"和"圆的初步认识",到五年级开始以定义的方式学习"平行四边形"和"梯形",同时在学习的过程中关注图形的抽象、几何直观及图形间关系,详见下表8-7:

表8-7 "平面图形的认识"单元属性规划表

单 元 规 划			
单元划分依据	☑ 课程标准　　□ 教材章节　　☑ 知识结构		
课程内容模块	□ 数与运算　　□ 方程与代数　　☑ 图形与几何　　□ 数据整理与概率统计		
单元数量	6		
单元主题	单元名称	主 要 内 容	课 时
图形的认识 （平面图形）	物体的形状（一上）	包括：长方形、正方形的抽象及感悟	1
	几何小实践（二上）	正方形、长方形的初步认识	3
	几何小实践（二下）	三角形与四边形	2
		三角形的分类（1）——按角分	2
	几何小实践（三上）	三角形的分类（2）——按边分	3
	几何小实践（四上）	圆的初步认识	3
	几何小实践（五上）	平行四边形的认识	4
		梯形的认识	2
数学学科素养及 数学思想方法	□ 数学运算　　☑ 几何直观　　□ 数据分析 ☑ 具体到抽象　☑ 数学交流　☑ 问题解决 ☑ 符号化　☑ 分类　☑ 集合　□ 对应 ☑ 演绎　☑ 归纳　☑ 类比　□ 转化　□ 数形结合　□ 极限 □ 模型　□ 方程　□ 函数　□ 统计 ☑ 分析　□ 综合　☑ 比较　□ 假设　□ 其他		

　　从单元属性规划表中可见,小学阶段基本图形的认识主要分三个阶段：第一阶段,从生活中的具体实物里抽象出几何形体,并通过对长方体、正方体的面进行描绘等操作活动,进一步抽象出长方形、正方形；基于"面在体上"的感悟,对基本平面图形进行初步感知。第二阶段,基于生活经验及几何操作对基本图形如长方形和正方形、三角形,从度量的角度——边的长度、角的大小进行特征的了解,同时通过厘清彼此间的关系或分类,对图形的特征有进一步的理解；圆的初步认识同样从"定点"、"定长"的角度对图形的位置、图形的大小进行认识。第三阶段,正式开启从定义的角度进行基本图形的认识,基于之前对一组直线的位置关系的认知,"平行四边形"及"梯形"的认识均从对边的位置关系,即是否"平行"的角度进行定义——"两组对边分别平行的四边形是平行四边形"、"只有一组对边平行的

四边形是梯形"。基于此,再进行几何操作,对图形的"边"、"角"的特征进行"观察——猜想——验证",发展合情推理能力。

(2) 横向——一纲多本教材分析

横向分析一纲多本下的各类教材的相关内容,可以发现我们所选取的八个版本的教材在引入部分、动手操作、归纳梳理、数学表达等环节体现出共性,反映出具体到抽象、几何直观、数学交流等数学学科核心素养培育方面的规划与思考,以下作具体阐述:

＊引入部分——"具体到抽象"的体悟

在八个版本的教材中,人教版、苏教版、西师大版、青岛版、冀教版五个版本的教材均通过生活中具体的实物,如生活中的"扶梯栏杆"、"收缩门"等的照片,剔除物体的物理、化学等属性,从数学的角度进行抽象得到"平行四边形"。北师大版、浙教版及沪教版则是从抽象出的平行四边形入手直接进行研究,其中北师大版从分类进行引入,引导学生在分类的过程中对平行四边形、梯形的相同点与不同点进行辨析,从而了解平面图形的定义本质;浙教版直接利用平行四边形对边的位置关系进行定义,这和后继初中平行四边形的相关学习直接关联对接;沪教版则是基于学生对前继知识"长方形特征(边与角的特征)"的了解,在一组长方形透明色带纸交叠的操作过程中,抽象得到平行四边形,借助长方形对边的位置关系来类推所交叠出的平行四边形对边的位置关系,从而进行定义。

在小学阶段,"具体到抽象"是数学核心素养中最关键、最基本的素养,把具体的事物从数学的角度进行抽象,成为数学学习研究的对象,这是一个数学化的过程,在学习中不可或缺。因此,在教学中将引入学生熟知的校园场景照片,通过"丽园小小摄影师"所拍摄的校园照片,对生活中的四边形进行抽象,成为数学学习的对象。同时,沪教版教材中,基于学生对前继知识长方形特征的了解,在操作活动中经历再抽象,得到平行四边形,从而提供了一个从长方形的对边位置关系类推得到平行四边形对边位置关系的很好的学习资源。引入部分的两次抽象,从具体到抽象、从抽象到再抽象的过程,递进呈现,为学生体悟"数学抽象"提供了一个非常好的学习平台。

＊操作部分——从"空间观念"到"几何直观"

比较8个版本的教材,西师大版、浙教版、冀教版、青岛版与沪教版的操作部分均是从"度量"引入,通过"边"的长度测量、"角"的大小测量等相关操作活动,积累基本活动经验,从而概括出平行四边形的相关特征,发展空间观念;北师大版和沪教版在练习部分同样提出相关操作要求,通过"剪一剪"等活动积累基本活动经验,发展空间观念。

由此可见,小学阶段的几何学习是操作几何,它有别于初中的论证几何。通过操作活动积累基本活动经验,如本教学内容在操作阶段基于"观察—猜想—验证"的操作思路,学生采用自己喜欢的方法进行操作,而所有的操作均源自于"度量"的角度,方式为直接度量与间接度量两种。其中,用尺度量长度、用量角器度量角度均属于间接度量;而通过折一折、减一减、比一比的方式验证对边、对角是否相等的方法均属于直接度量。如何基于学生所呈现的操作方法进行方法间共性的提炼,间接测量和直接测量方法的分类归属与体验是一种操作思路的体悟,是提升空间观念的良好学习载体。而从空间观念体悟着手,再引导学生明晰猜想的缘由、操作的对象、操作的手段、结果分析及归纳则是上升到几何直观的层面,恰是数学学习期望引导学生所提升的素养之一。

∗ 梳理部分——关注"数学表达"

在本教学内容中,如何通过相关特征的梳理、清晰的表达来提升学生的理性思维? 浙教版、冀教版和青岛版给了我们启示,即通过表格进行相关特征信息的梳理与呈现。

通过之前的学习,学生已经能够利用语言介绍长方形、正方形的相关特征,也可以将长方形、正方形边的长度关系和角的大小关系梳理成表格(如表8-8)。教师将在学习过程中引导学生体验数学表达的各种形式,辨析感悟表格的优势,逐步提升数学表达能力。同时,"一组边的位置关系"的学习在"长、正方形的初步认识"之后,学生在复习回顾时往往会忽略从这个角度进行长、正方形的特征梳理,因此通过对表格信息的第一次(见表8-9)、第二次扩充(见表8-10),不仅把平行四边形、长方形、正方形的各自特点进行了梳理及清晰呈现,也成为厘清三者间关系的最好载体,在过程中进一步引导学生理解清晰的数学表达对数学学习的支持作用。

表 8-8 原表格信息

	边		角	
	对边相等	四边相等	对角相等	四角相等
正方形	√	√	√	√
长方形	√		√	√

表 8-9 （第一次扩充）

	边			角	
	对边平行	对边相等	四边相等	对角相等	四角相等
正方形	√	√	√	√	√
长方形	√	√		√	√

表 8-10 （第二次扩充）

	边			角	
	对边平行	对边相等	四边相等	对角相等	四角相等
正方形	√	√	√	√	√
长方形	√	√		√	√
平行四边形	√	√		√	

＊说理部分——适度发展"逻辑推理"

在教材比对分析中可以发现,西师大版、浙教版、青岛版与沪教版都在平行四边形特征的操作探究过程中对图形的"边"、"角"的特征进行观察—猜想—验证,归纳得到平行四边形的特征,从而在学习过程中发展合情推理能力;而对于演绎推理部分,各版本教材均较少涉及。

如何在教学中发展学生的"逻辑推理",需要找寻合适的学习资源。如在沪教版教材中,2 根长方形透明色带纸交叠抽象出平行四边形的操作情境,就是一个非常好的引导学生"说理"的学习情境——"因为这组对边分别在长方形的一组对边上,又因为长方形的对边平行,所以这组对边平行"。用关联词"因为"、"所以"清晰表达结论的由来,是引导小学阶段学生发展"推理"的适度引入点。

在操作验证时,教材中(见图 8-2)提示可以沿着平行四边形 ABCD 的对角线 AC 与 BD 剪开来探究平行四边形"边"与"角"的特征,这样的操作虽然可以通过裁剪后直接度量来探究、验证,但是操作步骤需要 2 次,且实际操作的可行性不大(平行四边形在经历一次裁剪后已经被破坏)。因此在这一验证环节,可以成为一个学习探讨点,进行适度的推理论证,即"如图 8-3,因为∠1＝∠2;∠3＝∠4;所以∠1＋∠3＝∠2＋∠4,也就是∠A＝∠C"。这样既能减少操作验证的次数,又为后续初中相关性质定理的证明作铺垫,同时在过程学习中引导学生学会"说理",在小学阶段"合情推理"的基础上,初步体验"演绎推理",发展学科核心素养。

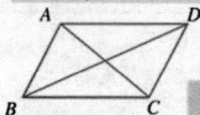

图8-2   动手做一做

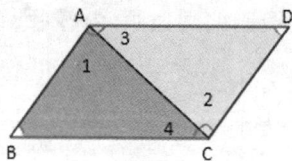

图8-3   教材中的提示

(二)学生学习整合分析

1. 学习基础

学生在学习平行四边形之前,已经具备相关的知识技能基础和问题解决的策略。

*知识基础

在学习平行四边形前,学生已经在一年级初步认识了长、正方形并能进行识别;二年级已经能从"边"和"角"两个维度了解长、正方形的基本特征及两者间的关系;四年级学生学习"平行与垂直",知道研究图形"边"的特征时,还可以从"一组直线的位置关系"这一角度进行思考。这些都将成为平行四边形学习的知识基础。

* **技能基础**

小学的几何学习以操作直观几何为主，而在二年级的学习中，学生已经能利用度量的两种方式——利用测量工具度量、直接比较度量进行长度比较、角度比较；同时还可以利用两种测量工具进行度量——利用刻度尺进行长度的度量，利用量角器进行角的大小度量。这些都将成为从操作层面进行"平行四边形"特征探究的技能储备。

* **问题解决策略**

小学阶段，从长、正方形的特征学习起步，通常使用观察—猜想—验证的方法进行合情推理，不完全归纳出几何图形的特征。这也是问题解决策略之一，学生在之前的学习过程中已经使用并能体会其运用的价值。

2. 认知特点

从范希尔的几何思维水平可知，五年级的学生开始处于第三层次（非形式化的演绎），即"这时学生有一定的抽象思维，并开始认识到图形之间的联系，能够通过自己的思考建立几何图形的性质与定义之间的关系，这对他们来说是一个有意义的思维形式"。因此，借助表格中相关特征的梳理，对平行四边形、长方形和正方形之间的关系进行厘清，然后再回到引入部分的情境，在追问"长方形透明色带纸的交叠过程中是否出现了长方形、正方形，需要满足哪些条件？"中进一步加深对概念及定义的理解。这样的处理，是基于学生几何思维水平的基础分析，能够促进双向可逆思维的达成。

儿童的认知心理特点是：对动态的事物有观察兴趣、能激发积极主动的探究欲望，形成良好的学习期待。因此在学习过程中，可以借助多媒体技术（"汉王"与"希沃"电子白板）进行动态演示、操作体验，即时投影学生作品并进行交流辨析；在正方形、长方形与平行四边形三者关系的学习中，可以通过基于长方形、正方形与平行四边形的关系的理解，操作得到长、正方形，并借助"希沃"电子白板自带的测量工具进行验证的方式进行有效操作，在过程中引导学生聚焦观察、说理表达，提升观察能力，发展几何直观能力与抽象能力。

此外，由于学生的观察以直观经验为主，因此对"对边的位置关系"、"对边的长度"、"图形中对角的大小"等往往通过目测便得出结论。因此，在课堂中，教师将引导学生从动手操作中，通过度量（直接度量或间接度量）或辨析说理，经历"观察—猜测—验证"的过程,养成严谨、细致的、科学的学习态度。

3. 困惑迷思

受到前继知识影响,学生已经能厘清长、正方形的关系,能够将长、正方形边的长度关系和角的大小关系梳理成表格,但是由于边的位置关系的相关学习呈现较晚,学生较少把以上特征梳理在表格中,因此表格需要完成第一次的扩展。同时当研究范围延伸到正方形、长方形与平行四边形间的关系时,表格需要完成第二次的扩展。表格的扩展如何基于学生学习需求展开,这是需要在教学中重点关注的。

在几何操作的过程中,学生常常以合情推理为主,较少用到演绎推理,因此利用演绎推理进行逻辑分析及清晰的数学表达将存在一定的困难。因此,找准切入口,简化操作步骤、进行清晰有逻辑的表达将成为学习的重要内容之一。

二、教学目标整合设计

1. 通过多媒体软件动态演示长方形透明色带纸的交叠过程,选取交叠部分抽象得到平行四边形,了解其定义;通过操作探究过程认识平行四边形特征并能进行符号化表征。

2. 通过表格梳理平行四边形,长、正方形的特征,用长、正方形间的关系类比理解长、正方形与平行四边形间的关系,能用图式正确表征三者间的关系,发展推理能力、几何直观能力。

3. 在几何直观操作的过程中,充分体验"观察—猜测—验证"的学习策略,养成乐于思考、勇于质疑、言必有据的严谨科学态度;同时在操作过程中,关注操作活动的规划及时间管理,养成良好的操作习惯。

三、教学重、难点

【教学重点】

了解平行四边形的定义及特征,能进行符号化表征。

【教学难点】

1. 平行四边形、长方形、正方形之间的关系。

2. 推理论证平行四边形的部分特征。

四、教学过程整合设计

教学环节	教学活动、设计意图	整合要点	评价观测点
【环节一】引入:"丽园"小小摄影师	前置任务: ＊以小组为单位,拍摄一张"丽园"校园照片,在校园照片中找出生活中的"四边形"。 ＊在这些四边形中有你学习过的图形吗？请从数学的角度进行介绍。 1. 小组交流汇报 图形抽象 ① 语言描述 ② 描绘图形 特征介绍 ① 文字叙述 正方形:正方形四边相等;有四个直角; 长方形:长方形对边相等;有四个直角。 ② 表格梳理 |	边	角
---	---	---
正方形	四边相等	四角相等
长方形	对边相等	四角相等 | 2. 依据图形特征扩充表格并填表,梳理长、正方形特征的异同,复习两者间的关系 |	边			角	
---	---	---	---	---	---
	对边平行	对边相等	四边相等	对角相等	四角相等
正方形					
长方形					| 3. 回顾:用图示表示两者间的关系 【设计意图】前置任务以小组探究形式进行,引入部分直接取用学生所呈现的素材展开,直入主题;同时引用学生素材进行学习,使学生有代入感,学习兴趣被激发。在图形抽象、特征梳理部分均采用比较的方式展开,在过程中对数学抽象、数学表达等有清晰感知,提升数学抽象能力与几何直观能力。其中,利用表格进行特征的再梳理,为之后的表格信息扩展提供基础,为进一步厘清平行四边形、长方形、正方形间的关系提供支持。	借鉴人教版、苏教版、西师大版、青岛版、冀教版等教材中四边形的抽象方式,从具体事物中抽象。 借鉴浙教版、冀教版和青岛版教材,利用表格梳理相关特征。	1. 能回忆之前的学习内容和探究方法,表述清晰。 2. 能将正方形、长方形的特征进行清晰的表达,能图示两者间的关系。

（续表）

教学环节	教学活动、设计意图	整合要点	评价观测点
【环节二】 探究：认识平行四边形、平行四边形的特征	**任务——平行四边形的定义** 汉王软件动态演示：2 条长方形透明色带纸交叠情况 1. 小组操作：选取交叠部分的四边形进行观察，发现特征，辨析说理 2. 数学阅读：自学书本相关内容，明晰平行四边形定义与符号表征 【设计意图】小组借助汉王白板软件功能，从 2 条长方形透明色带纸的交叠中抽象不同形状的平行四边形。引导学生进行观察、提出特征猜想、进行类推得到平行四边形的基本特点——即两组对边分别平行。过程中关注数学表达。自学书本，明晰平行四边形的定义，了解平行四边形的符号化表征。在过程中，发展观察、比较、辨析、说理能力，发展几何直观能力和推理能力。	整合信息技术，利用汉王软件动态演示	1. 能主动投入到活动中，对数学活动感兴趣。 2. 能利用前继知识进行简单逻辑推理，数学语言简洁规范。 3. 能认真阅读，并清晰表达自己学到的内容。
	任务二——探究并操作验证平行四边形的特征 1. 小探究：任选一个平行四边形，观察、猜测并验证它的特征 ① 观察猜测：观察并猜测平行四边形的其他特征。预设：对边相等；对角相等。 ② 操作验证：任选一个平行四边形，验证它的对边和对角是否相等。 ③ 小组分享：和你的同伴说一说你的发现。 2. 归纳方法——度量 3. 思考与说理： 在直接度量中，沿对角线剪开要操作 2 次，有更便捷的方法吗？ 【设计意图】以个人探究、小组合作并分享的形式进行。学生可以通过直接比较测量，即裁剪出相对应的边或角进行操作验证；也可以通过测量工具测量，即借助直尺和量角器进行长度和角度的度量验证。在此过程中归纳并复习度量的两种形式，发展空间观念与合情推理能力。在思考与说理中引导学生通过推理简化操作步骤，体会数学推理的优势，发展数学思维。在过程总结中提炼学习策略，基于空间观念的提升，从问题解决视角发展几何直观素养。	整合西师大版、浙教版、冀教版、青岛版、沪教版教材进行"观察—猜想—验证"的过程，从发展空间观念入手，进而提升几何直观素养。	1. 能主动利用身边的工具进行验证，操作规范，能与同桌交流分享观点与方法，包容不同的意见。 2. 能耐心倾听他人的回答；能清晰表达自己的验证方法和结论。 3. 清晰说理，有理有据。

(续表)

教学环节	教学活动、设计意图	整合要点	评价观测点
【环节三】梳理：平行四边形、长方形、正方形三者间的关系	1. 扩充表格——平行四边形的特征 讨论并得出平行四边形、长方形、正方形三者间的关系。 2. 用图示表示三者间的关系 3. 练习： 追问——动态操作，在2根长方形透明色带纸交叠中如何得到长方形、正方形。 【设计意图】再次扩充表格，在表格中比对平行四边形、长方形以及正方形特征的异同与关联，厘清三者的关系，并用图示表征，进一步明晰概念的内涵与外延；同时通过练习，回到引入部分的几何操作情境，在追问、操作中进一步厘清平行四边形、长方形以及正方形间的关系，发展抽象思维进行非形式化演绎。	借鉴浙教版、冀教版和青岛版教材，利用表格扩充、梳理相关特征并厘清关系。 整合信息技术，利用汉王软件动态演示并用软件自带工具进行验证。	1. 能厘清图形之间的关系，并进行规范、严谨、有逻辑的数学表达。 2. 在操作中能主动运用工具进行验证，体现言必有据的严谨态度。
【环节四】总结	【设计意图】引导学生有序总结，清晰表达。引导学生梳理归纳并反思学习过程，提高学生元认知学习水平。		能清晰表达学习经历；梳理提炼学习策略——"观察—猜想—验证"；对数学推理有感悟。

扩充表格内容：

	边			角	
	对边平行	对边相等	四边相等	对角相等	四角相等
正方形	√	√	√	√	√
长方形	√	√		√	√
平行四边形	√	√		√	

五、板书设计

平行四边形的认识

两组对边分别平行的四边形是平行四边形

▱ABCD

AD∥BC 、AB∥CD

AD＝BC、AB＝CD

∠A＝∠C 、∠B＝∠D

六、作业整合设计

(一) 作业目标设计

作业目标具体描述	对应教学目标	对应作业内容
识别平行四边形	1	作业1
辨析平行四边形的定义及特征,了解平行四边形、长方形与正方形的关系	1、2	作业2
会画平行四边形	1、3	作业3

(二) 作业内容

1. 判断下面图形中哪些是平行四边形。是平行四边形的在括号里打"√"。

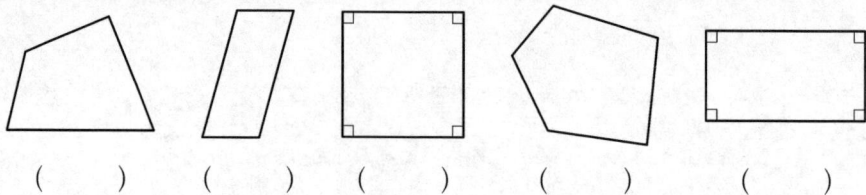

( )　　( )　　( )　　( )　　( )

【作业检测要点】通过判断上述哪些图形是平行四边形,巩固平行四边形的定义与特征,发展几何直观能力,提升观察、辨析说理能力。

2. 你觉得除了上课时所研究的长方形、正方形和平行四边形的特点外,还有哪些特征或特性可以研究,请补充以下表格,并在相应的空格内打"√"。

特　点	正方形	长方形	平行四边形
对边相等			
对边平行			
四边相等			
对角相等			
四角都相等			
…			
…			

【作业检测要点】对课堂梳理表(特征及关系)进行再次扩展,可以借鉴课堂中第一部分学生比较的结果,对是否为"轴对称图形"、"对角线是否相等"等方面作

进一步的比对分析,厘清图形认识中的关系,提升利用表格梳理信息的能力。

3. 根据已知线段画出平行四边形。

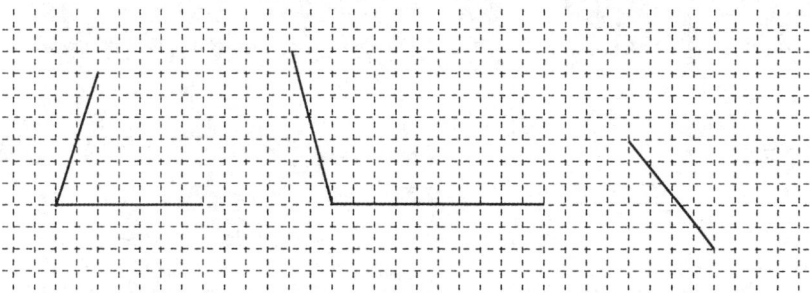

【作业检测要点】经历根据已知线段将平行四边形补充完整的过程,积累平行四边形两组对边分别平行且相等、两组对角分别相等的活动经验,在操作中巩固平行四边形的定义与特征,发展几何直观与空间想象能力,同时养成良好的作图习惯。

案例二: 在单元中增加一节复习整理课,可以吗?

❈ 案例背景 ❈

在沪教版教材中前后共出现了三个基本数量关系,包括单价、数量与总价,速度、时间与路程,工作效率、工作时间与工作总量。把这三个基本数量关系的学习内容整合在一个单元中,再加上一节复习整理课,在三者的基础上再次抽象提炼,找寻其内在的联系,是否可行? 是否有助于学生数学学科素养的提升? 这份需求与探究的动机在工作室学员施老师心间萌发……

❈ 情景还原 ❈

情景 1:"细水长流"还是"整合比对"

"虞老师,我把'数量关系'相关内容整合在一个单元中,还想在这个单元中加一节复习整理课,您看可以吗?"手中拿着整理好的"数量关系"单元的单元规划表(见下表 8-11)的施老师询问着导师。

"是增加一节课吧?"虞老师笑着说道,"只要'加'得有理,能促进学生素养的提升,就可以一试。建议把你手中的单元规划表带到工作室和大家一起探讨下,说说你的想法、听听大家的建议。"

表 8-11 "数量关系"单元属性规划表

单 元 规 划			
单元划分依据	☑ 课程标准　□ 教材章节　☑ 知识结构		
课程内容模块	□ 数与运算　□ 方程与代数　☑ 图形与几何　☑ 数据整理与概率统计		
单元数量	2		
单元主题	单元名称	主要内容	课时
乘除法的意义	个人眼中的20(一下)	● 用"几个几"的方式数数	1
	乘法的意义及乘法算式中各部分名称(二上)	● 乘法引入：在情境中知道"求几个相同加数的和,用乘法比较简便"。 ● 看图写乘法算式：知道乘法算式各部分的名称及表示的意义。 ● 倍的认识 ● 九九乘法口诀表	9
	除法的意义及除法算式中各部分名称	● 在动手操作活动中理解除法的意义。包括"包含除法"和"平均分除法"。知道除法算式各部分的名称及表示的意义。 ● 用乘法口诀求商 ● 用除法求几倍 ● 被除数为0的除法	6
基本数量关系	单价、数量、总价(三上)	● 知道单价的定义,掌握单价、数量和总价三者间的数量关系。	1
	速度、时间、路程(三下)	● 知道速度的定义及速度单位的表示方法。掌握单价、数量和总价三者间的数量关系。	3
	工作效率、工作时间、工作量(四下)	● 知道工作效率的定义,掌握工作效率、工作时间和工作量三者间的数量关系。	2
	"数量关系"复习整理(新增)	● 从数形结合的角度找寻3个基本数量关系间的联系。	1
数学学科素养及数学思想方法	☑ 数学运算　☑ 几何直观　□ 数据分析 ☑ 具体到抽象　☑ 数学交流　☑ 问题解决 □ 符号化　☑ 分类　□ 集合　□ 对应 □ 演绎　☑ 归纳　☑ 类比　□ 转化　☑ 数形结合　□ 极限 ☑ 模型　□ 方程　☑ 函数　□ 统计 ☑ 分析　☑ 综合　☑ 比较　☑ 假设　□ 其他		

看着单元规划表,大家有了研讨的对象,立刻热闹起来了。

"把'乘除法的意义'归入'数量关系'单元中,非常有道理。3个基本数量关系是对生活中众多乘法问题的分类、抽象与归纳,如果再抽象、再提炼的话,不就是乘法模型嘛。"工作室的学员们看懂了施老师这样梳理的理由。

但对于这节课是否需要增加,是否增加在此处,大伙有了分歧。

章老师紧蹙着眉头说道:"我认为不必加这节课,在每个基本数量关系的学习过程中,我都会建议学生们在数量关系和乘法模型之间建立联系的,'细水长流'都已经建立了三次联系了,所以这节课完全没有必要加!"

"我不这么认为!"陈老师提出了自己不一样的看法:"如果每次都提醒学生在数量关系和乘法模型之间建立联系,这时候我们就要想,这种联系是学生主动建立的,还是在老师的提醒下被动建立的。"

陈老师接着说:"当三个数量关系都已经学完了之后,给孩子一个探索的空间,'整合比对'再次抽象提炼这三个数量关系间最本质的东西,不才是'数学抽象'的最好载体吗?"

和陈老师的想法有高度契合的施老师频频点头,"我就是这么想的,我想引导学生在增加的这节课中,慢慢悟出这3个数量关系内在的一致性,可能用到数形结合的方法,除了凸显数学抽象素养,还可以感悟几何直观素养。"

大家听着频频点头⋯⋯

启示

素养导向下的整合教学,可以从学生的需求出发,进行教学内容的重组与增补。一个开放的空间、一个充分信任学生的学习环境,引导学生用联系的眼光看待数学对象,找寻数学对象间的本质联系,这恰是数学素养生成的最好契机。"细水长流"是每一次学习后的夯实,或许是被动的、记忆的;"整合比对"是在一定的学习基础上给予空间,研讨感悟,是主动的、探索的。而主动探索,感悟"抽象"恰是学生终身学习需要的素养与学习品质。

情景2:拿什么来"整合"你们?

课堂实施后,大家就施老师的整合教学设计和课堂实施积极研讨起来——

表 8–12 "数量关系"单元复习整理课设计及课堂实施摘录表

教学环节	学习过程	学习单设计	整合方式(数形结合)
【环节一】复习乘法的意义	在学习任务单上绘制 12 个五角星,用"几个几"描述,并写出算式。生生间交流、解释算式中各数量的含义。板书:份数×每一份数量=总数量	任务一:画12颗☆。根据自己的绘图,按要求填写: ( )个( )是12; 求☆的总数,算式是:_____	

【说明】画 12 个五角星的情境设计,引导学生理解两个"因数"分别代表每一份的数量和份数,"积"就是总数量。不同的画法呈现了不同视角下的"几个几",但"份数×每一份的数量 = 总数量"的数量关系是不变的。

| 【环节二】回顾单价、数量、总价三者间的数量关系 | 媒体演示:由"☆"转变为"杨桃 5 元一个"简图。由学生根据图示信息创编数学问题。提出关于求总价的问题,要求学生思考:"单价×数量=总价"这一数量关系能否体现乘法的意义?说理交流与辨析。 | | 媒体演示:

5元 5元 5元 5元 5元 5元
5元 5元 5元 5元 5元 5元

有12个杨桃,每个杨桃5元,_____? |

【说明】由五角星转变成杨桃,从而引出价格问题中的数量关系。这是第一次打破认知壁垒,将数量关系和乘法意义进行关联。看似简单的变形,"变"的只是情境和数量关系的表述,引导学生用联系的眼光看待数学问题:单价对应"每一份的数量"、数量对应"份数"、总价对应"总数量"。

教学环节	学习过程	学习单设计	整合方式（数形结合）
【环节三】回顾速度、时间、路程三者间的数量关系	① 小组活动：回忆曾经学过的数量关系。思考：行程问题中的数量关系是否也能体现乘法的意义呢？用自己喜欢的方式介绍速度、时间和路程与乘法意义之间的对应关系。在学习任务单上记录思考。集中交流、辨析比较。	任务二：尝试用简图表示速度、时间和路程三者之间的关系。	学生作业4 学生作业5 学生作业6 学生作业7 学生作业8

（续表）

教学环节	学习过程	学习单设计	整合方式（数形结合）
【环节三】回顾速度、时间、路程三者间的数量关系	② 观察图示进一步感悟： ※观察图示1，思考：速度在哪里？7 秒对应的路程在哪里？如何解决这个问题？ ※观察图示2，思考：为什么"速度＝路程÷时间"，进一步理解复合单位（千米/时）及正确书写方式。 ※观察图示3，思考：图中折线的含义？为何"时间＝路程÷速度"？ ※观察图示4，尝试感悟：路程一定，时间少速度快，时间多速度慢的关系。		图示1：（三图动态演示） 7×31＝217（米） 图示2： 444÷3＝148（千米/时） 图示3： 774÷3＝258（秒） 图示4：

【说明】关联行程问题是理解上的难点。鼓励学生用自己的方式说明，并通过互评说理的方式，阐述理由，找寻内在关联。同时，可以和教材中的线段图示比对阅读，建立联系。增加的复习课，引导学生从数形结合的角度把曾经学习过的基本数量关系作进一步的提炼思考，建立联系，最终感悟到其内在高度的统一，均以乘法的意义相关联。

| 【环节四】回顾工作效率、工作时间、工作量三者间的数量关系 | 交流：类似的数量关系还有吗？是否具有关联？试着说明，并在学习任务单上完成选择题。 | 一台织布机每天（以8小时计算）能织布1 800米，＿＿＿＿＿＿＿？（选择合适的问题并口答）

A. 这台织布机一小时织布多少米？
B. 3名工人在一起可织布多少米？
C. 这台织布机工作4天织布多少米？ | |

【说明】基于行程问题的深入探索，学生初步就有透过现象锁定本质、抽象思考、建立联系的思考。因此，环节四的任务在进一步理性分析各选项的基础上，凸显了素养的感悟与提升。

当工作室的学员们看着施老师整理出的教学设计及课堂实施的实录表格(表8-12)时,一下子沸腾起来。

"如果从素养视角加这样一节复习整理课,很有必要!"孙老师第一个感叹道,"这节课引导学生感悟到,生活中的情境多种多样,他们可以找寻情境背后的基本数量关系,再把基本数量关系进一步提炼成乘法模型。这会使得学生建立联系、模型思想都有感悟和发展。"

"用素养导向来'整合'!"一旁的夏老师大声补充道。

"我还发现,今天课堂上施老师用了很多次图示法帮助四年级的学生来感悟四个情境中的每份数、份数和总数。对学生自创的简图进行解读,在线段图上分析行程问题,用了'数形结合'的方法,发展几何直观素养,真有创意!"原本持不同意见的章老师也赞叹道。

……

⊙ 启示

从数形结合的角度复习整理"数量关系",揭示三个基本数量关系间的一致性,落实"几何直观"的学科素养培育是数学整合课堂有别于传统课堂的特质。运用生本资源,尊重学生个体差异,注重数学表达与交流,在体悟"几何直观"的同时,经历从基本数量关系中再抽象的过程。数学整合课堂需要从单元的视角整合分析,"增加的一节"单元复习课,开放了学习探究的空间,从素养提升的角度给予学生更广的学习感悟空间。从素养提升的视角,整合大单元、重组调整课时成为有效的举措。

情景3:哇!——来自孩子的感叹

(课堂实施中)

经历了画五角星和计算杨桃总价两个学习环节后,学生们第一次感受到价格问题中的数量关系和乘法意义是有关联的。

还没等施老师引导,一个男孩思索片刻后嘀咕道:"我发现速度就是每一份的数,时间就是份数,路程就是总数。"

周围的同学听到了男孩的自言自语,眼睛放出了光芒,兴奋得拿起笔在自己的学习任务单上画了起来。不一会儿,各具特色的简图跃然纸上,学生们相互交流着各自的举例与乘法模型的关联……

下课以后,有两个孩子兴冲冲地跑到施老师面前说:"我觉得今天的课挺有意思的。"

"哦,什么内容让你觉得最有意思?"施老师饶有兴趣地倾听孩子们的心里话。

一个孩子说道:"我喜欢今天课上的画画。爸爸一直叫我画线段图帮助解题,我觉得好烦!可今天我们在课上互相启发,画了图,通过画图我觉得我们以前学过的好多数量关系不就是'几个几',都可以用乘法来解决的,好神奇!"

施老师欣喜地听着孩子们的发现,笑着给孩子们竖起了大拇指。

启示

　　素养导向下的整合学习,使学生在将零散知识进行自主关联时体会了透过现象发现本质的过程,这是抽象的过程,也就是数学学习的价值所在。小学阶段的学生可以借助数形结合的方法尝试解决问题,从被动要求到主动需求,在一次次的实践中,提升几何直观的学科素养。

（案例提供：施颖琼）

【附录：学科内整合案例之教学设计】

数量关系的整理
（复习整理课时）

上海市黄浦区卢湾二中心小学　施颖琼

一、学习任务整合分析

（一）学习内容整合分析

1. 课标要求分析

"数量关系整理"涉及"数的运算"与"常见的量"两大主题,对应《义务教育数

学课程标准》(2011版)中的"数与代数"版块,课标中的相应目标有:

(1)经历从具体情境中抽象出数(量)的过程。能用方程(算式)表示简单的数量关系。

(2)尝试在日常生活中发现并提出简单的数学问题,并运用一些知识加以解决。

(3)能探索分析和解决简单问题的有效方法,了解解决问题方法的多样性。

(4)初步养成乐于思考、勇于质疑、言必有据的良好品质。

课标中的对应内容标准为:在具体情境中,了解常见的数量关系。

本教学内容在《上海市小学数学学科教学基本要求(试验本)》中对应的目标有:

(1)结合生活实际问题,掌握分析方法,理解并口述问题解决的推理过程以及相应的数量关系。

(2)在具体情境中,理解常见的数量关系,并能解决简单的实际问题。

(3)在解决问题的过程中,养成认真审题独立思考的学习习惯。

2. 学习主题分析

本学习内容增补在沪教版四年级第一学期第四章《整数的四则运算》的"工作效率、工作时间和工作量"一课之后,是对已学习的三个基本数量关系:单价、数量、总价;速度、时间、路程;工作效率、工作时间、工作总量的梳理、提炼与再抽象,并与乘法模型建立联系。从数学课程整合的视角来看,本教学内容主要可采用"学科内整合"的方式达成优化教学设计和实施的效能。因此,教材分析将从以下两条路径展开:纵向——研究教材的编排体系;横向——进行一纲多本的比较和分析。

(1)纵向——学习主题梳理及分析

沪教版教材中涉及三组基本数量关系,学生已全部学习。其中,"工作效率、工作时间和工作量"是沪教版及浙教版独有的内容。通盘思考三个基本数量关系,引导学生对三者整合思考,建立联系,再次抽象并与乘法模型建立联系。与本主题内容相关的单元分析如下:

表 8 - 13 "数量关系"单元属性规划表

单 元 规 划			
单元划分依据	☑ 课程标准　□ 教材章节　☑ 知识结构		
课程内容模块	□ 数与运算　□ 方程与代数　☑ 图形与几何　☑ 数据整理与概率统计		
单元数量	2		
单元主题	单元名称	主 要 内 容	课 时
乘除法的意义	个人眼中的 20(一下)	● 用"几个几"的方式数数	1
	乘法的意义及乘法算式中各部分名称(二上)	● 乘法引入:在情境中知道"求几个相同加数的和,用乘法比较简便"。 ● 看图写乘法算式:知道乘法算式各部分的名称及表示的意义。 ● 倍的认识 ● 九九乘法口诀表	9
	除法的意义及除法算式中各部分名称(二上)	● 在动手操作活动中理解除法的意义。包括"包含除法"和"平均分除法"。知道除法算式各部分的名称及表示的意义。 ● 用乘法口诀求商 ● 用除法求几倍 ● 被除数为 0 的除法	6
基本数量关系	单价、数量、总价(三上)	● 知道单价的定义,掌握单价、数量和总价三者间的数量关系。	1
	速度、时间、路程(三下)	● 知道速度的定义及速度单位的表示方法。掌握单价、数量和总价三者间的数量关系。	3
	工作效率、工作时间、工作量(四下)	● 知道工作效率的定义,掌握工作效率、工作时间和工作量三者间的数量关系。	2
	"数量关系"复习整理(新增)	● 从数形结合的角度找寻 3 个基本数量关系间的联系。	1
数学学科素养及数学思想方法	☑ 数学运算　　☑ 几何直观　□ 数据分析 ☑ 具体到抽象　☑ 数学交流　☑ 问题解决 □ 符号化　☑ 分类　□ 集合　□ 对应 □ 演绎　☑ 归纳　☑ 类比　□ 转化　☑ 数形结合　□ 极限 ☑ 模型　□ 方程　☑ 函数　□ 统计 ☑ 分析　☑ 综合　☑ 比较　□ 假设　□ 其他		

以沪教版为例,学生表达数量间关系的学习活动始于一年级:面对一盒摆放整齐的鸡蛋,用"几个几"的数学语言表达鸡蛋的数量。基于丰富的生活情境,进入二年级后,学生完成了对现实中数量与数量关系的第一次抽象:即每一份数量相同时,几份之和可以用"几个几"表达,并将相同因数连加计算的过程简化为乘法,从而拉开了乘法学习的序幕。乘法中的"几个几"或"倍"的概念,都是帮助学生从感性具体上升到理性具体的思维过程。由乘法的逆运算产生的除法,无论是"包含除法"、"平均分除法"或是"求几倍",依旧关注每份数、份数和总数间的关系,但由于商的含义各不相同,有时还需用直观的图示帮助学生理解所求的对象。进入中年级后,学生分三个学期逐步学习了"单价、数量和总价"、"速度、时间和路程"与"工作效率、工作量和工作时间"这三个基本数量关系,这是一个根据学生的生活实际和认知能力的发展进阶设计的学习进程。与生活关联最密切的数量关系是"单价、数量和总价";较为远离现实生活场景的"工作效率、工作量和工作时间"则放在最后。对于学生而言,三个数量关系的理解难度依次递增,对三者的学习感悟可视为第二阶段的数学抽象,较之第一次抽象,这时的学习更体现逻辑性。之后,学生会在高年段学习中遇到各种数学问题,无论是算术解法或方程解法,都紧紧依托着数量关系,是一次次从"抽象"回归"具体"的过程。

从学科素养导向的视角,增加一节整理课的目的,是给予学生一个开放的空间,使其经历从基本数量关系中进行第三次抽象的过程,学习用联系的眼光看待数学对象,找寻数学对象间的本质联系,即乘法模型。

(2)横向———一纲多本教材分析

目前,沪教版和浙教版教材均安排了上述三个数量关系的学习,以下就沪教版和浙教版的教材内容进行横向分析。

内容编排———"整合比对"是对现有学习内容的补充

沪教版将三个数量关系的学习活动分布在三个学期内完成,而浙教版则是集中出现在三年级第二学期第一单元"旅游中的数学问题"中。两版教材充分挖掘贴近学生生活实际的情境,引导学生在问题解决中逐步理解三组数量关系,但是数量关系之间缺少关联。如果要引导学生追根溯源,发现数量关系的本质,则需要自行重组与增补内容,特别是加入对乘法意义的回顾,以求达到整合比对、抽象提炼、促进理解的学习效果。

巧用图示——"数形结合"在明晰概念时具有优势

相较其他版本的教材,沪教版和浙教版在数量关系的学习中加入了"数形结合"的元素。

沪教版(图8-4)延用"数射线"这个载体,以两条为一组,一条表示路程,另一条表示时间,以一一对应的方式刻画出速度的本质,和定义相辅相成。而浙教版(图8-5)的图示刻画了路程相等时,速度与时间之间的反比关系,解释了"开得快就是速度快"。两版教材不约而同地选用图示法帮助学生理解抽象的概念,显然,"数形结合"的方式符合这一时期学生的认知需求,是感悟"几何直观"学科素养的较好途径。

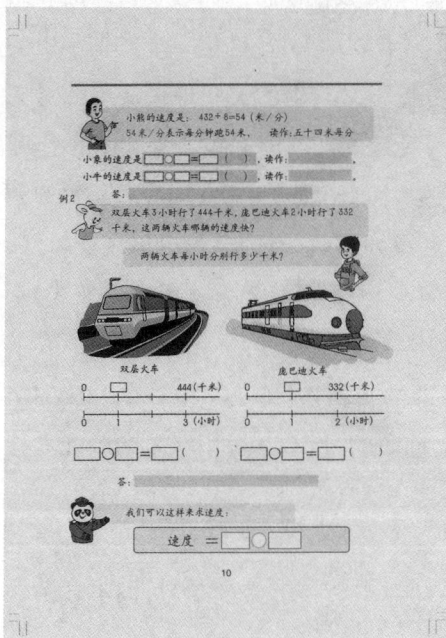

图8-4

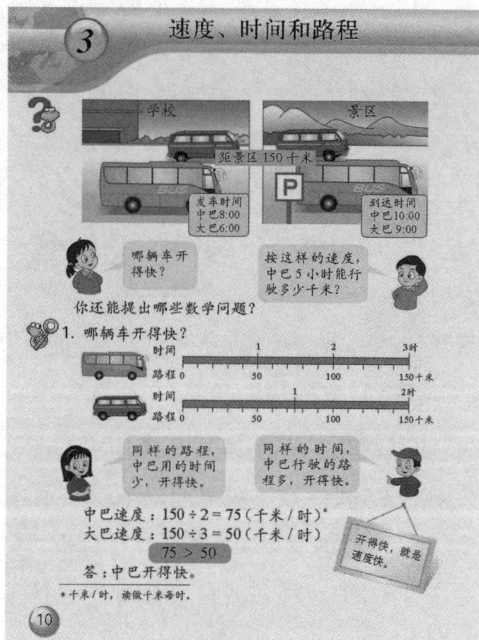

图8-5

(二) 学生学习整合分析

1. 学习基础

学生在参与本课学习之前,已经具备相关的知识技能基础和解决问题的策略。

＊知识基础

复习整理数量关系之前,学生在一年级时初步感知用"几个几"表达计数的过程并说出结果;二年级借助大量的图例情境了解了乘除法的意义。三年级第一学期接触了单价、数量、总价的问题;第二学期认识了"速度"的概念,掌握了它和时间、路程间的关系;四年级第一学期认识了"工作效率"这一概念,以及它和工作时间、工作量之间的关系。这些内容都是进行整合比对的知识基础。

*技能基础

这一节课需要学生自主探索数量关系的内在关联。目标达成的主要途径就是"数形结合",并能用自己的语言进行解释与交流。但是,学生看图、画图和读图的能力参差不齐,选取合适的表现形式体现不同数量关系中"乘法模型"的本质,需要学生敢于用图示表达自己的真实理解,在生生互助点评中不断修正自己的想法,这样的数学交流将会是本节课主要的学习方式。

*问题解决策略

前三年的学习中,学生一定会经历利用画简图、列表格等方式进行观察与分析的过程。通过对问题情境中的数学信息进行筛选,可以从问题出发,也可以从条件入手,找到解决简单数学问题的数量关系。

2. 认知特点

皮亚杰将儿童的认知心理特点总结为:新的知识只有纳入原有的知识结构中才能被吸收。学生的认知结构就是在新与旧的不同对比和同化中发展完善的。所以,本节课可以从二年级学习的"乘法的意义"引入,通过具体情境,借助已有的画简图、列表格等问题解决策略,让学生知道,每一组中的三个数量可以建立起"份数乘每一份数量等于总数量"这样的关系,只是在不同的情境中有自己新的名称,主动探索三组数量关系间的一致性,都能体现乘法的意义,感悟乘法模型。这将是一次透过现象发现本质的学习历程。

3. 困惑迷思

本节课以"单元整合"的视角对三个数量关系进行梳理,需要依据学生现有认知水平,找到一个能将三个看似独立的数量关系统整在一个思维模式之中的说法。究竟选择哪一种说法?学生是否认同?在他们的脑海中是否存有具有个性化的关联方式?都是本节课想要挖掘和捕捉的细节,也是教学的重点与难点。

二、教学目标整合设计

1. 回顾和梳理包括乘法的意义以及三个数量关系在内的相关知识。

2. 以"几何直观"素养为导向,整合三个数量关系,发现三者间的内在关联,并用自己的语言进行说理表达。

3. 运用"数形结合"的思想,以简图为载体辅助思考,建立相关知识间的联结,体验"以形促思"的学习方法,养成乐于思考、言而有据的学习态度。

三、教学重、难点

【教学重点】

三个数量关系的梳理及内涵本质的探究。

【教学难点】

主动用"数形结合"的方法与思想,建立联系,探究本质。

四、教学过程整合设计

教学环节	教学活动、涉及意图	整合要点	评价观测点
【环节一】复习乘法的意义	热身活动: 在学习任务单上绘制12个五角星,用"几个几"描述,并写出算式。 ① 个人交流、解释算式中各数量的含义。 【板书:份数×每一份数量＝总数量】 ② 小组交流。介绍各自不同的画法和算式意义。 ③ 小结 【设计意图】画12个五角星是开放性的任务,目的却是聚焦乘法算式中因数在情境中的意义,从而引出今天的关键词:份数、每一份数量和总数量。	借助一二年级的数数练习,引导学生回顾"几个几是多少"这一乘法的意义。并引出本节课的基本数量含义。	1. 学生的绘图习惯 2. 小组讨论习惯
【环节二】回顾单价、数量、总价三者间的数量关系	媒体演示: 由"?"转变为"杨桃5元一个"。 由学生根据图示信息创编数学问题。 ① 找一找数学信息,试着提一个数学问题。 ② 解决这个问题用到了哪一个知识? ③ 小组讨论:单价×数量＝总价这一数量关系能否体现乘法的意义?说理交流,集中辨析。 ④小结 【设计意图】:由五角星转变成杨桃,从而引出价格问题,这是第一次打破认知壁垒,将数量关系和乘法意义进行关联。	通过图示转换引出价格问题的数量关系。	基于对条件的分析和理解,自主关联单价,对应"每一份数量"、数量对应"份数"、总价对应"总数量"。

（续表）

教学环节	教学活动、涉及意图	整合要点	评价观测点
【环节三】 回顾速度、 时间、路程 三者间的 数量关系	① 小组活动： a. 回忆曾经学过的数量关系。思考：行程问题中的数量关系是否也能体现乘法的意义呢？ b. 明确任务要求：用自己喜欢的方式介绍速度、时间和路程与乘法意义之间的对应关系。 c. 学生在学习任务单上记录思考。 d. 集中交流，辨析比较。 ② 看图示进一步学习 a. 观察图示1 思考：7秒对应的路程在哪里？如何解决这个问题。 b. 观察图示2 思考：为什么"速度＝路程÷时间"，进一步理解复合单位（千米/时）及正确书写方式。 （3）观察图示3 思考：图中有哪些信息，折线表示什么含义？求什么，怎么求？ （4）观察图示4 小组讨论： ● 图中呈现了哪些信息？ ● 根据图中信息，试着提提数学问题。 ● 试着说说时间、速度和路程之间的变化关系。 【设计意图】集合了沪教版与浙教版的例题，引导学生不断经历观察—比对—思考，通过"数形结合"关联行程问题与乘法的意义。	运用沪教版教材的三幅图示，再次体会速度、时间和路程三者间的关联。整合浙教版的图示，拓展理解"路程相同时，时间多的速度慢，时间少的速度快。"	1. 学生愿意用自己的方式理解三个数量间的关联。 2. 能相互评价简图中体现的乘法意义。 3. 能基于图示进行数量关系的结构分析。并能较清晰地进行说理。

（续表）

教学环节	教学活动、涉及意图	整合要点	评价观测点
【环节四】回顾工作效率、工作时间、工作量三者间的数量关系	练习指导： ① 类似的数量关系还有吗？是否具有关联？试着说明。 ② 在学习任务单上完成一道选择题： 选择合适的问题。 一台织布机每天（以 8 小时计算）能织布 1 800 米，_____？ A. 这台织布机一小时可织布多少米？ B. 3 名工人在一起可织布多少米？ C. 这台织布机工作 4 天能织布多少米？ ③ 统计答题情况，分别请不同选择的三位同学讲述理由。 ④ 做题以后，你有什么感想？ 本课总结 【设计意图】用一道多选题引导学生思考工程问题中的数量关系，检测学生自主使用"数形结合"思想解决问题的能力，落实"几何直观"的学科素养培育。	整合四年级的工程问题，运用分析法和综合法，对数据进行判断，夯实求不同数量使用不同方法的能力。	独立思考、互动中辨析，体现乐于思考、言而有据的学习品质。

五、板书设计：

份数 　×　 每一份数量 　=　 总数量

4 　×　 3 　=　 12（个）

（价格问题）　数　量 　×　 单　价 　=　 总　价

（行程问题）　时　间 　×　 速　度 　=　 路　程

（工程问题）　工作时间 　×　 工作效率 　=　 工作量

六、作业整合设计

（一）作业目标设计

作业目标具体描述	对应教学目标	对应作业内容
找出每一个情境中的"每一份数量"	1	作业 1
选择并进行理由阐述	1、2	作业 2
以真实情境"百万学生看花博"为内容，创编一道体现乘法意义的应用题	1、3	作业 3

（二）作业内容

1. 根据问题，用"～～～"划出情境中的"每一份数量"

（1）15 位果农摘了 192 千克的梨。如果每 12 千克的梨装一箱，箱子还缺少一半，那么实际有多少个箱子？

（2）五一节，小丁丁一家三口和小胖一家三口结伴前往上海欢乐谷游玩。门票种类繁多：成人票 230 元、儿童票 129 元、青年票 180 元、亲子票（1 大 1 小）385 元、家庭票（2 大 1 小）520 元。他们购买门票最少需要花费多少元？

（3）两辆车分别从上海和南京同时出发，相向而行。A 车每小时行驶 60 千米，B 车每小时行驶 63 千米，3 小时后两车相遇。上海和南京之间相距多少千米？

【作业检测要点】根据问题，在较复杂的信息中寻找"每一份数量"，巩固在本节课中形成的新概念，在具体情境中抽象出本质。

2. 选择问题并进行说理解答：

一个土地沙漠化治理小组，平均每月（以 30 天计算）种草 4 200 平方米，_____？

A. 这个治理小组平均每天种草多少平方米？

B. 5 人一起种草可以种多少平方米？

C. 这个治理小组半年共种草多少平方米？

【作业检测要点】从问题出发，辨析信息含义，选择合适的数量关系解决问题。运用课堂中体验的数形结合思想，进行充分的辨析说理。

3. 最近，学校组织大家参加"百万学生看花博"的活动。举办之前会进行一系列的筹备。现在请你作为一名负责人，根据活动中会遇到的人和事，例如：为学生预定车辆、测算开车来回时间等，创编 1～2 个能用乘、除法意义解决的数学问题。

【作业检测要点】将数量关系回归生活情景，创编的数学问题基于基本数量关系，同时在不同情境中感悟其内在一致性，发展数学抽象、几何直观素养。

第九章　研究实践之"学科间整合"样态

本章节将对小学数学"整合观"下的学科间整合样态进行界定,同时对研究所提炼的设计流程进行阐述,并匹配实践案例,把过程研究中的思考、辨析、反思、跟进的历程进行提炼,供辐射推广。

第一节　小学数学课程"整合观"之学科间整合样态及其实施流程

学科间整合样态属于主题中心模式,通常从数学问题或生活问题出发,在问题解决的过程中链接数学学科与其他学科的整合点,把数学学科的学习归入生活,归入跨学科的背景中,以此促进学生核心素养的提升。

学科间整合在具体实施中依据如下(见下图 9-1):

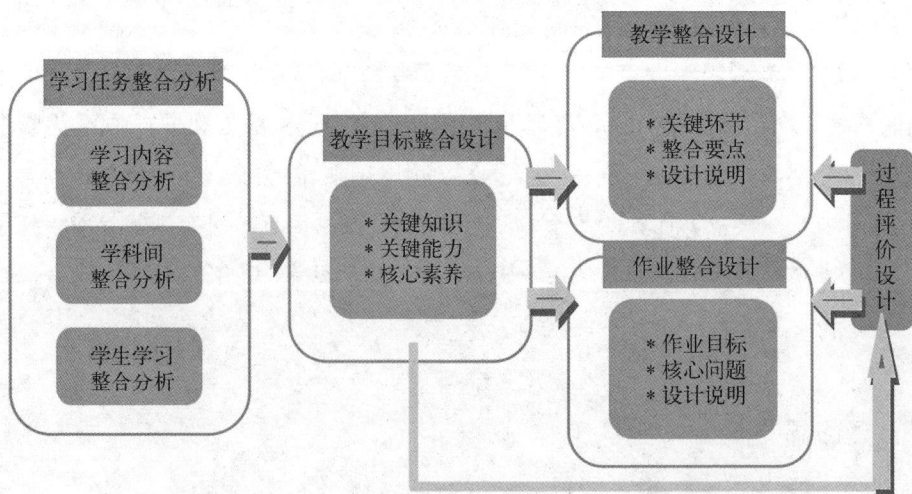

图 9-1　小学数学课程"整合观"之学科间整合样态实施流程

一、学习任务整合分析

学习任务整合分析是学科间整合设计流程中的起始环节,是教学目标整合设计、教学过程整合设计、作业整合设计、过程评价设计的依据。包括学习内容整合分析、学科间整合分析和学生学习整合分析三个部分。

(一) 学习内容整合分析

1. 课标要求分析

对照《义务教育数学课程标准》(2011 版)的相关内容,厘清教学内容上位所对照的课程标准要求,同时,对照《上海市小学数学学科基本要求》的相关内容进行对接与厘清。

2. 学习主题分析

在学科间整合中,学习主题是以多学科间整合的形式存在,并倡导从以下两条路径展开分析:

(1) 纵向——学习主题梳理及分析

学科间整合学习主题的梳理主要对各学科课程内容进行梳理,寻找各学科的相关性、相似性及交叉的课程内容。其中,学科间整合需要突破各学科教材的内容,把各学科间的相关性、形似性及交叉的课程内容进行厘清,围绕多学科共有的学习内容组建课程共同体,以数学为主学科,挖掘与其他学科交叉、共有的学习内容,并以此为中心进行多学科整合。在纵向的多学科间整合中,数学学科的梳理既需要厘清知识间的逻辑序列,更需要凝练单元学习主题所指向的学科素养培育及数学思想方法领域的重点关注内容。通常以单元规划属性表及说明来系统呈现如上内容。下表为"测量"单元属性规划表,单元中"不规则物体的体积"教学内容在数学学科及跨学科整合的要点如下(见表 9‑1):

表 9‑1　"测量"单元属性规划表

单 元 规 划		
单元划分依据	☑ 课程标准　☐ 教材章节　☑ 知识结构	
课程内容模块	☐ 数与运算　☐ 方程与代数　☑ 图形与几何　☐ 数据整理与概率统计	
单元数量	6	

（续表）

单元主题	单元名称	主　要　内　容	课　时
测　量	几何小实践(一下)	长度比较	1
		度量	2
		线段	2
	几何小实践(三上)	千米的认识	2
		米与厘米	1
		分米的认识	1
		面积	2
		长方形、正方形的面积	2
		平方米	1
	复习与提高(三下)	平方分米	1
		组合图形的面积	3
	几何小实践(三下)	周长	2
		长方形和正方形周长	2
	几何小实践(五上)	平行四边形面积	2
		三角形面积	2
		梯形面积	2
		组合图形的面积	2
	几何小实践(五下)	体积	1
		立方厘米、立方分米、立方米	3
		长方体与正方体的体积	3
		组合体的体积	2
		长方体与正方体的表面积	2
		体积与容积（不规则物体的体积） 学科整合点：小学自然、中学物理	3(1)
数学学科素养及 数学思想方法	☑ 数学运算　　☑ 几何直观　☐ 数据分析 ☑ 具体到抽象　☑ 数学交流　☑ 问题解决 ☐ 符号化　☐ 分类　☐ 集合　☐ 对应 ☐ 演绎　☑ 归纳　☑ 类比　☑ 转化　☐ 数形结合 ☐ 极限　☐ 模型　☐ 方程　☐ 函数　☐ 统计 ☑ 分析　☑ 综合　☑ 比较　☐ 假设　☐ 其他		

（2）横向——一纲多本教材分析

一纲多本下的教材呈现着对课程标准诠释的不同思考、不同维度。倡导用比较的视角比对不同教材对同一学习主题内容的呈现方法，在比较相同点的过程中进一步厘清学科本质、凝练共同的学科素养；在比较不同点中采集更适合教学实施的方式、载体与评价等。横向比对一纲多本教材为单元学习主题分析提供多视角、丰富的素材，同时，为找寻最适切的跨学科整合点提供支撑。

（二）学科间整合分析

这部分内容是有别于学科内整合样态特设的分析部分，将从以下四个方面展开。

1. 相关学科内容分析

相关学科内容分析需要寻找多学科的相关性、相似性及交叉的课程内容。学科间整合需要突破各学科教材的内容，厘清各学科间的相关性、形似性及交叉的课程内容，围绕多学科共有的学习内容组建课程共同体。

2. 学科间关联点的具体方法

数学知识总是紧紧地依附在实际问题中，并渗透在其他学科中，它与其他学科之间是相互开放、相互作用、彼此关联、密切配合的关系。不仅要从现实生活题材中引入数学，而且要注意加强数学和其他学科的联系，学科间的整合就是在数学课程内容中研究与数学有关的内容，同时从其他学科的问题中找到应用数学的广阔途径，理解数学的丰富内涵，形成教学的合力，在学生的头脑中构建起知识网络，牢固地把握各学科教材在知识、方法、思想等方面存在的横向联系，从而有利于知识的理解、深化和数学素养的形成，保证知识内容的科学性。

3. 实现关联的具体方法

想要将其他学科的知识在数学课堂中加以整合，往往需要通过未数学化的真实情境。情境中以解决数学问题为主线，辅以其他学科的参与。良好的问题情境，会调用学生已有的各学科的知识。整合的关联点可以来源于学生的猜想，也可以来自于操作。

4. 核心素养培育的关注点

根据教育部 2016 年 9 月颁布的《中国学生发展核心素养》的框架体系，我们将学科间整合学习的关注点放在：强调素养与人的价值取向，突出"关键、共同"素养要义,培养跨学科的共通能力。学科间整合学习以培养学生核心素养为出发点和落脚点,围绕"生活中的问题和情境"进行跨学科探究学习。

(三) 学生学习整合分析

1. 学习基础

学习基础需要通过前测、观察或访谈等方式,全面了解学生学习本教学内容的前继知识基础、技能基础及问题解决策略,以及学生学习与本教学内容相关的其他学科的内容及相关的生活经验。本教学内容还以单元为视角,纵向分析学习主题中每一个学习内容的知识及技能序列,以此把握学生的学习基础。同时,也可以在日常的观察中进一步了解学生问题解决策略的真实水平。

2. 认知特点

以小学生认知理论和心理学理论为依据,分析学生"最近发展区",制定符合学生认知特点的教学目标、教学重点和难点。这两类的分析是学科间整合必备的核心环节,是实施教学活动和落实核心素养的关键环节,在分析中需要聚焦不同学科学生认知的交互点、共同点。

3. 困惑迷思

学科间整合不仅要对学生数学学科及相关学科的学习基础和认知基础进行系统地梳理,还需要对学生在学习中的困难与疑惑进行梳理,这样既可以通过经验回顾锁定困惑迷思,也可以通过问卷、访谈等聚焦困惑迷思。数学属性、非数学属性等均需要联通思考,这对学生而言是不小的挑战,需要用学科整合的视角切入,并在学习中重点关注。

二、教学目标整合设计

教学目标整合设计遵循整体性原则、逻辑性原则、适切性原则,并在学科间整合教学目标中充分体现三维目标的融合设立,即过程与方法目标及情感态度与价值观目标是通过知识与技能目标这一载体来实现,知识技能的学习有利于其他两维目标的实现,两两呼应,相互承接。

不仅如此,三维目标中自我的定位也需要做到准确无误。知识与技能目标应该从数学知识体系出发,凸显关键知识要点;过程与方法目标力求以数学思想、数学方法等为依托,培养学生学习能力;情感态度与价值观目标则由学科育人价值转化而来,彰显学科素养。

三个维度相互呼应、有机融合,倡导教学目标凸显核心知识、关键能力和相关的学科素养。

三、教学过程整合设计

在经历了教学任务的整合分析、教学目标的整合分析之后,教学过程必须围绕着教学目标进行匹配设计。教学过程由驱动性问题引入,再由一个一个教学活动组成,每个教学活动都由对应的教学目标展开,体现教学目标的预设达成度,从横向和纵向两个角度阐述学科间整合的要点,并通过教学设计意图,具体阐述教学活动与教学目标间的整合设计及匹配一致性。

四、作业整合设计

作业整合设计主要从作业目标设计、作业内容两方面思考:

(一) 作业目标设计与教学目标的整合一致

作业是课堂教学的延续和补充,所以作业设计需要与教学目标一一匹配整合,重视三维目标的融合,构建设置作业诊断目标,同时要对每个作业目标进行学习水平设定。作业目标与教学目标的整合设计,将有效检验学生学习成效及教学目标的达成度。

(二) 核心应用问题设计

1. 内容与目标的整合

作业内容设计要围绕作业目标展开,体现作业目标的可测性及作业内容的丰富度,应用问题设计要体现学生在运用新知识解决问题时的运用能力。

2. 作业难度及数量的整合

作业设计要关注难度和数量,在难度上,需要基于标准,围绕作业诊断目标,选择符合学习内容、学生年龄特点和认知特点的作业,不拔高要求,将难度控制在正常水平;在数量上,可以根据学生学习的具体情况进行增减调整,可以设置弹性作业。

3. 作业类型的整合

作业类型可以多种形式整合,从而丰富作业类型:口头与书面整合,短周期与长周期作业整合,卷面与操作实践整合等。

（三）作业设计说明阐述

作业内容下方设有设计检测要点,阐述所对应的作业目标。

五、基于"教—学—评"融合一致的教学环节评价设计

通过将教学目标转化成为课堂即时评价的要点,在教学设计环节中进行设计规划,并在教学实施过程中围绕评价要点,激发师生、生生间的有效互动评价,以评促教、以评促学。

第二节　小学数学学科间整合样态之案例分享

在学科间整合实践路径的指引下,我们进行了系列化的实践探索,在此过程中,关于实施中的整合要点的落实,有思考、有交流,也有困惑和争辩。本节将以案例的形式进行实景还原,同时通过具有启示性的梳理为大家提供实践思考,供辐射推广。

案例三：整合——从"混沌"到"清晰"

❂ 案例背景 ❂

"编码"是沪教版五年级第一学期第六单元"数学广场"中的学习内容。"数学广场"中的学习内容与学生的生活实际紧密相关,具有数学学科与其他学科高度融合的特质。因此,把"编码"这一学习内容作为"学科间整合"的实践案例,从纵向领域整合探索"数字编码"作为自然数的一种存在方式,从横向领域整合探索"数字编码"在社会生活中多元化的运用和存在价值,成为名师工作室的一个探索实践点。

❂ 情景还原 ❂

情景 1："明线"与"暗线"

"这是我对编码这一学习内容的主题分析,从纵向的学习主题上来看,可以梳理出明线与暗线两条路径。我们先来看明线……"发言的是对编码这一内容进行整合

探索的刘老师,年轻的他正在胸有成竹地梳理这条教材中的"明线",他接着说,"数字编码作为自然数的一种运用,我们可以将其作为自然数再认识的一个部分,鉴于此,我以'数的认识'为主题,梳理出教材中的相关内容,形成单元学习主题。"

表9-2　《编码》单元规划(简表)稿一

单元规划(简表)				
数的认识 (明线)	10以内的数(一上)	核心素养—— 数据分析 (暗线)	数据 素材	编码
	20以内的数以及加减法(一上)			
	100以内的数的认识(一下)		数据 整理	统计表 条形统计图 折线统计图
	千以内数的认识与表达(二下)			
	万以内数的认识(二下)		数据 分析	单价数量总价 速度时间路程 工作效率工作时间工作量
	大数的认识(四上)			

"'数的认识'作为贯穿整个小学阶段的重要学习内容,相关知识遍布在各册教材中,从纵向视角整合分析知识结构确定出了这一单元(见上表9-2左部)。"刘老师的表达能紧扣知识内容体系,进行有理有据的划分,这一梳理获得了在座老师们的点头认可。

"接着是这条暗线,编码这一内容所蕴含的核心素养是数据分析,既然提到了数据分析,统计表、统计图也都是这一素养下重要的学习素材。"原本还神采飞扬的刘老师不知怎么突然变得有些紧张,只见他迟疑了下,犹豫地说道,"不仅如此,数据分析还可能涉及一些数量关系,如单价数量总价、速度时间路程等也可以纳入我们的这条暗线中。"

"刘老师等一下,你能再回到刚刚那张表格吗? 右边这部分的暗线你能再解释一遍吗?"有着丰富实践经验的施老师追问道,她的发问让刘老师更窘迫了,回答的声音越来越轻,直到淹没在老师们的讨论声中。

"小刘,先别紧张,你之所以对这条暗线有所怀疑,是不是在数学学科素养方面需要再厘清下,你先想一想? 大家也可以帮着想一想。"道出问题关键所在的是导师虞老师,带着这样的提问,老师们陷入了思考。

"是数学抽象。"平日里发言不多的严老师第一个带头亮明观点。紧接着,老师们你一言我一语,开始了讨论:"数的认识就是一个从具体到抽象的学习过程。""数字编码是一个符号化的抽象,这是学习的本质与核心。""为什么学数字编码,这不就是抽象的数学带给现实生活的极大便利吗? 小刘之前的整合分析中少了对'数学抽象'的归纳。"……

对编码这一内容背后的数学核心素养进行重新审视,带着对老师们讨论结果的反思,刘老师重新梳理了"暗线"。

(几天后)

"对于纵向领域的这条暗线,编码作为数据,不仅需要在观察、比对中融入对数据分析素养的关注,还需要看到这些数据——数字编码,它本身作为一种符号化元素,所蕴含一一对应的复杂信息,这其实是对数的功能体系的一种扩充。因此我再次形成了一条全新的暗线"。对知识背后的关键素养有了完整、清晰的认识后,这一回分享的刘老师淡然、自信多了(见表9-3)。

表9-3   《编码》单元规划(简表)稿二

单元规划(简表)			
数的认识 (明线)	10 以内的数(一上)	数的多重功能 (暗线)	有序的角度 基数的角度 运算的角度 量的角度 计算数的角度 代码的角度
	20 以内的数以及加减法(一上)		
	100 以内的数的认识(一下)		
	千以内数的认识与表达(二下)		
	万以内数的认识(二下)		
	大数的认识(四上)		

"再思考下,如果尝试基于学生的学习经历,是否能把这条暗线进行提炼和精简。我们可以自问,学生学习自然数为了解决什么问题? 我们是不是能根据教学实际情况再把暗线中的维度更清晰化呢?"导师虞老师提出了建议,在工作室的研讨中,虞老师常常会用追问的方式,提醒我们站在学生的视角综合思量。

"我想在小刘的基础上再优化这条暗线。"思维的碰撞让老师们活跃起来,孙老师说:"学生为什么要认识数? 大致可以做如下概括,一为了计数,二为了解决问题,三为了生活方便。我们可以将其与数概念学习的现实背景匹配起来,将教材的内容分类,可以赋予数多重功能,包括序数、基数、量和代码四个角度。"

表 9-4　单元规划(简表)稿三

单元规划(简表)			
数的认识（明线）	10 以内的数(一上)	数的多重功能（暗线）	序数的角度 基数的角度 量的角度 代码的角度
	20 以内的数以及加减法(一上)		
	100 以内的数的认识(一下)		
	千以内数的认识与表达(二下)		
	万以内数的认识(二下)		
	大数的认识(四上)		

几经讨论与迭代，表格右边这条围绕素养维度展开的暗线终于明朗(见表 9-4)。

启示

数学课程的"整合观"倡导从单元的视角审视课程学习的内容，凸显学科素养、核心素养的提升。单元的设定可以是从内容维度、素养维度、问题维度等展开。"编码"明线的梳理，厘清了数字编码作为自然数的一种形态，凸显其在"数的认识"领域的存在价值；"编码"暗线的梳理，需要关注数学学科本质的阐述，需要梳理与归纳、提炼与清晰呈现，这既有利于促进学生在数学体系中对自然数进行再认识，又有利于学生数学抽象素养的提升。

情景 2：学科间的整合是各个学科的叠加吗？

刘老师继续介绍着学科间的整合案例，对于整合的难点——如何把数学课与其他学科有效结合，在座的老师们都满怀期待，等候刘老师如何突破。

"这节课可以与班主任德育、道德与法治课、语文课和信息科技课进行结合。"刘老师一连串说了四个科目，他接着说，"第一，德育工作一直强调立德树人，这一元素一定要放进这节课。第二，道德与法治课有对我国行政区划的划分，也可以作为这节课的学科支撑。第三，语文课中要阅读与表达，这是这节课非常看重的能力，也要放。第四……"

"等一下，刘老师，我觉得有这么多内容要放，是不是缺少了主次？"秦老师打断了刘老师的发言。

"虽然刘老师对这节课已经思考得很全面了,但是总觉得这样的整合,还是缺少了一些深度。"接着秦老师的话,陈老师也发表了自己的意见。

"那你倒是说一说,哪里缺少了深度? 这些学科的内容和这节课无关吗?"正在兴头上侃侃而谈的刘老师有一些不悦,但是在座老师们的想法却也难以令人信服,毕竟大家对于学科间的整合都是"菜鸟一枚"。

"集合圈,也就是韦恩图,我想数学老师都很熟悉吧。对于小刘刚才的思考,我想画一幅简图来说一说我的想法。"虞老师边说边拿笔画起了图。

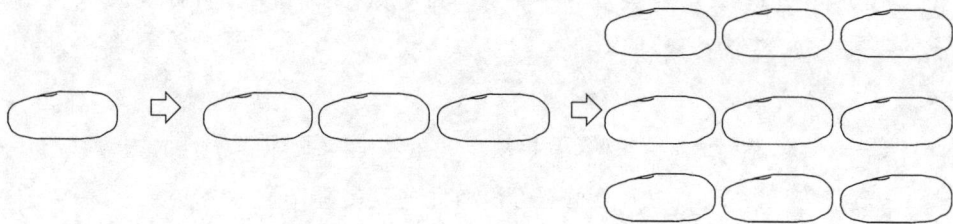

"我懂了。"陈老师这下有了底气,"的确,这些学科知识是和这节课有所关联,但是有关联并不代表就要整合,刘老师需要去寻找这些关联点的价值,从而得到整合的意义。"

"说得太对了,你看没有交集的集合圈,有再多也只是简单的堆砌啊。"虞老师笑道。

(思忖片刻)

"我对编码这节课的思考很全面了,但是我刚刚却忘记了从这一学习内容出发,而只是一味地对相关学科进行考量,这的确本末倒置了。"刘老师很快发现了自己的问题所在,又说道:"如果换一种视角,立足编码,将这一内容作为整合的生长点,我觉得可以整合得更好,大家能再听一听吗?"

刚才的争论只是老师们智慧的碰撞,很快大家又投入到新的"火花"中去了,"数字编码这一学习素材与学生生活息息相关,因此学生会对编码的简洁、有序产生感悟,体会到数学是有用的,同时过程中还能看到城市变迁、高科技手段在生活中的运用,也就是说编码是这节课的素材,而这节课又是学科育德的有效载体。"刘老师说。

　　"是的,我们不必把德育和道德与法治课进行边界区分,这节课能从文化、生活、家乡变化等多方面带给学生情感上的冲击,我们要将其作为有价值的学科关联点,从培养全面发展的人的角度做好核心素养的渗透。"孙老师边说边点头。

　　"如何编码? 编码中的一一对应体现在哪里? 编码的好处是什么? 在这个大数据的时代,编码提供了很好的载体,学生也可以通过网络搜索寻找到许多信息与答案,所以以数据分析为生长点,我们可以连接起学生的信息素养,这样一来信息科技的使用在这节课中是必不可少的。"刘老师这一次的整合说明说得头头是道。

　　他继续补充,"既然各学科是要统整与结合,那么就不应该是并列的结构。比如,这一学习内容的学习过程中涉及大量阅读和表达,不用再拘泥于是语文、英语或是数学哪门课的特征,我们这些整合的设计者应该明晰这节课的阅读是为了在比对中培养对数据的分析能力,这节课的表达是为了在练习中提高合理推测水平,这样的整合才是真正融合的体现,而不是简单的叠加。"

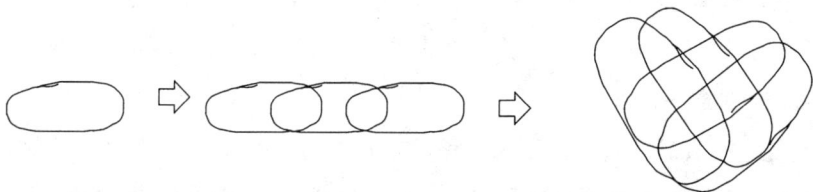

　　集合圈不断地形成交集,密密麻麻地交织在一起,这会儿变成老师们画了一幅图送给一旁的虞老师,这幅图也许才是"整合"最美的样子。

📍 启示

　　学科间的整合应立足学习内容,从学生素养提升的角度去寻找有价值的学科间关联点。对于一些学科间关联点的整合,不能仅简单地进行分学科的叠加,还需要对不同学科的定位、内容和联系进行有机整合、融合思考。数字编码让学生了解了自然数的特征,更从多学科的角度提高了学生的人文素养和信息素养,对于多学科的整合分析,能扩充学科间横向链接的空间,也让学生素养的形成有了更全方位的保障。

情景3：是时候来场真正的变革了！

"我要变革！"刚拿到编码这节课的整合教学任务时，刘老师就带着这样的期待。通过对学习主题的纵向分析、多个版本的横向分析和学科间的整合分析，刘老师删去了教材中原有的许多素材，只聚焦在"身份证号"这一内容上，让学生自主探究得到编码的编写规则，寻找其中蕴含的信息。

"能化繁为简，好！"对于教材内容的大胆调整获得了老师们的一致赞同。

"可以充分放大学生们的探究过程，值得期待。"这一做法也得到了虞老师的肯定。

（第一次实践后）

"这节课很不同，以往的编码学习，一般会以邮政编码作为第一环节，学生从中得到对于数字编码有序排列的第一次学习体验，然后第二环节引入身份证编码的学习，这时候才是自主探究。刘老师直接从前置任务开始就让学生去寻找有关身份证号的信息，而这节课竟然全部围绕身份证号的各个码段进行解读，学生对于编码规则的探索、编码特点的感悟都非常充分。"评课的老师是一位有着多年课堂教学经验的资深教师。

"真是出乎我的意料啊！"这次点评的是马上要进行同课异构的陈老师，"上次听了刘老师多个版本的教材比较，有些版本如冀教版、青岛版等都纳入了'题组式'的数字编码素材，有电话号码、车牌码、数字密码，我以为刘老师会做'加法'，没想到他竟然做了'减法'，真是与我的设计大相径庭！"

正是因为聚焦核心素材，进行大环节建构，抛弃了琐碎的环节设置，让原本"密不透风"的课堂焕发了具有"生"气的一面，刘老师第一次的探索实践就获得了老师们的好评。

"还不够！"这天晚上刘老师拨通了虞老师的电话，"我还想再试试，这只是一堂高品质的数学课，凸显了探究导向，但真的称不上是学科间整合，学生按照我的要求去查身份证，甚至是因为我的提问才去思考为什么上海市黄浦区会有'一区多码'，这些激发学生探究欲望的问题全都来自我。"

虞老师二话不说答应了电话那头一心想着"变革"的刘老师。

（第二次实践后）

"我从来没有听过一节数学课是这样的，整堂课没有高频率的一问一答，取而代之的是大量生与生的互动。"学科教研员章老师抛出观点,"虽然很不一样,但是我很喜欢。"

"相比于上次的前置任务,这一次的前置任务难度更高了,我很想听听为什么这样设计?"虞老师抛出了橄榄枝,显然她希望这个动足脑筋的"前置驱动任务"中的亮点能被大家看到。

"上一次,我设置了问题'你知道自己的身份证号吗? 摘录下来并寻找其中蕴含的信息。'这个问题看似开放,但却很难激发起学生对于这一生活素材的探究欲望,学生仍然在教师预设好的轨道上进行资料的查阅和分享。如果换个角度看问题,从真实场景出发、以生活中户籍民警的视角切入,问题就会变得很不一样。"

前置驱动问题:

赵明,2009 年 1 月 1 日出生,户籍地址为上海市卢湾区丽园路。今年 8 月 13 日,赵明的弟弟出生了,来自于同一家(在同一户口本且报出生)的赵明弟弟,他的身份证号和哥哥有什么不同? 户籍民警们,想办法给一同前来的小朋友赵明科普一下吧!

"学生的学习探究完全是自发的,课堂中的数学交流全部来源于学生的主动表达。"章老师忍不住对这节充分激发了学生的学习欲望的课表达了赞美,她接着说:"我看到坐在我前面的这位学生之前的查阅错了,他表现出了焦急的情绪,迫不及待地想重新拿起电脑修正自己的学习成果。还有那位同学,他在第一次查阅中就发现了赵明哥俩'地址码段'的秘密,于是迅速开始整理黄浦区'撤二建一'的历史资料,这时候老师还没有布置任何其他要求。"

有了第一次的经验,这一次数学核心知识无缝地融入了生活运用中,学生体悟到"数"的表达与运用在生活中的简洁、便利,他们也展现出了非凡的学习热情。

"还不够!"执拗的刘老师又给大家泼了冷水,他说:"我有一个大胆的想法,既然我们已经进行学科间整合了,那么我们应该拥有更为丰富的课时、空间资源,让我再试着往前'走一步'好嘛?"

(第三次实践后)

"这一次我充分对学科间的资源进行了整合,不仅利用了学科知识素材,还将各类学科的课时、学习场地都进行了统一调整。"刘老师终于露出了一丝满意的微笑,他说:"我们借助班主任的午会课、少先队活动课带着学生走出教室和校园,去感受城市的日新月异,这给学生带来的情感冲击远远大于上网冲浪的感受。"

(实践探究后)

"我有补充,这一切的走出去、请进来都源于学生自主的学习意愿,正是刘老师对于'问题'的不断变革,才激发出学生一次又一次对真实世界中问题探索的向往。"孙老师作出点评。

前置驱动问题:

赵叔叔和李叔叔是同学,他们都出生在 1983 年,赵叔叔的户籍地址是丽园路574 弄,李叔叔的户籍地址是丽园路 68 弄。

两年前,赵叔叔的儿子小赵、李叔叔的女儿小李又恰好在同一年出生,孩子们的户口仍各自登记在原户籍地址。你知道赵叔叔和李叔叔的身份证号有什么异同吗? 那么小赵和小李的身份证号又有什么异同呢?

"在这个问题中,有大量的信息需要学生去提取、整理和查阅。在解决问题的过程中,学生需要明确什么叫户籍地址,这两个户籍地址在哪里,户籍地址如何体现在身份证号上,甚至是四个人的年龄、性别这些信息如何通过数字编码表达在一串身份证号上,等等,这一系列的问题串都由课前'大问题'所引发和驱动,最终指向学生的自主探究。"刘老师继续解释着自己的设计意图。

"我们学校建在以前的卢湾区、黄浦区的交界处,学校边的制造局路曾经是两区的交界,但很少有学生了解这段渊源,时常有学生问我为什么我们的校名中既有卢湾又有黄浦。"陈老师发出感叹:"对于城市的这段记忆,随着快节奏的城市生活,逐渐被大人们甚至是孩子们所遗忘,其实挺遗憾的。"

"我们需要在学科中育德,但绝不是生硬地去说教,我觉得通过实地探访,学生们会发现虽然都在丽园路上,但 574 弄小区地处老卢湾地界,68 弄小区却地处老黄浦地界,这种发现和习得会深深地印在学习历程中。结合生活中的亲身体会,学生不仅能感受到数学中的理性美,更在我们的整合课堂中看到了更多人文要素。"刘老师说。

"还不够! 整合课堂需要迭代,我期待在一次次的尝试中,我们能够不断深入和挖掘。"学科整合没有标准答案,虞老师的这句"还不够"是对团队探索无限可能的憧憬和期待。

> **启示**
>
> 　　学科间整合的学习设计可以采用探究式、问题式或项目式的学习,不要被琐碎的知识点、紧凑的课堂环节所束缚,应该打开课时、空间的局限,引入最真实的学习情境,激发学生真实学习的发生。通过"大问题"的引入,充分放大探索空间,借助问题中的挑战性、思辨性元素,激发学生不断调用高阶思维品质调研、分析和解决问题。数字编码'前置任务'的迭代,是学科整合中驱动学生主动、积极思考的最好体现,也是变革教与学方式、指向素养提升的一种策略。

（案例提供：刘剑东）

【附录：学科间整合案例之教学设计】

编　　码

黄浦区第一中心小学　刘剑东

一、学习任务整合分析

（一）学习内容整合分析

1.课标要求分析

"编码"这一教学内容安排在沪教版五年级第一学期第六单元"数学广场",属于拓展内容。根据《义务教育数学课程标准》(2011 版)附录 2"课程内容及实施建议中的实例",在第二学段(4～6 年级)数与代数下的例 24,可以找到对应的"为学生编号"的相关实例,因此将这一内容纳入"数与代数"主题,对应课标中的相关板块,相应目标有：

（1）经历数据的收集、整理和分析的过程，掌握一些简单的数据处理技能；

（2）进一步认识到数据中蕴含着信息，发展数据分析观念；

（3）尝试从日常生活中发现并提出简单的数学问题，并运用一些知识加以解决；

（4）愿意了解社会生活中与数学相关的信息，主动参与数学学习生活。

课标中的对应内容标准为：会运用数描述事物的某些特征，进一步体会数在日常生活中的作用。

2. 学习主题分析

本教学内容隶属于课程标准中"数与代数"领域，该领域包括了"数的认识"、"数的运算"、"式与方程"、"正比例、反比例"和"探索规律"五个板块内容。本教学内容属于"数的认识"，是学生学习自然数多种含义的一个部分，学生能从编码的角度获得对自然数概念进一步的认识。自然数概念的形成跨越整个小学阶段，以低年段序数和基数为基础，逐步赋予自然数其他意义，丰富数的学习的应用场景，这样的学习安排在多角度、多维度的学习情境中能加强数学与生活的联系，提高学生数学的应用意识和问题解决的能力。

从数学课程整合的视角来看，本教学内容主要可采用"学科间整合"的方式达成优化教学设计和实施的效能。因此，教材分析时将从以下三条路径展开：纵向——学习主题分析；横向——进行一纲多本的比较和分析；多向——从本教学内容相关的德育、信息素养的视角进行学科整合分析。

（1）纵向——学习主题梳理及分析

纵向分析沪教版教材的编排顺序，可以发现对于"自然数的认识"，教材安排了明线和暗线两条支线，穿插在整个小学学习阶段。从明线来看，从一年级"10以内的数"开始，结合生活中具体情境，借助学具操作，学生开始进行自然数概念的学习。随着内容难度的螺旋上升，自然数的区域也不断扩大到20以内、100以内、万以内，一直到生活中大数的认识。在整个学习过程中，引入实物图、百数图、位值图（表）、数射线等多种模型帮助学生从具体到抽象，加深对自然数的认识和理解。自然数的认识作为数学学习最基础的知识技能之一，这条明线很清晰地散布在各册教材中，详见表9-5：

表 9－5　"自然数的认识"单元属性规划表

单 元 规 划			
单元划分依据	☑ 课程标准　☐ 教材章节　☑ 知识结构		
课程内容模块	☑ 数与运算　☐ 方程与代数　☑ 图形与几何　☐ 数据整理与概率统计		
单元数量	6		
单元主题	单 元 名 称	主 要 内 容	课 时
自然数的认识	10 以内的数（一上）	10 以内数的认识	11
	20 以内的数以及加减法（一上）	20 以内数的认识	3
	100 以内数的认识（一下）	100 以内数的认识、认识人民币	8
	千以内数的认识与表达（二下）	千以内数的认识	8
	整理与提高（二下）	万以内数的认识	4
	数与量（四上）	大数的认识	5
数学学科素养及数学思想方法	☐ 数学运算　　☐ 几何直观　　☑ 数据分析 ☑ 具体到抽象　☑ 数学交流　　☑ 问题解决 ☑ 抽象　☑ 符号化　☐ 分类　☑ 集合　☑ 对应 ☐ 演绎　☑ 归纳　☑ 类比　☑ 转化　☑ 数形结合 ☐ 极限　☑ 模型　☐ 方程　☐ 函数　☑ 统计 ☐ 分析　☑ 综合　☑ 比较　☐ 假设　☐ 其他		

　　从这条明线上可见,学生已达到对自然数会数、会读和会写的目标。在此基础上,教材中通过一条暗线继续丰富学生从具体到抽象的学习过程,赋予自然数在生活中的多重意义,包括序数的角度、基数的角度、量的角度和代码的角度等,以达到对自然数概念的真正理解,形成了"自然数的认识""自然数的多重功能"的双线单元属性规划表,单元中"编码"教学内容在数学学科及跨学科整合的要点如下:

表 9－6　"自然数的认识""自然数的多重功能"双线单元属性规划表

单 元 规 划			
单元划分依据	☐ 课程标准　☐ 教材章节　☑ 知识结构		
课程内容模块	☑ 数与运算　☐ 方程与代数　☑ 图形与几何　☐ 数据整理与概率统计		
单元数量	6		

单元主题	单元名称	单元主题	内容视角
自然数的认识（明线）	10以内的数（一上） 20以内的数以及加减法（一上） 100以内数的认识（一下） 千以内数的认识与表达（二下） 整理与提高（二下） 数与量（四上）	自然数的多重功能（暗线）	序数的角度 基数的角度 量的角度 代码的角度（编码） 学科整合点：德育、信息科技等
数学学科素养及数学思想方法	☐数学运算　　☐几何直观　☑数据分析 ☑具体到抽象　☑数学交流　☑问题解决 ☑抽象　☑符号化　☐分类　☑集合　☑对应 ☐演绎　☑归纳　☑类比　☑转化　☐数形结合 ☐极限　☑模型　☐方程　☐函数　☐统计 ☑分析　☑综合　☑比较　☐假设　☐其他		

可见，自然数的多重功能这条暗线几乎囊括了"数的认识"学习中大部分内容，包括了计数的需要、问题解决的需要，等等。其中，数字编码能将自然数作为对象区分的标记加以应用，在数据分析的领域中具有特殊的价值。此外，与自然数的其他功能不同，数字编码作为一种数的呈现方式，这些数本身具有高度符号化的特点，其中蕴含了大量的数据、信息甚至是生活资料。学习中，需要了解编码的规则，透过数字表象，对其中蕴含的内容进行读取，这需要学生对编码的时代背景和意义有所认识，同时还需要具备一定程度的信息素养，因此这一学习素材不仅体现了数学抽象的特点，也是学科德育、学生信息科技能力培养的有效载体。

（2）横向——一纲多本教材比对分析

横向分析一纲多本下的各类教材的相关内容，可以发现我们所选取的八个版本的教材在引入部分、探究讨论、应用巩固等环节体现出共性，反映出具体到抽象、数据分析、数学交流等数学学科核心素养培育方面的规划与思考，以下作具体阐述：

＊引入部分——关注实际背景

在八个版本的教材中，除了浙江版教材是以课外阅读材料的形式呈现外，其余的七个版本均通过学生生活中熟悉的场景、事物来引入编码这一教学内容。其中，人教版、苏教版、冀教版、沪教版安排了邮政编码、身份证号的实例或对话式的配图引导学生对编码规则进行观察、思考和解读。北师大版和青岛版的教材借助虚拟化的问题情境——警长探案、比赛选手编码来进行学习引入。不同教材的设计思路虽有不同,但提供的内容中仍出现身份证、银行卡等贴近实际生活的素材,这样的处理方式有助于增添课堂的趣味性和挑战性。在这些教材中,西师大版在引入部分生活素材偏少,仅有邮政编码这一内容,其编者更强调学生自主探究寻找实例。由此可见,编码这一教学内容需要指向有意义的生活情境,让学生经历从具体到抽象的过程。

数学抽象是数学学科关键的核心素养,数的产生和发展都离不开数学抽象。现实生活中的数字编码隐含着数学规律,能让学生感受到符号化的数给日常生活带来的便捷。冀教版教材中安排了"小调查"活动,让学生运用这一方式去了解父母个人信息与身份证号之间的联系,这不仅能引起学生对生活中数的关注,还能了解不同数码表示相应的信息,体会其中的便捷性。因此,在教学中调用丰富的生活情境,让学生从具体实例开始学习,能提供学生自然数学习的支架,丰富自然数多重功能的现实意义。

＊探究部分——拓宽实践场所

生活中的编码随处可见,部分教材中详细呈现了诸如邮政编码、身份证号等一或两种编码的具体规则,如沪教版、北师大版、人教版等。另外,也有教材仅用对话式的配图简单呈现,如苏教版教材在主题图下安排了三个问题链后,教材只对身份证号的生日码段进行了说明。甚至青岛版教材在呈现问题链后,并未对任何生活中的编码规则进行介绍。

综上所述,编码这一教学内容在课堂中所能涉及的信息非常有限,对于数据的收集、资料的查阅、推理论证等多种学习活动,必须在课堂内外有效结合的方式下落实。所有版本的教材(不包括浙江版)都安排了寻找生活中编码实例的问题,沪教版教材明确指出需要使用网络搜索工具查询符合要求的邮政编码,因而拓宽这节课的实践场所,包括融入信息技术手段、实地走访等,都是学生在自主、合作探究时的必要方式。鉴于此,这一教学内容所具有的应用性、实践性和综合性的特点,也是进行学科间整合教学的重要抓手。

＊应用部分——倡导学以致用

通过比较(不包括浙江版),除了青岛版教材在引入环节即让学生进行自主编码的思考外,其余版本教材均在巩固提高部分安排了"自主编码"的问题情境,呈现出将生活问题与数学问题灵活转化,体验数学学习价值和学以致用的特点。其中西师大版教材中,安排了最为丰富的练习情境,和其他版本不同的是,其编者脱离了为学校学生编写学号的常规情境,设计了为三幢居民楼小区居民编写门牌号的问题情境,学生需要有目的地汲取有效信息,有步骤地进行探索,有设计地进行实践,这样的学习具有一定的挑战性和综合性,体现了数学与生活、与其他学科和数学内容不同领域之间的联系,需要综合多角度知识和经验来解决问题。这种具有跨学科性的问题情境也成为编码教学设计时重要的资料参考。

需要指出,在这些教材中,也有一些版本融入了编者独有的思考,给予教学设计新思路。青岛版教材提供了最为丰富的编码素材,如首次出现条形码素材、首次用编码表示个人的喜爱程度。由于冀教版教材相关内容安排在了六下,从知识的复杂程度上来说是最高的,其编者引导学生对生活中车牌增加字母进行编码、电话号码编码位数上升等问题进行思考,进一步拓展学习的外延,连接起大数据背景,具有时代性。当编码的教学设计能让学生感受到数字化的便利,也就找到了学生学习数据分析的生长点。

(二)学科间整合分析

1. 相关学科内容分析

＊本教学内容为学校德育渗透提供落脚点

在立德树人作为教育根本任务的大背景下,在落实学科核心素养的同时,也要注重对学生思想品德和综合素质进行引导,让数学课堂成为学生良好价值观形成的有力依托。通过对编码这一教学内容进行深入分析,从中挖掘出多元化的德育渗透策略。在身份证编码的地址码段学习中,学生对我国的国土和行政区划有一定的了解,即大致了解身份证编码中所蕴含的各类行政区域信息。放大这一学习素材,学生能紧紧围绕着个人、家庭、学校、家乡、国家和世界来学习,从中感受家乡文化,体会家乡发展。

进一步将区史的学习无痕地融入学习过程,引导学生关注城乡变迁,能进一步增强学生对国土、家乡的热爱。此外,在数字编码学习中,学生不仅能体会到数学给生活带来的便捷,还能看到五湖四海英才集聚大都市,体现出真正的上海的城市精神——海纳百川。

＊信息科技作为学习工具

生活中存在大量的编码,学生并不陌生。但对于相关编码编写规则的查找和探究就需要借助其他学科提供学习保障。根据《上海市小学信息科技学科教学基本要求(试验本)》,学生已经用 6 课时掌握了使用搜索引擎从网络中获取信息的能力。信息素养也是现代社会中高效地获取信息的重要能力,因此,对于本教学内容,我们会适当借助信息科技学科作为工具保障,提高学生自主学习的能力。

当然,有了信息技术支撑教学还远远不够,网络的原始数据往往杂乱无章,还需要有进一步阅读、分析和梳理的能力。阅读与表达能帮助学生检索关键信息并有效整理和沟通,从中提炼出有用的数学学习素材,这一学习设计既可以看成是学科间整合的案例,也可以作为一次融入数学交流的综合性学习活动。

2. 学科间关联点价值分析

预留充足的前置学习探究,引导学生主动收集生活中有关身份证号的编码信息,唤起学生学科间的知识联系。

学生虽具备一定的信息素养,但提取、整理信息的能力并不强。在道德与法治课中对我国行政区域划分有了初步了解,但鲜有真实生活中实际运用的经验。因此,本教学内容创设前置驱动问题"赵叔叔和李叔叔是同学,他们都出生在 1983 年,赵叔叔的户籍地址是丽园路 574 弄,李叔叔的户籍地址是丽园路 68 弄。两年前,赵叔叔的儿子小赵、李叔叔的女儿小李又恰好在同一年出生,孩子们的户口仍各自登记在原户籍地址。你知道赵叔叔和李叔叔的身份证号有什么异同吗? 那么小赵和小李的身份证号又有什么异同呢?"学生将会自动调用各类学习经验完成前置任务,在编码实例的辨析中厘清相关特征,潜移默化地创设出跨学科的学习情境。

3. 实现关联的具体方法

整合的关联点可以来自于充分收集学习材料后的思考。借助前置的学习探究方式,聚焦"身份证号"的研究,这一学习方式能使学生自动调用已有的信息技术和阅读与表达能力,自主地进行探究,为课堂学习提供丰富的学习材料。根据学生的已有经验,结合学科间整合对于学习场域扩展的特点,学生采集到的学习侧重点会有所不同,有人聚焦地址码段、有人聚焦生日码段,还有学生会对黄浦"撤二并一"的区史进行信息提取,这种整合各种生活资料的课前数据收集能充分激发课堂中跨学科的思维火花。

整合的关联点可以来自于课堂交互中的数学阅读与表达。课堂学习中有多个环节设计了质疑辨析,如地址码、生日码、性别码的异同。以上的问题来自于真实生活情境,这类因疑而问、因问而议的疑惑在课堂中继续借助阅读与表达来加以解决。这里的阅读可以是通过网络进行新素材的阅读,也可以是对教材进行的阅读,鼓励学生在分析理解的基础上,用可视化的方式进行数学交流。在这样的思辨研讨中,对编码特点、编写规则进行深层次理解,通过交流对审辩思维亦有促进作用。

整合的关联点可以来自于融入数学思考的知识运用。本教学内容聚焦数据分析,学生不仅要学会获取数据、读取数据和分析数据,更要感受生活中数字化的便利。编码的"有序、对应"等特点与其他知识整合,能够解决生活中的实际问题,为小区每一栋居民编码、为全区学生编学号,编码的社会性和实用性在开放空间中得到运用,学生的问题解决能力得到提高。

4. 核心素养培育的关注点

本节课与数学学科核心素养的连接点主要是具体到抽象、数据分析和数学交流。在数学交流中解读编码的特征、感悟编码优点,提高数学抽象能力,培养数据分析意识。

＊具体到抽象

整个学习离不开生活实例,每一个环节都需要紧紧依托真实场景中的应用,让学生体验数学来源于生活,逐步迈向自然数的多重功能。数字编码中强调学生的自主探索,让学生在实践过程中理解和掌握符号化的数学语言中蕴含的大量信息,以达到提取和理解相关内容的目的。借助不同的探索活动,不断创设问题情境,如比对身份证号的异同、争辩不同观点等,给予学生感悟抽象数学对象的学习体验。这一教学内容丰富了学生对数的感知,也加强了学生对于数学抽象的理解。

＊数据分析

体会数据中蕴含的信息是数学核心素养——数据分析的一个维度。编码中蕴含着大量的信息,这节课学生可以借助已有的信息技术手段去寻找这些编码背后的秘密,这样安排的优点是在纷繁复杂的现实背景中,培养学生收集数据、通过分析做出正确判断的能力。对于身份证号中顺序码、校验码等内容,学生极易发生概念迷思,但如果不经历这样的过程而是直接告知,学生未来就很难主动地对身边的数据进行提取、分析。数据分析是建立在有效的信息获得的基础上,因此必须明确正确理解数据背后的信息对促进学生发展的重要作用。当学生看到这些编码背后的规律时,才能进一步感受到编码运用的实际价值。

＊数学交流

编码在日常生活中存在多种用途,运用广泛。本教学内容中安排大量的学生体验环节,包括网络收集数据、阅读文本、合作分享、全班交流等形式,以达到让学生探索并理解相关编码的特征。学习中数学交流贯穿整个过程,从前置驱动任务的数学交流中,学生对地址码是否相同产生争辩,到解读身份证编码的最后一个环节——校验码是怎么产生的,学生不断经历"猜想—验证—总结"的数学交流过程,引导其不断思考寻找什么信息条件解决这一猜想,要验证这一猜想必须有哪些信息数据的支撑,这其实就是融入推理的数学交流。通过这样的学习方式,落实探究环节,有效培养学生基本的数学思维方式。

（三）学生学习整合分析

1.学习基础

通过上述学科间的整合分析,可以看到,学生已经积累了通过信息技术查找资料的经验和技能,但筛选信息的能力还偏弱。在学校德育、道德与法治课等学习中,学生能对我国的行政区域划分、城市历史变迁有所了解。此外,学生对生活中的编码也不陌生,无论是邮政编码、身份证号都在日常生活中有所接触。

＊数学知识技能基础

学生对于"自然数"的学习已经有了大量的学习经验,具体来说,已涉及包括"基数"、"序数"等多个内容的认识,本教学内容是学生第一次从数字"代码"的角度对"自然数"进行再认识。

＊数学思想方法基础

学生从低年段开始,借助实物与直观图认识数,并经历从抽象到数的过程,因此他们对数形结合、符号化、抽象、对应等数学思想比较熟悉,但从具体到抽象的过程仍是学习的难点。对于分析、比较的思想方法虽然涉及不多,但概念学习时也是常会渗透的方法。可见,这些思想方法学生已有一定的基础。但统计的思想方法,特别是本教学内容中的编码思想,学生是第一次接触,考虑到自然数被作为标记运用,具有一定的抽象性,因此学习中必须加入丰富的生活素材,加强学生的体验和感悟。

2. 认知特点

五年级的学生正处具体运算阶段,该阶段虽然可以着眼于抽象概念,但思维活动仍需具体内容支持。同时,这一阶段恰是迈向形式运算阶段的过渡时期,因此学生会显现出差异性较大、两极分化的学习状态。对于较为抽象的编码概念,需要从以下两点调整教学设计:其一,加强各个环节与生活的联系,给予学生思维的桥梁;其二,放大各个环节的探究过程和生生互动环节,引导学生在数学交流中进行概念理解和学习反思。

同时,对于现实问题的解决,学生是缺乏相关经验的。五年级的学生停留在使用学科知识来解决问题的水平上,也就是说他们仍擅长用单纯的学科知识解决单一学科情境问题。对于裸情境下,调用多学科知识、运用跨学科能力解决问题还缺乏相关策略。因此设计相关驱动问题时,要将可操作性纳入考虑范围,让学生能借助一定的工具,在给定的场所中解决综合性问题,这样才能保证课堂设计的质量。

3. 困惑迷思

编码具有社会性,但学生很难同时唤起跨学科的知识联结,对于行政地理划分和现实背景下黄浦区"撤二建一"的信息,学生会感觉比较陌生。学习中,需注意放大这一数学交流过程,必要时引入对"310101"和"310103"的辨析和联想,激发学生对编码的现实意义的思考。

此外,编码具有简明、有序、对应的优化效能。在实际运用过程中,学生容易忽略"有序"这一特点,因此可以加入探究研讨的方式对自主编码环节进行设计并予以落实,这样既提供给学生一次数学交流、论争的机会,也能使他们进一步体会好的编码在生活中的便捷,一举两得。

二、教学目标整合设计

1. 知道编码的基本特点,了解编码的唯一性;能正确解决身份证号的编写规则;能根据实际情境编写数字编码,以反映编码简明、有序、对应的优化效能,体会数字化的便利。

2. 借助信息化手段,了解身份证号的编写规则,培养数据分析能力;能在个体自主阅读和小组交流合作中主动有序观察、分类比较、合理推测,在比对、练习中提高阅读和表达能力。

3. 体验数字编码与现实生活的密切联系,主动将编码应用与德育学习相结合,渗透爱国主义教育;充分运用学习资源,在数学交流中提高问题解决能力。

三、教学重、难点

【教学重点】

读懂常用编码(身份证号)所对应的信息及编写规则。

【教学难点】

根据实际情况辨析编码规则设定的缘由。

四、教学过程整合设计

教学环节	设计活动、设计意图	整合要点	评价观测点
【环节一】调查走访(整合少先队活动课课时)	前置驱动任务: 赵叔叔和李叔叔是同学,他们都出生在1983年,赵叔叔的户籍地址是丽园路574弄,李叔叔的户籍地址是丽园路68弄。 两年前,赵叔叔的儿子小赵、李叔叔的女儿小李又恰好在同一年出生,孩子们的户口仍各自登记在原户籍地址。你知道赵叔叔和李叔叔的身份证号有什么异同吗?那么小赵和小李的身份证号又有什么异同呢? 1. 实地走访,了解什么是户籍地址,户籍地址在哪里。 2. 收集身份证号码,了解异同。 3. 小组梳理,分享交流。 4. 针对学生的不同意见,进行讨论和辨析。 【设计意图】从熟悉的编码入手,引导学生在大量实例中初步感悟编码的编写规则,同时引导学生以小组为单位对不确定的信息进行交流和讨论。	借鉴冀教版教材中的开放学习——"小调查",借助信息技术收集学习资料,整合其他学科课时,丰富学习实践活动。	1. 能有理有据地阐明原因。 2. 基本了解身份证号的编码规则。

（续表）

教学环节	设计活动、设计意图	整合要点	评价观测点
【环节二】 解读编码—— 身份证号中的 地址码、生日码	1. 学生以小组合作的形式将身份证号进行排序、分类、比较，进一步探究"地址信息"。 2. 质疑：有人认为身份证号的第5、6位相同，有人认为不相同，为什么？ 3. 继续通过阅读，探究第1—6位所表示的含义。 4. 通过信息手段，了解2011年黄浦区的"撤二建一"规划。 5. 讨论：赵叔叔和李叔叔的地址码段是相同的还是不同的？ 6. 讨论：小赵和小李的地址码段是相同的还是不同的？ 7. 教师、学生合作小结。 8. 自学教材，通过阅读和表达探究"生日信息"。 【设计意图】在数学交流中进行方法点击，感悟排序、分类、比较阅读等方法的运用，在过程中了解编码的编写规则。继续整合信息技术手段，有效促进学生的学习生成，了解身份证号中地址码的含义，加深对我国行政区域划分的认识。	借助信息技术，了解上海行政区域变迁的历程，增添学习中的人文要素。	1. 清晰表达自己观点，具有审辩性思维。 2. 从阅读中获取有用信息，论证自己观点。
【环节三】 解读编码—— 身份证号中的 "顺序码"	1. 阅读教材，寻找学习资源。 2. 比对赵叔叔、李叔叔、小赵和小李四组身份证信息。 3. 学生独立小结。 【设计说明】通过阅读教材内容找寻资源的方式，从文字信息阅读及框架标识信息的阅读中，进行信息互补，加强文字语言、符号语言的转化理解。借助多个具有现实意义的身份证号码信息资源，对学生学习需求进行辨析和补充。	放大数学交流，提取数学关键数据进行理性表述。	1. 能阐明信息背后的数学信息。 2. 体悟大数据环境下编码唯一性的重要意义。
【环节四】 解读编码—— 身份证号中的 "校验码"	1. 用标识的方式自学教材。 2. 分享：微视频故事——一位小男生关于"校验码"的质疑与书本修改建议的故事。 3. 游戏：用Flash软件验证校验码非随机产生。 4. 质疑：计算结果10，为何用罗马数字X表示。 【设计说明】通过回顾一位学生对"校验码"的质疑及教材修改建议的真实故事，培养学生求真务实的探究精神，了解校验码对编码的保障作用，进一步体会编码的科学性。		1. 能具有批判性思维。 2. 学习过程能有严谨的态度。

（续表）

教学环节	设计活动、设计意图	整合要点	评价观测点
【环节五】生活中的编码（整合道德与法治课课时）	1. 收集生活中的编码。 2. 交流生活中的编码，并讨论编码的好处。 3. 在交流分享中，说一说编码给我们的生活带来了哪些改变。 4. 畅享在未来生活中，编码还能发挥怎样的重要作用？ 【设计说明】提炼编码的特征——有序、简明、对应。体会编码的优点——合理、有效、统一。结合生活中的亲身体会，感悟科技给生活带来的变化。	渗透德育，通过编码的便利性，体会科技改变生活，进行爱国主义教育。	1. 能结合生活实际，说出数学在生活中的应用。 2. 体验到数学的应用价值。

五、板书设计

编码

特点：有序

简明

对应

六、作业整合设计

（一）作业目标

作业目标具体描述	对应教学目标	对应作业内容
用编码解决简单问题	1、2	作业 1
运用编码解决实际问题	2 、3	作业 2
体会编码与生活的密切联系	3	作业 3

（二）作业内容

1. 根据实际情况及需求，设定编码规定——包括码段及位数，并说明理由。

请为小区楼栋的每一户编码

小区楼栋信息：

A 栋、B 栋两栋为高层，楼高 24 层，每层住户 12 户

C 栋、D 栋两栋为小高层，楼高 8 层，每层住户 6 户

A栋24楼的第5户,可以用编码(　　　　　　　)表示。

【作业检测要点】引导学生进行编码,在运用中夯实数学知识,再一次体会编码的优点,提高数学的应用意识。

2. 查找资料,并设计编码系统。

你知道黄浦区区内有两所"第一中心小学"吗?你能通过编码,为区内这两所"第一中心小学"的学生编个学号吗?
你知道上海一共有几所"第一中心小学"吗?你能为上海市所有"第一中心小学"的学生制定学号的编码系统吗?

【作业检测要点】结合现实情境,将编码系统的设计与时事相结合、与社会相结合,编码的制定过程中需要对运用的现实意义、设计的优化思考和成果的清晰表达进行多角度的考量。学生仍需上网收集信息,继续整合信息技术手段完成这一作业,在更为复杂的编码系统制定中,有效促进学生进行知识的深度思考和灵活应用,感悟在大数据背景下编码作为数据的标记所具有的重要价值,增强数学符号意识。

3. 学校旁边的制造局路是一条历史悠久的老路,在制造局路两旁的居民楼里,寻找一户人家进行采访,记录他的个人信息并了解"他"和制造局路的故事吧!

最后将你的采访稿进行整理,撰写一篇500字的人物专访稿件。

【作业检测要点】通过作业评价,继续打破学习时空的局限,以拓展作业的形式融入多学科的评价要点。以学校边两区"撤二建一"前的分界制造局路为载体,学生通过采访,了解真实世界中的人和物,将编码知识与实际生活紧密相连,看到大城市日新月异的变化,了解城市发展对人民生活品质的影响。在完成作业中,学生能收获编码应用的活动经验,也能感受到抽象的数字背后蕴藏的温情。这一作业巧妙利用身边素材,扩大了作业内涵,凸显学科间的整合特征。

案例四：跨出"眼前"，豁然开朗！

❀ 案例背景 ❀

"不规则物体的体积"属于沪教版五年级第二学期第四单元"体积与容积"中的学习内容。"体积与容积"中的学习内容与"现实问题"相关性高，并且《上海市小学数学学科五年级教学基本要求》中也提出了具体的学习要求："能运用长方体、正方体体积（容积）等有关知识解决简单的实际问题。"由于"不规则物体的体积"与现实联系紧密，因此把这一学习内容作为"学科间整合"的实践案例，从横向领域分析一纲多本教材，整合学习素材、整合分析相关学科内容，获得学科间整合链接点，成为名师工作室的一个探索实践点。

❀ 情景还原 ❀

情景 1：原来都有啊！

"'题组'是关键，好的题组一定能实现整体大于部分之和，1＋1＞2 的效果……"发言者是对《不规则物体的体积》这一内容进行探索的夏老师。夏老师认为由于沪教版教材中提供的素材相对较少，因此设计一系列有层次、有梯度的"题组"来丰富内容，实现层层递进是本节课让学生收获更大的关键，由此设计了如下"题组"。（如下表 9-7）。

表 9-7　《不规则物体的体积》题组设计

例　　题	设计说明
1. 如何测量及计算一个不规则物体（金鱼）的体积？	独立思考＋动画演示，学生初步认识小鱼的体积转化为上升水的体积。
2. 右图中珊瑚石的体积是_____立方厘米。	对比小鱼问题和珊瑚问题，将转化思想概括出来。（都把不规则物体的体积转化成了上升水的体积）

（续表）

例　　　题	设计说明
3. 一个长方体形状的铁块,它的底面是正方形,正方形边长是 2 分米,高是2.5分米。如果将这个铁块放入下面有水的正方体容器中(如图所示),那么现在容器中的水深是多少分米?	变式(1):逆向思考(将铁块的体积转化为上升水的体积),通过铁块的体积求水深。
4. 将一个小球放入水缸,小球的一半浸没在水中,放入小球后水位上升 1 厘米,水缸规格如下,小球的体积是多少立方厘米?	变式(2):非沉入水底情况。独立尝试＋动画演示,学生认识半个球的体积转化为上升水的体积。
5. 在一个底面长是 5 分米,宽 4 分米,高是 3 分米的长方体容器中注入 2 分米深的水,把一个长是 4 分米,宽是 4 分米,高是 1 分米的长方体铁块平放在容器中,使其一面紧贴容器的底部,这时水面上升了多少厘米?	变式(3):首先分析两种情况(完全浸没和部分浸入),然后主要解决部分浸入问题。

　　通过系列问题实现"整体大于部分之和"的观点得到了大家的认可,然而在"问题的设计"上大家产生了争议。讨论过程中老师们提出了一系列问题:

　　"例 1 和例 2,小鱼和珊瑚有重复。学生在新授课以及平时练习中,对于排水法比较熟悉,无须反复练习基础内容。而且最后那题似乎太难。"章老师说道。

　　"像这样的题组,仅仅是难度有层次,感觉就像是一节操练习题的'操练课',恐怕学生很难提起兴趣吧。"施老师谈道。

　　"我们沪教版教科书中出现了'量杯'测量,为何课程设计里没有与量杯相关的问题?"陈老师追问着。

　　"那个木球的题目很有意思,怎么想到的呀?"刘老师问道。

　　老师们或从题组的整体设计,或从题目细节上提出了问题。夏老师在回应过程中也反思了题组设计中的层次性问题,并且也认识到,学生看似在解决各类实际问题,实则就是在"做题",情境的现实性太低,难以激发孩子的积极性。同时也解释了自己的两个思考:"之所以不用量杯测量,是因为量杯测量太简单,学生都会。木球那个问题是从数学报里找来的,感觉很有思考价值。"

根据大家的问题,结合夏老师的反思与回答,老师们认为目前"问题该怎么设计?"是今天需要讨论的核心问题。于是,针对这个核心问题,老师们进入了下一步的头脑风暴环节。经过了一系列的讨论,老师们提出了各种方案与建议,其中有两条建议得到了大家的认可。

孙老师提出:"在题组中,如果仅仅是每一道题目难度的提高,学生的受益或许有限。所以题目未必要难,如果在一组题目里隐藏着一条'数学思想'的线,让学生在解决一组问题的过程中感悟到数学思想,价值会更大,在这里'转化'思想非常适合。"

宋老师提出:"木球是对求不规则物体体积问题的一种变式,可以设计一个小弹珠的环节,由于弹珠的体积特别小,需要学生全面地、综合地考虑问题,也是一种变式。"

在研讨的最后,虞老师提出了一个问题以及一个建议:"量杯到底用不用,根据本节课的数学思想、素养导向的主线再去思考。"此外"去查阅一下其他版本的教材进行对比,可能更有收获。"带着老师们和导师给的建议,结合自己的反思,夏老师重新设计了问题链。

(2周后)

在新的一轮研讨中夏老师一来就感叹道:"原来都有啊! 真是恍然大悟,之前我们苦思冥想才想出的土豆、弹珠、木球等物体,各版本教材中都有原型。"老师们看了分析对比后,也深有感触,都体会到了一纲多本教材分析的价值。

表 9-8　《不规则物体的体积》不同版本教材的梳理(一)

	人教版	沪教版	北师大版	冀教版	青岛版五四制	苏教版	西师大版	浙教版
体积较小的物体			测量黄豆 一粒黄豆放入水中,不好捉出水面的变化,怎么办?	测量小钢珠	测量小橡皮 一块橡皮的体积是五立厘米。			
浮于水面的物体			浮于水面的物体					

　　"经过分析,我发现原本以为不重要的量杯测量是必要的,所有版本的教材都用到了量杯测量,并且在分析中我发现,量杯测量的本质和转化测量的本质其实是一样的,都用到了转化思想。因此,转化思想作为本节课的思想主线是可行的。"夏老师说道。通过对一纲多本教材的对比与分析,夏老师认识到量杯测量在本节课中的重要性,以及转化思想在本节课中的价值。老师们也都肯定地点头。

表 9–9　《不规则物体的体积》不同版本教材的梳理(二)

	沪教版	北师大版	人教版	冀教版	青岛版五四制	苏教版	西师大版	浙教版
量具测量	都出示了用量筒或者量杯作为测量工具,通过量具测量,读取前后两次水面所对应的刻度,由数据差转化得到不规则形体的体积大小。							
转化测量	/	呈现了把物体投入盛水的规则容器中(长方体等),通过媒介的流体特性,把不规则形体的体积转化为规则容器中对应水面上升高度的那部分水的体积。						

　　"通过教材的对比分析,我还有一个新发现,请看。"夏老师很有自信地说道,"各版本的教材由于选择的测量对象不同,他们用的测量方法也有所不同,分别是从测量对象、媒介、容器、辅助手段四个角度思考,这种系统化的思考方式,是否可以作为我们一个新的教学目标?"

表 9–10　《不规则物体的体积》不同版本教材的梳理(三)

	人教版	北师大版	沪教版	冀教版	青岛版五四制	苏教版	西师大版	浙教版
测量对象	珊瑚石块	石块	土豆	土豆	西红柿	鹅卵石	土豆	珊瑚玻璃球石块鱼
容器	长方体	长方体	圆柱体	圆柱体	长方体	长方体	圆柱体	长方体圆柱体
媒介	水	水	水	水	水、沙	水	水	水
辅助手段	/	木棒	/	/	/	/	/	/

　　老师们也都眼前一亮,普遍认为这确实是有思考价值的,不过需要在教学环节上进行有效设计,来实现学生系统化的思考。

最终,研讨确定了"问题组",放弃了原本高难度的题目,用看似简单的三个问题替代。"土豆、小弹珠、木球的体积分别怎么求?"这些物体各有不同,而在解决问题时,有一点始终不变,那就是转化思想。一道难题能帮孩子解决一个问题,一种数学思想的感悟能帮孩子解决一类问题,并且在学生尝试解决"弹珠、木球"问题时,提供小组合作的"学习单",通过"学习单"引导学生构建系统化思考。

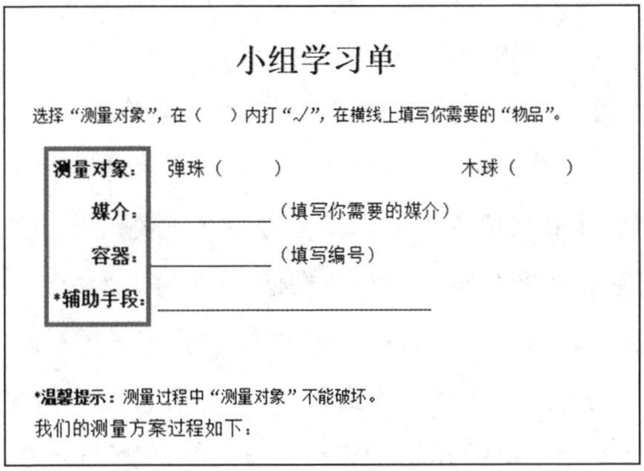

小组学习单

选择"测量对象",在(　　)内打"√",在横线上填写你需要的"物品"。

测量对象: 弹珠(　　)	木球(　　)
媒介: _____ (填写你需要的媒介)	
容器: _____ (填写编号)	
***辅助手段:** _____	

***温馨提示:** 测量过程中"测量对象"不能破坏。

我们的测量方案过程如下:

图 9-2　《不规则物体的体积》小组学习单

启示

数学课程的"整合观"倡导以大单元的视角审视课程学习的内容,凸显学科素养的提升、思想方法的感悟。在教学内容与问题的设计中可以整合思考一纲多本教材中的学习素材,采集最贴近学生生活的教学内容与实施方法。"不规则物体的体积"这节课通过一纲多本的教材分析,获得了丰富的学习素材(土豆、弹珠、木球),并且在分析教材共性的过程中提炼出"转化思想"以及"系统化思考"的思维方式,有助于教师完善教学设计内容,从而促进学生思维的有效发展。

情景 2:整合之"前"与"后"

关于大家所感兴趣的松木球问题,夏老师接着分析道:"关于这个直径 9 cm 的松木球,学生一定会认为它浮在水上,不能直接测量,学生有这样的经验,因此没有必要给学生演示木球放入水中后的情况。"

"这可不一定吧！不同材质的木头密度也会不同，有不少密度大的木头是不会浮在水上的，因此学生回答的情况还不一定，需要演示。"陈老师提出。对于这个问题，老师们之间产生了分歧，因此在环节设计上产生了争议。

"关于这个问题，我们也不要妄下断论，在小学自然教材中应该有与'沉与浮'相关的内容，跨学科了解下、分析下，再结合孩子们的生活经验，判断会更加准确。"导师虞老师给我们提出了这样的建议。

又一个问题接踵而至，秦老师问道："通过题目中给的数据计算土豆的体积、通过数据计算一颗小弹珠的体积、通过数据计算一个木球的体积……本节课每一个环节都包含计算，在我们这节课里计算真的那么重要吗？如果把计算的环节去掉，把时间和空间更多地留给转化思想的感悟，这样可行吗？"

一石激起千层浪，这个问题引发了大家激烈的讨论。通过头脑风暴，老师们达成共识，降低计算含量，给学生创造更多探究的空间。此时，导师虞老师又提出一个问题："除了自然学科中的部分内容和我们这节课紧密相连以外，想一想还有什么内容与我们今天学的知识密切相关？"老师们陷入了思考。

"是初中浮力计算中的 $V_{排}$。"严老师第一个作出反应。"对，究竟把计算放在什么位置我们同样不要妄下定论，整合分析一下初中物理中关于 $V_{排}$ 的相关内容，或许会有启发。"虞老师说道。

明晰了两个探究任务，夏老师进行了自然与物理学科的相关教材分析。

（数日后）

夏老师带来了他的分析：沪科版小学自然从二年级到四年级共经历 8 课时学习，学生从初步认识沉浮现象（常见物体的沉与浮），再认识沉浮现象背后是浮力起的作用，而容器中的液体的某些特性，以及投入容器中的物体的特性会影响物体沉浮，通过对它们进行适当改变可以实现沉与浮的转化，例如在水中加足够的盐可以让沉入水底的鸡蛋浮起来，其中物体和溶液的哪项具体特性会影响沉与浮在小学自然中并没有揭示。小学自然对浮力的认识主要通过观察、操作、实验等方法直观认识沉浮现象，并积累相关活动经验。

基于以上分析，夏老师提出："基于生活经验进行思考的孩子，通常认为木球会浮起来，然而由于学生在自然学科中主要通过直观感受认识沉浮现象，因此当学生实际拿到直径 9 cm 的木球时,木球在手中沉甸甸的感受会让部分孩子认为木球会沉入水底。"因此,夏老师得出的结论是,对于木球的沉浮情况,孩子们会产生分歧,需要操作演示。基于生活经验以及自然学科的学习内容的分析,得到了大家的认可。并且,在现实课堂中学生也确实对木球的沉与浮产生了分歧。

此外,夏老师还分析了初中物理教材中浮力的相关内容。沪教版物理九年级上第六章《浮力》中第四节《阿基米德原理》引用阿基米德在《浮体论》中的总结"当物体全部或部分浸没在液体中时,它会受到向上的浮力,浮力的大小等于它所排开这部分液体所受的重力的大小。"也就是 $F_浮 = \rho_液 V_排 g$。其中 ρ(密度)和 g(重力)分别会在八年级第一学期和九年级第一学期学习。由于浮力所涉及的概念较多,并且综合性强,对初中生依旧存在不小的难度,并且浮力的相关运用更是难点。而基于 $F_浮 = \rho_液 V_排 g$ 的浮力计算公式可以发现,g 和 $\rho_液$ 一般不变,所以在现实运用中往往是通过 $V_排$ 的变化来解决问题,因此对 $V_排$ 的深刻理解是学习浮力的关键环节。

通过分析,夏老师认为:"本节课应该着重放在学生对 $V_排$ 的理解上,在理解 $V_排$ 的过程中感悟转化思想。此外,还需要让学生体验探究并获得某些物体(如木球)$V_排$ 的过程,体验系统化思维。"因此,我们这节课对 $V_排$ 的理解将为物理学科研究浮力奠定基础。

导师虞老师听完分析问道:"分析完自然和物理的教材后,有什么感觉呀?""原本模棱两可的想法,得到了现实的支持,几个环节的设计有了依据,更有底气了。"夏老师答道。

🔘 启示

"课程整合"并非为了整合而整合,整合是为了挖掘知识背后所蕴含的、可以通过跨学科知识链接而产生的学习价值。通过整合可以打通知识脉络,通过整合的思维可以认清学习内容背后的深层价值,明确教学的目标。本案例为学科间的拓展链接,向前整合追溯到自然学科的相关内容,明晰学生的学习起点,向后整合延伸到后续物理学习的相关生长点,跨越学科的壁垒,从素养的角度体现学习的价值。

情景3：可以有这样的课堂评价！

（课堂实施之后）

"你真棒、你说得很好、非常棒、你真会思考……今天这节课上小朋友的回答中有不少精彩之处,而老师的评价就这么几句,感觉评价少了点什么……"听完试教的刘老师蹙着眉头说道。

"我跟刘老师有一样的感觉,评价的语言需要设计一下,基于目标用更丰富、更有层次的评价语,可以触发学生真实学习的发生。"温老师接着说道。

"我也知道课堂评价是很重要的,不过我还是有一些困惑的。"夏老师提出了自己的几个困惑：

（1）一节课的关键应该在"教"上、"学"上、还是"评"上？课堂评价有什么作用？锦上添花还是不可或缺？

（2）课堂即时评价是面对孩子生成性的问题的,老师需要随机应变,可以预设吗？

围绕着夏老师的困惑,大家聊开了……

孙老师说："我们往往会看到评价在课堂中的激励作用,而忽略了评价的另一个作用,那就是'导向'作用。基于教学目标的评价可以引导学生聚焦探讨,围绕目标重点展开有效学习。"

陈老师补充道："基于教学任务分析,我们从学科本质和学生学习精准分析的视角来设置教学目标,目标中已经有了知识技能、过程方法和情感态度价值观等维度的'教'与'学'的达成要求。在整合的视角下,还有着素养导向下的具体目标达成要求,如果带着目标意识来点评,绝对会促进学生素养的提升。"

"我们是否可以给予学生一定的学习空间,评价的方式更多样,把评价交给学生的同伴们呢？如'你们觉得他刚才的表现好不好？好在哪里？'让同伴之间进行评价,效果可能会更好。"温老师接着说。

施老师对于夏老师的第二个疑问提出了自己的观点："课堂评价确实应该顺应学生的生成,但充分的学习任务分析,可以对生成有一部分的预设准备,如果出现在预设之外的生成,我们完全可以通过延迟评价,把更多的空间留给孩子,师生共同参与研讨,这才是真正的学习过程。"

一旁微笑着听着大家发言的虞老师做了总结:"通过教学任务分析,我们厘清了教学目标,教学目标是一个指引,既是我们教师的'教'需要达成的目标,也是学生的'学'需要达成的目标,同时一个好的教学目标可以转化为评价目标,在课堂教学中'教—学—评'是融合在一起的,这也是一种整合的思考。小夏能不能带着这样的思考,再试一下呢?"

(数日后)

新的教学设计,将"教—学—评"整合设计,在教学环节设计稿的最右列增加了课堂即时评价"评价观测点"设计,回应着教学目标。小夏变革教学方式后的课堂,再一次成为大家观摩分析的对象。

环节一:

生:这个量杯太大了,水放进去后上升的水很少,都看不出来了。

师:"我发现我们的小朋友特别会想象哦,大家能想象吗?"

环节二:

师:"今天我们从哪些角度思考弹珠和木球的,不看板书看看谁能一口气回忆起来?"

生:"测量对象、媒介、容器、辅助手段。"

师:"谢谢,今天你肯定听讲、吸纳得特别认真!"

大家谈道:其中环节一的评价改变了原来的评价"很好",引导学生们发现"想象"很重要。环节二"今天你肯定听讲、吸纳得特别认真"代替了原来的"你真棒",激励孩子的同时传递了情感、态度、价值观。而且环节二中,给予学生更多的空间,通过生生之间的评价,提升学生的课堂参与度和积极性,使学生对问题本质的理解更加清晰。

环节三:

生1:"直接把木球放到水里就能测量体积了。"

师:"谁有意见?"

生2:"木球会浮起来,要用一根手指把木球按下去。"

师:"谁有想法?"

生3:"手进入水的部分也会让水上升,就不准了。"

师:"他问你,怎么办?"

生2："大约放四分之一的水。"

生4："但是木球没有完全浸入水里，测出来也不对。"

师："怎么办？"

生2："用一根吸管之类的很小的东西，把木球按下去。"

师："你们觉得这位同学(生2)今天的表现怎么样？"

生："很好，想了好几种方法。"

师："我相信同学们还能想到各种方法，刚才那位同学有一点非常棒，一直在思考，一直在改进，从手指按进去，到水放少一点，最后她说，我手指按进去误差大，我用一个很细很细的吸管把它戳下去，误差就很小了，非常棒。"

大家发现：环节三中对于学生们的回答，老师都没有主动评价，而是把评价的机会交给学生，"谁有意见？""谁有想法？""他问你，怎么办？""你们觉得这位同学(生2)今天的表现怎么样？"延迟评价，提高学生的参与度，引导学生在积极参与评价交流的过程中对问题产生更深刻的认识。而在学生充分发表意见的基础上，老师通过还原学生思辨的过程，有效促进了学生在同伴的身上汲取有效学习的经验，发展批判性思维。

环节四：

师："一颗弹珠放到量杯里，水面上升的太少了，测不出来怎么办？"

生："多放一些弹珠，放10颗。"

师："刚才那个女生虽然没有举手，但从那个女生的眼神里看出她是会的，她真的给我们想出办法，放多一点的弹珠。"

师："刚才从容器的角度思考，想到用小量杯的同学很棒，我很欣赏。然而，后来又举手，又想到第二种方法的同学，我更欣赏，知道为什么吗？因为，那些小朋友他们的思维不受局限，她们不仅仅能从容器的角度思考，还能跳出来，从测量对象的角度思考，多放一些，厉害厉害。"

大家还关注到了这样一个细节："刚才那个女生虽然没有举手，但从那个女生的眼神里看出她是会的，她真的给我们想出办法，放多一点的弹珠。"当"教—学—评"融合的思考在夏老师的心里发生认同时，"心中有目标，眼中有学生"的理念得以践行，教师教学方式的变革才真正促进了学生真实学习的发生。

> **启示**
>
> 　　"教—学—评"是一个整体,需要整合设计,评价不是简单的好与坏的判断,而是引导学生思辨学习的过程。在整合教学中,把教学任务分析作为基础,在精准的分析之下设置教学目标,目标中的素养导向引领教师从数学学习价值的视角进一步深入教学实施的深层次思考。因此,在教学设计中,基于教学目标可以整合设计评价观测点;在教学实施中,通过"教—学—评"一致的实施方式,给予学生更多的空间与时间,在思辨、探索中促发其真实学习的发生,提升"教"与"学"的品质。

(案例提供:夏添)

【附录:学科间整合案例之教学设计】

不规则物体的体积

(第三课时)

宝山区第二中心小学　夏添

一、学习任务整合分析

(一)学习内容整合分析

1. 课标要求分析

本教学内容属于"图形的测量"主题,对应《义务教育数学课程标准》(2011版)中的"图形与几何"版块,课标中的相应目标有:

(1)探索一些图形的大小,掌握测量的基本方法。

(2)会独立思考,体会一些数学的基本思想。

(3)能回顾解决问题的过程,初步判断结果的合理性。

(4)愿意了解社会生活中与数学相关的信息,主动参与数学学习活动;在他人的鼓励和引导下,体验克服困难、解决问题的过程,相信自己能够学好数学;在运用数学知识和方法解决问题的过程中,认识数学的价值。

课标中的对应内容标准为:

(1)结合具体情境,探索并掌握长方体、正方体、圆柱的体积和表面积以及圆锥体积的计算方法,探索并掌握长方体、正方体、圆柱的体积和表面积以及圆锥体积的计算方法,并能解决简单的实际问题。

(2)体验某些实物(如土豆等)体积的测量方法。

本教学内容在《上海市小学数学学科五年级教学基本要求》中对应的学习要求有:

能运用长方体、正方体体积(容积)等有关知识解决简单的实际问题,并从中发展空间观念。

2. 学习主题分析

本教学内容属于沪教版五年级第二学期第四单元《体积与容积》,隶属于课程标准中"图形与几何"领域,该领域包括了"图形的认识"、"测量"、"图形的运动"、"图形与位置"四个版块内容。本教学内容的重点是"图形(形体)的测量"。由于测量是从人类的生产和生活实际需要中产生的,所以学习图形(形体)测量时可以从真实需求出发解决实际的问题。同时,测量作为一种操作活动,过程中测量对象的物理化学等属性、度量单位的选择、测量工具及方法等的选择,都可能对测量结果造成影响。因此,可以引导学生经历对测量过程的规划思考和按计划实践操作的过程,积累测量方法和测量活动的经验。

从课程整合的视角来看,本教学内容主要可采用"学科间整合"的方式达成优化教学设计和实施的效能。因此,教材分析时将从以下三条路径展开:纵向——学习主题分析;横向——进行一纲多本的比较和分析;多向——以本教学内容相关的物理、自然、数学等学科融合的视角进行学科整合分析。

(1)纵向——学习主题梳理及分析

纵向分析沪教版教材的编排顺序,"体积与容积"是整个小学阶段"测量"主题最后一个教学内容。此前,学生对于测量已经有了相对丰富的知识基础和操作经验,为本教学内容奠定了知识基础。(详见下表9-11)

表 9 - 11　"测量"单元属性规划表

单 元 规 划			
单元划分依据	☑ 课程标准　☐ 教材章节　☑ 知识结构		
课程内容模块	☐ 数与运算　☐ 方程与代数　☑ 图形与几何 ☐ 数据整理与概率统计		
单元数量	6		
单元主题	单元名称	主 要 内 容	课　时
测　量	几何小实践 （一下）	长度比较	1
		度量	2
		线段	2
	几何小实践 （三上）	千米的认识	2
		米与厘米	1
		分米的认识	1
		面积	2
		长方形、正方形的面积	2
		平方米	1
	复习与提高 （三下）	平方分米	1
		组合图形的面积	3
	几何小实践 （三下）	周长	2
		长方形和正方形周长	2
	几何小实践 （五上）	平行四边形面积	2
		三角形面积	2
		梯形面积	2
		组合图形的面积	2
	几何小实践 （五下）	体积	1
		立方厘米、立方分米、立方米	3
		长方体与正方体的体积	3
		组合体的体积	2
		长方体与正方体的表面积	2
		体积与容积（不规则物体的体积） 学科整合点：小学自然、中学物理	3(1)

（续表）

	单 元 规 划
重点渗透的 数学思想方法	☑ 数学运算　　☑ 几何直观　　☐ 数据分析 ☑ 具体到抽象　☑ 数学交流　　☑ 问题解决 ☐ 符号化　☐ 分类　☐ 集合　☐ 对应 ☐ 演绎　　☑ 归纳　☑ 类比　☑ 转化　☐ 数形结合 ☐ 极限　　☐ 模型　☐ 方程　☐ 函数　☐ 统计 ☑ 分析　　☑ 综合　☑ 比较　☐ 假设　☐ 其他

如上表所示，"测量"主题中其主要内容从长度测量、面积测量、体积测量梯度展开，即主要围绕"线、面、体"的测量展开。测量需要统一测量单位，规则图形（形体）可以通过计算得到周长、面积和体积的大小。不规则形体的体积测量通常需要通过媒介（通常是水等流体或沙等类流体）转化为规则形体的体积进行计算，或直接在容器量具中读取容积数据差，从而得到体积的大小。

（2）横向——一纲多本教材比对分析

为了更有效地分析教学内容，我们选择了共计八个版本的教材（包括沪教版、北师大版、人教版、苏教版、西师大版、浙教版、冀教版、青岛版）进行分析。通过比较可以发现，八个版本教材中存在一些共性，以下作具体阐述：

其一，"媒介"的选择。 在"认识体积"中，通常以学生所熟悉的流体——"水"为媒介进行体积感悟。除沪教版外，有七个版本的教材分别在"认识体积"过程中用到了排水法，以此来真实感悟"体积"的存在。其中青岛版教材在认识体积过程中不仅用"水"作为媒介，还用了其他物质如类流体——"沙"为媒介，即用物体排开沙的量来认识体积，如下图。通过"排开的水"或"排开的沙"来认识物体体积的主要原因有两点：其一，物体放入水中或放入沙中后能直观看出整体的体积变化，由此真实感受"体积"的存在；其二，对于物体放入水中，水面上升的情况，学生有充足的生活经验。

其二，量具测量与转化测量。 1. 量具测量：在测量不规则物体的体积这一教学内容中，所有教材（人教版和沪教版是在新授内容中直接呈现，其他版本均在课后练习中出现）都出示了用量筒或者量杯作为测量工具，通过量具测量，读取前后两次水面所对应的刻度，由数据差转化得到不规则形体的体积大小。2. 转化测量：有七个版本的教材（4个版本出现在新授内容中，3个版本出现在课后练习）呈

现了把物体投入盛水的规则
容器中（长方体等），通过媒
介的流体特性，把不规则形
体的体积转化为规则容器中
对应水面上升高度的那部分
水的体积。这两种测量方法
的本质都是一致的，即通过
媒介的流体特性，把不规则
形体的体积转化为规则形体
的体积，通过直接读取数据
或测量容器长、宽及上升水
面的高度计算得到体积。

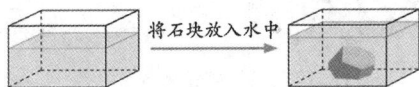

其三，活动经验。八个版本教材都是先提出问题，然后分别用图文展示了操作过程或明确提出操作要求。其中人教版、北师大、沪教版提出问题："如何测量石块的体积？"让学生先思考解决办法。而冀教版、青岛版、苏教版、西师大版则直接呈现测量所需工具，要求学生通过实际操作解决问题。无论是通过间接经验还是直接操作，在解决此类现实问题时，活动经验不可或缺。

另外，有四个版本的数学教材呈现了阿基米德的故事，其中西师大版教材用一整页的篇幅相对完整地描述了阿基米德的故事。查阅沪科版自然四年级第二学期《沉与浮》，人教版八年级第二学期《浮力》，沪教版九年级第一学期《阿基米德原理》，这些教材中全都图文并茂地介绍了阿基米德的故事。因此，引用经典数学故事，从数学文化感悟的视角支撑学习，也是本教学设计中可以关注的要点之一。

（二）学科间整合分析

1. 相关学科内容分析

＊本教学内容为初中物理"浮力"的学习做支撑

本教学内容主要是运用排水法来测量一些物体的体积，例如将物体投入盛水的规则容器中（长方体等），然后测量物体排开水的体积，从而得出物体的体积。其中物体排开水的体积，正是初中物理中学习浮力所涉及的重要概念 $V_{排}$。

沪教版物理九年级上第六章《浮力》中第四节《阿基米德原理》引用阿基米德

在《浮体论》中的总结"当物体全部或部分浸没在液体中时,它会受到向上的浮力,浮力的大小等于它所排开这部分液体所受的重力的大小。"也就是 $F_浮 = \rho_液 V_排 g$。其中 ρ(密度)和 g(重力)分别会在八年级第一学期和九年级第一学期学习。而 $V_排$ 的测量和计算正是五年级第二学期本节数学课的主要内容。因此,本教学内容是学生学习浮力所必备的基础知识之一。

要理解"$F_浮 = \rho_液 V_排 g$",不能依靠简单的背诵,需要对公式中每一个概念有充分的理解。认知心理学家丹尼尔·T·威林厄姆认为一切学习需要建立在"背景知识"上,足够丰富的相关背景知识(包括经验)才能让"学习真实发生"。教材编写中关注螺旋式上升正是基于以上的认识。因此,$V_排$ 到底是一个怎样的概念以及如何进行计算,在小学阶段我们需要做充分准备,在学习过程中要尽可能地增加变式,丰富学生的相关背景知识(包括经验),从而促进学生的未来学习。

*小学自然学科为本教学内容提供学习基础

本教学内容会让学生思考一些物体的体积测量方法,其中部分物体需要使用排水法测量,而用排水法就会涉及物体的沉与浮。因此,本课需要选取哪些物体作为研究对象,以及如何改变物体的沉浮状态等都需要一定的知识基础。小学自然为本教学内容提供了经验和基础。

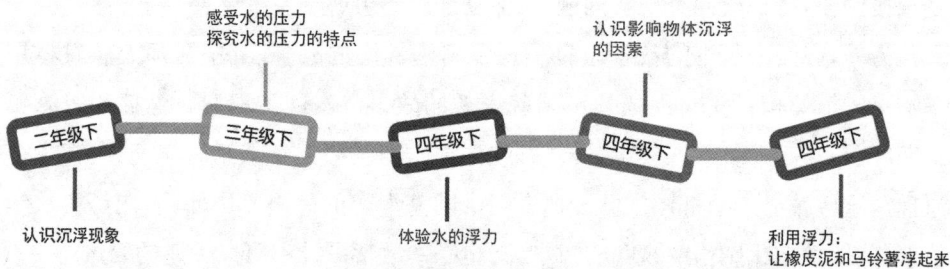

沪科版小学自然从二年级到四年级共经历 8 课时学习,学生先认识沉浮现象(常见物体的沉与浮),再认识沉浮现象背后是浮力起的作用,而容器中的液体的某些特性,以及投入容器中的物体的特性会影响物体沉浮,通过对它们进行适当改变可以实现沉与浮的转化。例如在水中加足够的盐可以让沉入水底的鸡蛋浮起来,其中物体和溶液的哪项具体特性会影响沉与浮在小学自然中并没有揭示。小学自然对浮力的认识主要通过观察、操作、实验等方法直观认识沉浮现象,并积累相关活动经验。

小学自然中对于物体沉浮现象的认识,改变物体沉浮状态的方法,以及学生的生活经验,为本课提供了知识基础。因此,学生有能力判断玻璃弹珠、木球等常见物体的沉与浮,通过将水换成其他的媒介来改变物体的沉浮状态,学生也有相关的认知经验。所以,基于学科间的整合分析,本教学设计所选用的对象以及替换媒介的方法符合学生的认知基础,具有可行性。

2. 学科间关联点的具体方法

经历"猜想→操作验证"的活动过程,能够使学生自觉调用头脑中的各类知识经验,形成数学知识与相关学科知识的关联。

经过前期的自然课学习,学生有一定的判断一些常见物体的沉浮、并知道这些沉浮现象与浮力有关的经验。由于学生还没有密度的概念,通常他们的判断依据主要有两类:第一,物体的材质决定了沉浮。第二,物体的质量决定了沉浮。且大部分学生的认知是属于第二类情况的。

因此,对于本节课出示的问题"500 克木球和 500 克的砝码在水里,哪个会沉?哪个会浮?"学生间就产生了矛盾,当他们思考同样的质量,为何有沉浮的不同现象时,木球的体积大、砝码的体积小这个现象就被聚焦。如何通过测量木球砝码的体积,比较两者间的单位体积中的质量成了迫切需要。一个好的驱动性问题,成为链接自然学科,指向物理学科的优秀指引。

3. 实现关联的具体方法

将其他学科的知识在数学课堂中加以整合,往往需要通过未数学化的真实情境。情境中以解决数学问题为主线,在问题解决过程中,还会有其他学科的参与。一个良好的问题情境,能使学生自觉调用已有的各个学科的知识。

整合的关联点可以来源于学生的猜想。本节课我们通过问题引起学生的猜想,让学生自觉调用已有知识,进行整体思考。"从一个木球的体积怎么求?"引发下一步思考"这个木球会浮在水上吗?"木球在水中是沉还是浮这个问题在常规的数学课堂中通常会被避开,我们会告诉学生"这个木球会浮起来"。而这个问题的出现,能让学生经历猜想过程——将已有生活经验、自然知识等进行整合,形成一定的合情推理,使学生自觉调用相关学科知识。形成猜想后,通过实际操作来验证,形成经验得以内化。

整合的关联点可以来自于操作。通常想象和实际操作之间有巨大的差异,往往实际操作中碰到的困难会比想象中多的多。想象更多是抽象的、简化的,而具体操作会受到物理、化学、自然等诸多限制。而这些所谓的"限制",往往是不容忽视的,也有可能成为数学与其他学科整合的关联点。

4. 核心素养培育的关注点

本节课与核心素养的连接点主要是"数学交流"与"问题解决"。在数学交流的过程中发展学生的推理能力,通过问题解决让学生感悟转化思想。

＊数学交流

教学设计中将有思维价值的"疑惑"留给学生,让学生进行充分的数学交流。例如,"土豆的体积会测了,一颗弹珠的体积怎么测?"学生通过合情推理,得到了不同的结论:和土豆的测法一样、和土豆的测法不一样。由此产生数学交流的机会,并各自论证自己的观点,在此过程中发展学生的推理能力。之后,提出"一颗弹珠的体积有办法测吗?"这个问题,学生对弹珠和土豆的差异进行分析,通过推理得出结论并进行说理表达。每一次的数学交流中都蕴含着学生对问题的分析和推理,每一次的分析和推理又促进学生进行更好的数学交流。

＊问题解决

让学生在解决系列问题过程中感悟转化思想。从"长方体纸巾盒的体积怎么求?"到"一个土豆的体积怎么求?"学生发现问题并提出问题"土豆形状不规则,不好测",进而开始分析、解决问题:"如何让不规则的物体变的可测?"经过思考,学生想到两种方法,分别是量杯测量和长方体容器测量。在问题解决过程中,学生体验到两种测量方法的共性是"将土豆的体积转化成了上升水的体积",在此基础上尝试解决系列问题——"弹珠的体积"和"木球的体积",由于系列问题的设计都指向转化思想的运用,因此学生解决系列问题后,能感悟到这些问题的解决过程中我们都运用了转化思想。

（三）学生学习整合分析

1. 学习基础

通过与小学自然间的学科整合分析可见,将一些常见物体放入水中可能会出现不同的状态,也懂得了如何改变物体的沉与浮。在面对这些问题时,学生不仅有生活经验,还有自然学科的实践操作经验。学生已初步建立把不规则的形体放入媒介(如水等)里,转化为规则形体的体积,从而解决问题的经验。

在数学学科内,本教学内容是五年级第二学期第四单元几何小实践中的最后一个教学内容。在学习本教学内容前,学生已经有解决本教学内容核心问题的数学基础知识和数学基本思想。

＊数学知识技能基础

在四年级上"升与毫升"的学习中,学生通过实际操作、生活经验的调用,已认识容积单位"升与毫升",能用量筒及量杯测量液体的容积。因此,五年级学生已具备读取物体放入量具后水面变化的前后数据的技能。

通过对五年级下第四单元的学习,学生认识了体积与容积的概念以及体积单位与容积单位之间的关系,已经掌握了基本形体如长、正方体体积的测量方法及计算方法。因此,当不规则形体能通过媒介转化为规则形体的体积时,学生就有能力求出物体体积。

＊数学思想方法基础

转化思想是重要的数学思想方法,在五年级上第五单元几何小实践"平行四边形的面积"、"三角形的面积"、"梯形的面积"的学习中,均采用了转化思想,把未知转化为已知来解决问题。因此,本教学内容以水为媒介,帮助学生将不规则物体的体积转化为长方体的体积,通过测量、计算解决不规则形体体积的问题符合学生的认知基础。

2. 认知特点

小学生到了中高年级,思维逐渐从具象向抽象发展,创造想象能力也开始发展起来。依据皮亚杰的认知发展阶段理论,五年级学生处于"具体运算阶段后期",这个阶段的学生已经接受守恒概念,看问题不单看表面,还能看到隐藏的实质,如液体守恒和物质守恒。结合学生已有的知识经验以及学生具备的守恒概念,运用排水法测量土豆的体积,得到"$V_{土豆} = V_{排}$",学生比较容易理解。因此,$V_{土豆} = V_{排}$背后的数学转化思想才是本教学内容的重点。另外,此阶段的学生已经掌握"传递性",能通过物体之间的关系进行简单的逻辑推理,因此在测量 1 颗弹珠体积时不便于观察的问题,学生有能力推断出可以通过测量 10 颗弹珠的体积来解决观察问题,最终解决 1 颗弹珠的体积问题。

在解决一系列实际问题的过程中,由于小学生的感知依旧是整体的、笼统的、不精确的,因此,引导学生更细致地思考和观察,探究操作过程中可能碰到的实际问题,进行分析比较,找出事物的主要方面及各部分之间的联系和关系,能帮助孩子建立更完整的心理表征,同时通过系列问题的设计能帮助孩子更有效地感悟教学内容背后的数学基本思想。并且,通过将系列问题有层次地加以呈现,串点成线、连线成片,有助于学生建立知识的网络结构。

3. 困惑迷思

经历了量具测量物体体积、计算物体排开水的体积,以及测量和计算的过程后,学生通常能计算没入水中的物体体积。不过部分学生仅停留在套用公式解决问题的层面,并没有建立起清晰的理解,即"$V_{浸没} = V_{排水}$"。在碰到具体情况时就会出现混淆,如有同学在用量杯测量与使用规则容器(长方体或圆柱体)测量的两种情况的数据读取过程中发生混淆:土豆放入规则容器后,水面上升了 2 厘米,学生会回答土豆的体积是 2 立方厘米。发生这种情况的原因是受到了量具测量直接读取刻度(容积)的迁移影响,排水法所体现的"转化思想"尚未形成真正的理解,因此需要在教学中通过辨析促进学生的理解。

解决 1 个小弹珠的体积测量、木球的体积测量问题,需要让"弹珠"转化为"水的部分"的体积可测、可读(刻度);需要让木球在水中"沉下去"或在"沙里全浸润",因此需要结构化思考。需要关注以下 4 个方面:实验的对象、所用的媒介、容器以及是否需要辅助手段(且误差最小)。这时候,实验对象、所用媒介的数学属性、非数学属性等均需要联通思考,辅助手段的选用需要把实验的无关条件降到最小,而系统联动思考对于学生而言有不小的困难,需要用学科整合的视角切入,并在学习中重点关注。

二、教学目标整合设计

1. 经历将不规则物体的体积转化为长方体体积的问题解决过程,体验转化思想。

2. 能回顾解决问题的过程并进行不断反思,感受转化思想、系统思考对于解决一类问题的作用,并能清晰表达与交流,进一步发展空间观念和分析解决问题的能力。

3. 进一步积累解决问题的经验,增强解决问题的策略意识,获得解决问题的成功体验,激发学习数学的兴趣。

三、教学重、难点

【教学重点】

灵活解决不规则物体的体积,体验转化思想。

【教学难点】

系统思考实验的对象、所用的媒介，以及是否需要辅助手段（且误差最小）等情况，并形成可行性测量方案并有效测量解决问题。

四、教学过程整合设计

教学环节	教学活动、设计意图	整合要点	评价观测点
【环节一】出示课题，提出问题	1. 出示本课研究对象：长方体纸盒、土豆、玻璃弹珠、木球。 2. 学生初步思考如何测量这些物体的体积。 **【设计意图】**直面问题，引导学生明确问题及相应的学习目标。同时呈现一组物体，既有助于学生初步界定问题并进行整体性思考，更有利于通过类比各物体间的差异，通过辨析思考，整合解决问题的方法。问题呈现及要求中关于清晰的层次结构等，有助于学生更有逻辑的思考和表达。	基于生活经验以及小学自然沉与浮的知识经验，选取学生能判断沉浮的常见物体。	能识别教师出示的4种物体的形体，并能产生探究兴趣。
【环节二】常规问题：求长方体纸盒的体积	回顾长方体体积的测量方法。 **【设计意图】**复习长方体体积计算方法，并厘清本节课的知识基础和前概念。这个问题也是整节课变式的起点，通常不规则物体的体积可以通过媒介转化成规则形体如长方体等来解决体积的计算问题。		能回忆长方体体积的计算方法。
【环节三】非常规问题1：求土豆的体积	1. 认识测量土豆体积需要使用"媒介"。 （1）出示问题：如何测量土豆的体积？ （2）学生独立思考并小组讨论。 （3）学生反馈测量方法要用到"水"，并且水需要放到如量杯这样的容器里。 （4）通过量杯测量得到土豆的体积。 2. 通过容器的选择感悟转化思想。 （1）出示二个容器：长方体容器、不规则容器，学生进行选择。	认识 $V_排$，为初中物理"浮力"的学习做支撑。	能主动投入到思维活动中，对数学活动感兴趣。

（续表）

教学环节	教学活动、设计意图	整合要点	评价观测点
【环节三】 非常规问题1：求土豆的体积	 ①　　　　　② （2）学生选择容器并说明选择理由。 3. 辨析间接测量和转化测量的区别，厘清问题解决中的误区问题。 （1）阅读材料： （出示量杯图）小胖读取量杯中土豆的体积200 ml。 （出示长方体容器图）小亚读取长方体容器中的土豆的体积2立方厘米。 用量杯测量得到土豆的体积是200毫升，也就是200立方厘米。 在这个容器中，测得土豆的体积是2立方厘米。 （2）讨论辨析： 为何测量同一个土豆的体积时，两种测量方法结果不同？ "2"是"长度的量"并非转化后土豆的"体积"。 小结：测量不规则物体的体积时，我们可以运用规则的容器以及"媒介"水，将$V_{土豆}$转化为$V_{上升水}$。 【设计意图】分析测量土豆体积的两种方法，使用量具作为测量工具间接测量能通过两次读出的"水的容积差"，直接得到$V_{土豆}=V_{上升水}$；而放入规则容器中水面上升的高度"2"为一个"长度的量"，即2厘米，尚需测量规则容器如长方体的长、宽的数据，通过长方体体积计算公式，计算出"上升水的部分的长方体体积"，从而得到$V_{土豆}=V_{上升水}$。就学生容易发生的错误进行辨析，从数学本质进行分析，进一步体悟"转化"思想，以及测量工具、测量方法及匹配计算方法间的关联，从整合的视角进行问题解决路径的设计与实践。		能运用转化思想将土豆体积转化为上升的水的体积。 能辨析间接测量和转化测量均运用了"转化"思想，根据运用的容器不同，所对应的方法也会有所区别。

（续表）

教学环节	教学活动、设计意图	整合要点	评价观测点
【环节四】非常规问题2：求一个玻璃弹珠或一个木球的体积	1. 提出问题 （1）求一个玻璃弹珠的体积。 （2）一个木球的体积。 弹珠　　木球 2. 各小组选择问题并尝试解决 小组合作，提出合作要求，有需求可以拆开锦囊。 （1）阅读要求，明确要求重点。 ＊从测量对象、媒介、容器、辅助手段四个角度思考。 ＊尽量操作简单，不破坏道具。 ＊完成学习单。 **小组学习单** 选择"测量对象"，在（　）内打"√"，在横线上填写你需要的"物品"。 **测量对象：**☆弹珠（　）　　☆☆木球（　） 　　媒介：＿＿＿＿＿＿（填写你需要的媒介） 　　容器：＿＿＿＿＿＿（填写编号） ＊辅助手段：＿＿＿＿＿＿＿ ＊**温馨提示：**测量过程中"测量对象"不能破坏。 我们的测量方案过程如下： （2）小组交流各自的思考，补充和完善学习单。 3. 交流汇报——关于弹珠体积的测量 （1）交流测量方法与过程。 （2）交流选择"7号"最小量筒的原因。 （3）思考是否可以使用"1号"最大的量杯来进行测量。 预设：放入更多的弹珠测量。根据多个弹珠的体积数据计算一个弹珠的体积。 小结：可以选择适当的"容器"或对"测量对象"进行处理，变"不可测"为"可测"。 4. 驱动问题"木球与砝码" 500克的木球和500克的砝码在水里，哪个会沉？哪个会浮？ 5. 交流汇报——关于木球体积的测量。 （1）交流测量方法与过程。 （2）通过辅助手段让木球沉入水底。 ＊运用辅助手段需要减小误差。	借鉴人教版教材，测量一颗黄豆的体积。 借鉴人教版教材，测量浮于水面的橘子的体积。	能将测量过程中遇见的问题进行清晰地表达。 能运用转化思想解决实际问题。

（续表）

教学环节	教学活动、设计意图	整合要点	评价观测点
【环节四】 非常规问题 2：求一个 玻璃弹珠或 一个木球的 体积	（3）替换媒介。如：将水换成沙。（提醒大家操作过程中的注意事项） 小结：添加辅助手段（尽量减少误差）或对"媒介"进行替换，变"不可测"为"可测"。 【设计意图】引入真实情境问题，在非常规问题的解决中，引导学生通过独立思考、小组讨论、锦囊提示等环节，最终系统性思考问题解决的路径，从学科整合的视角设计方案并解决问题。学生在解决问题的过程中感悟系统性思维的优势（从测量物体、媒介、容器、是否需要辅助手段四个角度出发思考），感悟学科整合解决问题的优势。并且倡导学生在外界条件变化时，抓住看似不同背景背后的相同点，从中感悟数学思想方法的普遍适用性。	借鉴青岛版教材，通过排开"沙"的体积来测量物体的体积。	解决问题时能进行结构化、系统化的思考。 能主动投入到活动中，对数学活动感兴趣。 能回顾解决问题的过程，并不断反思。
【环节五】 总结	**总结** 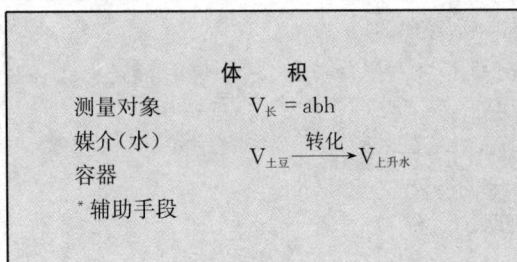 【设计意图】课堂回顾，长方体体积可以运用体积计算公式计算，在解决测量不规则形体的体积这类问题时，可以运用"转化"，并通过对测量对象、媒介、容器、辅助手段几方面的系统整体思考，设计有效的测量方案，从而解决问题。		能回顾并感悟解决问题过程中运用的数学知识、数学思想和方法策略。

五、板书设计

体　积

测量对象　　　　$V_长 = abh$
媒介（水）
容器　　　　　　$V_{土豆} \xrightarrow{转化} V_{上升水}$
*辅助手段

六、作业整合设计

（一）作业目标

作业目标具体描述	对应教学目标	对应作业内容
运用量杯测量物体体积	1	练习册 P62/A 级 2
通过溢出水的体积与长方体石块的体积相等，求得长方体的长。	2、3	练习册 P63/B 级 1
将同一个物体投入两个长方体容器中，基于两个容器底面积的关系，求两个容器中水面上升的差异。	2、3	练习册 P63/B 级 3

（二）作业内容

1. 完成数学练习册 P62—63

填空。

3.02 L = （   ）dm³   456 mL = （   ）cm³

1 203 cm³ = （   ）L   10 dm³ = （   ）mL

0.05 L = （   ）cm³   320 mL = （   ）dm³

0.45 L = （   ）dm³ = （   ）cm³

2 100 mL = （   ）cm³ = （   ）dm³

2 一个量杯中装了一些水，水面的刻度是700 mL，放入一块石子后，石子完全浸没入水中时水面的刻度是900 mL，说明这块石子的体积是（   ）。

3 如图，有一个长方体形状的水池，长是8米，宽是6.5米，深是5米。如果将这个水池放满水，那么需要放入多少立方米水？

5 m
6.5 m
8 m

4 一个正方体的空油箱，从里面量得棱长是2.5分米，这个油箱可装油多少升？如图，在这个油箱中倒入油，测得油深0.8分米，一共倒入了多少升油？

5 一个长方体形状的游泳池，长是50米，宽是21米，深是2.5米。现往游泳池里注水，使水深达到1.8米。如果1立方米水价为1.92元，那么一共需多少元？

1 一个长方体的水箱里装满了水，这时放入一块高和宽是1分米的长方体石块，水溢出4升，这块石块的长是多少分米？

2 一块长方形铁皮，长是26厘米，宽是16厘米，在它的四个角上都剪去边长是3厘米的正方形，然后焊接成一个无盖的铁盒。这个铁盒的容积是多少毫升？

3 如图，有甲乙两个容器，装有同样高度的水，乙的底面积是甲的2倍。在两个容器内投入相同的实心铁块，铁块完全浸没水中，且无水溢出，这时（   ）容器内的水面高，如果甲容器的水面升高了4厘米，那么乙容器内的水面升高了（   ）厘米。

甲   乙

【作业检测要点】通过配套练习册的作业,巩固所学知识,促进对知识的理解与掌握。在 B 级题 3 中,铁块分别投入两个不同的容器中,通过 $V_{排}$ 相等,以及两个容器底面积之间的关系逆向推理水面升高的量。在转化过程中进行推理与综合分析,发展学生数学运用的能力。

2. 探究作业

阿基米德巧辨皇冠真假

国王给了工匠他所需要的数量的黄金,工匠的手艺非常高明,制做的皇冠精巧别致,而且重量跟当初国王所给的黄金一样重。

可是,有人向国王报告说:"工匠制造皇冠时,私下吞没了一部分黄金,把同样重的银子掺了进去。"国王听后,也怀疑起来,就把阿基米德找来,要他想法测定金皇冠里掺没掺银子,工匠是否私吞黄金了,但是条件却是:不许弄坏王冠!

这可把阿基米德难住了!他回到家里苦思冥想了好久,也没有想出办法。每天饭吃不下,觉睡不好,也不洗澡,像着了魔一样。

有一天,国王派人来催他进宫汇报。他妻子看他太脏了,就逼他去洗澡。他在澡堂洗澡的时候,脑子里还想着称量皇冠的难题。

突然,他注意到,当他的身体在装满水的浴盆里沉下去的时候,就有一部分水从浴盆边溢出来。同时,他觉得入水愈深,则他的体重愈轻。于是他忽然想到:相同重量的两个不同物体,由于体积的不同,排出的水量也不同。

于是,他立刻跳出浴盆,忘了穿衣服,一丝不挂地就跑到大街上,顺着大街往皇宫跑。一边跑,一边叫:"我想出来了!我想出来了!解决皇冠的办法找到啦!"

要请提示:要判断皇冠是否掺了银子,关键点在于测出皇冠的体积。
想一想:如果你是阿基米德,你会如何测量皇冠的体积?请设计出你的测量过程。

测量对象:皇冠
媒介:＿＿＿＿＿
容器:＿＿＿＿＿
辅助手段:＿＿＿＿＿

你的测量过程:

　　【作业检测要点】引用经典数学故事,从数学文化感悟的视角支撑学习,建立更丰富的相关知识背景,并通过故事情境激发学生探究兴趣。学生在运用新知识解决问题的过程中,将基本知识、策略方法、数学思想逐步内化。

第十章　研究实践之"超学科整合"样态

本章节将对小学数学课程"整合观"下的超学科整合样态进行界定,同时对研究所提炼的设计流程进行阐述,并匹配实践案例,把过程研究中的思考、辨析、反思、跟进的历程进行提炼,供辐射推广。

第一节　小学数学课程"整合观"之超学科整合样态及其实施流程

超学科整合属于主题中心式整合,是超越学科界限,从教育或创新系统对所涉及的数学学科和跨学科进行协调,是学科整合的最高层次。基于数学问题、生活问题,基于探究主题、项目主题的学习除了需要主动调用数学学科知识、能力、思维外,还需要在过程中发展批判性思维、合作交往能力、信息素养等,因此除了指向数学学科素养之外,还直接指向学生核心素养的培育。

超学科整合在具体实施中依据如下流程(见下图 10-1):

小学数学课程"整合观"之超学科整合样态的实施流程主要由三个环节组成——活动准备阶段、活动实施阶段、活动总结阶段(见下图 10-1)。在超学科实施样态中,基于问题解决,师生的活动是交织整合在一起的,"伴生"式的学习是超学科整合的主要特质。

一、活动准备环节

真实问题是超学科整合实施的切入口,通过问题背景的厘清,基于问题背景创设驱动性问题,是这个环节的实施要点。一个好的驱动性问题需要兼具知识性与真实性,它是沟通学生学习兴趣与真实世界的桥梁,赋予活动推进的现实意义,

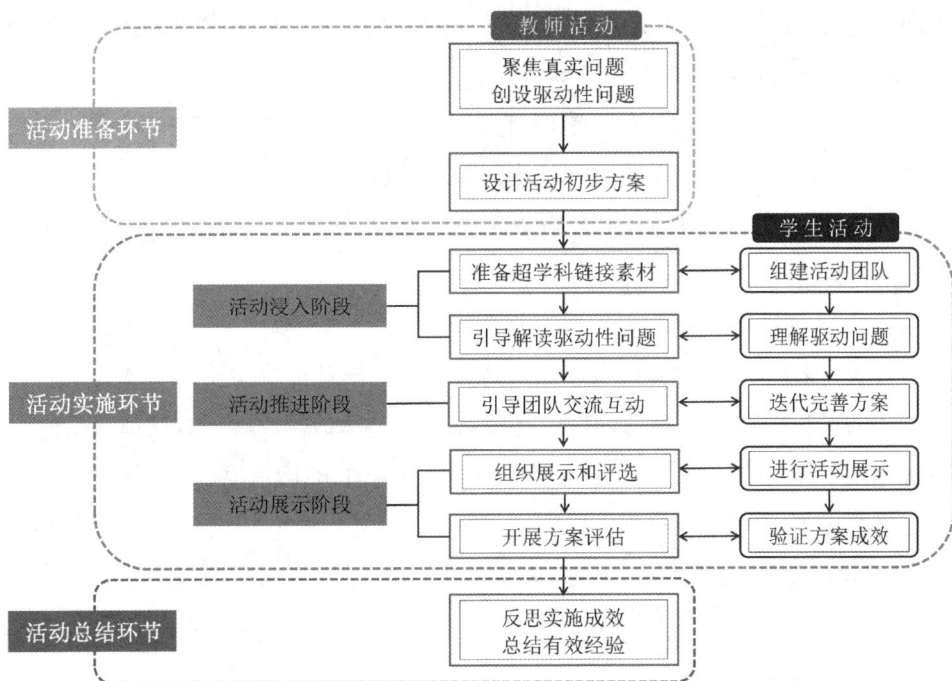

图 10-1　小学数学课程"整合观"之超学科整合样态实施流程

对学生的学习活动起到推波助澜的作用。

在驱动性问题之下,会产生推动活动有序实施的问题支架,这一问题支架兼顾数学学科和其他学科的知识、能力等的要素,需要进行基于驱动性问题之下的系统设计。设计需要兼顾超学科的链接思考,也需要兼顾学生学习的认知特点分析。

以上两部分内容是活动准备环节的必要内容,主要由教师承担设计,但需要涉及学生的学习需求,例如问题背景等的采集可以通过学生访谈、学生调研等获得,以贴近学生学习的现实,使其产生探究实践的动力。最终,以上的思考与设计以初步方案的形式呈现。

二、活动实施环节

活动实施环节由递进的三个阶段组成,即活动浸入阶段、活动推进阶段、活动展示阶段。在这三个阶段的推进中,教师活动和学生活动是伴随发生的,"伴生"是这个环节的主要特质。"伴生"有两层含义,一是教师的活动伴随着学生的探究活动的生成进行不断的完善与调整,即活动设计不是一成不变的,随着不同班级、不同学生的不同学习生成而调整;二是教师活动与学生活动的交织整合,即"整合观"下的互动生成,以促进学生素养提升。

（一）活动浸入阶段:解读问题,理解要求

在活动浸入阶段,教师将首先呈现问题素材,创设情境,引导学生组建活动团队。接着,通过引导学生对驱动性问题进行解读,帮助其理解活动要求,并初步开展方案设计。

（二）活动推进阶段:团队交流,迭代完善

在活动推进阶段,教师的角色更多是资源的提供者以及活动的引导者。通过预设活动推进的重点与难点,有针对性地提供学生相关学习资源,帮助其更好地完善方案。同时,通过引导学生进行团队内与团队间的交流互动,使其在人际交互中深度思考,迭代优化方案设计。而学生则在团队中不断贡献个人思考的结论,在互动思辨中,完善自己的想法或借鉴他人的建议,完成个体与团队间的协调与整合,并在方案的迭代升级中,发展批判性思维、团队交流合作能力等。

（三）活动展示阶段:展示评估,验证成效

到了活动展示阶段,各团队均可以以自选的形式将方案进行汇报呈现,由教师组织评选,包括组间评价、自我评价等,将学生设计的方案投放到真实情境中进行应用,并在应用后,再次评估方案,验证成效。

三、活动总结环节

在活动总结环节,教师将回顾整个活动探究、学习的实施过程,反思实施成效,总结有效经验,并形成探究活动学习实施的方法策略,作为后续实践的指引。这个环节的总结主要由教师承担,但需要引入学生实施成效的分析元素,如通过问卷、访谈等了解学生真实的学习收获或进一步改进的建议点,把教师的教与学生的学真正整合、融合在一起,通过现实问题的解决,发展学生的核心素养。

第二节　小学数学超学科整合样态之案例分享

在超学科整合实践路径的指引下,我们进行了系列的实践探索,在此过程中,关于实施中的整合要点的落实,有思考、有交流,也有困惑和争辩。本节将以案例的形式进行实景还原,同时通过具有启示性的梳理为大家提供实践思考,供辐射推广。

案例五:"伴生"——师生融通 形成"整合"的源泉

❀ 案例背景 ❀

新冠疫情打破了学校原有的教学秩序,恢复线下学习之后,因为防疫的要求,上海师范大学附属卢湾实验小学的四年级同学面临这样一个现实问题"疫情背景下,如何让全体学生都能到室外出操"。这是一个源自现实的真问题,在真实的驱动性问题下,学生将主动调用数学学科中所学习的知识,如周长的概念、长度的测量和计算,以及教材中安排在五年级才学习的"时间的计算"等来系统思考,解决问题。作为"超学科"整合的实践范例,案例的推进并不完全按照教师的预设推进,"伴生"式设计与实施是这类实践样态推进的最本质特点。

❀ 情景还原 ❀

情景1:"曲折采访记"——找准探究的源动力

驱动性问题是"超学科"整合样态项目实施的关键,它基于学生在真实世界中遇到的真问题而展开,是学生探究学习的动力源泉。起初,"疫情防控下为学校同学设计全体同学都能出操的方案"这一驱动性问题,是老师们基于学校现状提出的,学校人数有1 500名左右,学校操场有限,目前采取的是单双数班级每天交换出操的方式。那么,这个问题是否是学生的真问题?学生是否想要解决这个问题?这个问题的意义和价值何在?就需要我们进一步走近学生,通过调查了解孩子们的真实想法。老师们经过商讨,决定拿着摄像机,录制一段入项采访的视频,于是,就有了接下来的故事。

离第一次视频录制开始还有20分钟……

"两位同学好!问你们一个问题,你们对学校现在的出操计划满意吗?"眼前的这个男老师显得有些急躁,他是负责视频拍摄的陆老师。

第一位女生笑着说道:"我觉得挺好的呀,隔天出操,能少爬好几次楼梯呢!"听到这样的回答,陆老师的眉头逐渐皱了起来,孩子的回答太直白了,貌似不够正能量。陆老师急忙对女生说:"我教你啊,等会拍摄时你这么说'我觉得挺好的呀,这样符合当下的防疫要求',学会了吗?"女生方才眼中所放出的光芒不见了,只是默默地点了点头。

第二位女生在旁边看到这一切,刚想张嘴回答,陆老师便打断了她,说:"来,她刚刚对现在的计划很满意,你就和她持相反意见,你就说'我觉得现在的计划不好! 我想要天天去操场呼吸新鲜空气、做早操!'听明白了吗? 大家排练一遍吧!"女孩们将台词重复了一遍又一遍,直到完全背出来后,陆老师的眉头这才放松了下来。

视频录制中……

"Action!"站在一旁的陆老师像导演一般注视着学生们的正式采访。采访过程中,小记者与两位女学生都将此前制定的"台词"一字不落地背了下来。"Cut! 太棒了!"陆老师兴奋地喊了出来,眉毛情不自禁地往上挑,看来孩子们的表现很符合他的预期。

录制完毕,在办公室里……

"大家一起看,有什么感受?"负责本实施案例推进的王老师向大家询问。

小陈老师说:"感觉孩子们都很紧张,眼珠不停向上翻,像在背台词啊!"

"是啊,感觉都好假啊"。

老师们纷纷议论起来,"感觉学生不怎么感兴趣,无精打采的。"

"你是如何采访的呀?"王老师追问道。

"我原本想让拍摄工作顺利进行,于是就挑了 2 位学生,让他们背了些台词。"一旁的陆老师似乎也意识到了自己对案例活动的认识有所偏差。

"这可不行呀! 我们就是要了解孩子们真实的想法,才能知道这个驱动性问题是否是孩子们关注的,这也决定了他们后续的积极探究的投入度与参与度。"王老师微笑着说道,"陆老师,你现在有空吗? 走,咱们现在就去教室里随机采访一些孩子。"

某班的教室里,大家正在早操前的晨读……

王老师走进教室,"同学们,我们现在想做一个采访,疫情前,我们是所有学生每天都到操场上去做广播操的,现在我们根据疫情的需要,只能单数和双数班级轮流去操场上做操。你们对于目前的出操方式满意吗? 有什么想说的吗?"

听到问题后,孩子们面面相觑,教室里沉寂了一会儿。

"没关系,你怎么想的就怎么说。"王老师面带微笑,耐心等待。

几秒后,终于有一只小手缓慢举了起来,打破了教室的沉寂。

小记者把话筒递给了他,同学们的目光也随之跟了过去。"我觉得现在出操方式挺好,满足防疫要求。"

"说得真好,你是这么想的,还有谁想说?"王老师点点头,微笑着说。

"在教室里做操太不好了,旁边的同学总是要打到我!"男孩一边说一边挠头的动作滑稽极了,也引来了同学们的哄堂大笑。

王老师同样给予了肯定。似乎是看到了同伴的回答被认可受到了鼓舞,这一次,举起的小手变多了……

"我觉得现在的方案不怎么好,我特别想在操场上呼吸一下新鲜的空气!"

"我也觉得不好,在教室里做室内操要做两遍,太麻烦啦!"

……

王老师一句句肯定的反馈像是催化剂一般,促使着越来越多的孩子们举起了小手。在镜头前,孩子们的思考不再受到束缚,他们的眼中充满了好奇,他们已经全身心地投入其中了!一连串妙语连珠的回答点亮了整个教室,一开始赞同目前出操方式的孩子听到其他人想法,也不停点头,整个氛围都"活"起来了!孩子们笑了,负责拍摄的陆老师这次也露出了满意的笑容!

结束了,采访组离开了教室,突然这个班级的数学老师冲出来说有个孩子还想说,于是,大家又重新返回了教室。

"不出去做操岂不是辜负了这么大好的天气,我肯定是想天天都去操场上做操呢!"听罢,现场所有人都笑起来。

启示

超学科整合的案例,通常源自于真实问题本身,学习是在对真实问题的整体把握的基础上,主动调用跨学科的知识技能,并从问题解决的视角出发,超越学科、跨越学科去融通解决问题。因此,对问题的整体、全方位感悟是非常重要的。在项目活动的浸入阶段,引导每一名学生感知问题,真实地表达自己的思考与情感是非常重要的,这成为后续持续探究的源动力。

情景 2:"小小观察员"——在互动合作中共成长

这次的"超学科"实践项目在两个试点班级展开,在项目活动浸入阶段,所有老师通过观察都发现了 X 班级属于"积极型",他们热情、活跃、思维开阔,能自发地表达想法,就连为项目组取个队名都十分有发散性和创意。而 Y 班级属于"内敛型",性格内敛谨慎,没有绝对的把握不轻易表达,他们善于倾听,总是等待老师进一步布置任务、讲解要求,甚至是提供问题解决的策略,思维较雷同,缺乏发散性和求异思维。

这次轮到小陈老师做主教(项目组老师们全程参与,在不同任务阶段,老师们轮流做主教和助教),本次项目任务是学生在方案设计前提出"需求",并有理有据地表达这个需求的依据,使学生在一开始便能从整体上进行方案的全局思考,各组之间也可以进行信息的互补与借鉴。

"Y 班级学生如果提不出需求怎么办?"小陈老师似乎有些担忧,向项目组资深教师求助。

所有老师也都踌躇起来,的确,在之前的课堂观察中,我们也发现了这样的问题。"那只能引导一下,比如告诉他们还可以考虑人数要素等,让他们说说理由",王老师给出了一个建议。

"我觉得要不我们助教老师深入各组去引导一下,然后让他们各组分享借鉴?"

"我觉得不妥,这样做不都还是我们给他们的,引导是必要的,但是如果这个班级习惯了总让老师提示引导,后续探究怎么办?"

"你们总想着老师给出引导,有没有想过学生的资源才是最好的学习素材?"站在一旁的虞校长提示道。

"可是这个班级里面没有人提出来,怎么找素材呢?"有老师提出了疑惑。

虞校长校长笑了笑,"这个班级没有,X 班有啊!"

一言惊醒梦中人,陆老师马上提出:"是啊,我们拿 X 班学生提出的需求给他们筛选就好了呀!"

"不妨让 Y 班的项目组长直接到 X 班去参加他们的学习讨论,做观察员,只观察不发言,效果会更好吗?"

"这个主意好!他们边观察、边思考,还可以做信息筛选,开拓思维,然后回到自己班级中就可以做引领员了。"

观察员制度实施之后……

这样的实践的确也显示出了成效,原本等待老师提供学习支架的学生,现在可以通过观察员们的帮助,得到多样的学习方法,这样生生互动,更能激发学生的探究欲。除此之外,对于一些有想法,但表述不够清晰的学生,观察员也可以通过前期的学习观摩,给出完善的意见,以为清晰表达的逻辑性和规范性。在观察员们的带动下,课堂气氛轻松活跃起来,更多思维被激发……

启示

超学科整合案例的推进,需要有创意、创新思维的融入。引导、设立支架是激发创意和创新思维的常用方法。而以上的做法,不仅限于由教师来承担,充分搭建互动交流的平台,打破学科、班级之间的壁垒,让孩子们在分享中感悟、在感悟中吸纳、在吸纳内化的过程中自己尝试做引领者,都有益于主动调用已有知识技能、方法策略来积极解决问题。"伴生"式推进是超学科整合项目实施的一个重要推进策略,伴随着学生生成的资源,搭建学生间相互学习分享的平台,让孩子、老师彼此融合,在互动整合中,形成课程教学实施的最佳资源。

情景3:"一场辩论赛"——回归数学学习的本质

学生思维被激发后,大量的信息涌现出来,在探究阶段,学生首先在方案设计前收集与方案设计相关的信息并表达理由,为后续方案设计提供重要的支撑。在提出个人需求阶段,很多学生提出了多样化的需求。项目团队老师将学生的个人需求单进行汇总分类后(如下图10-2、10-3),发现了一些共性问题。

大多数小组都提出了需要知道做操场地的"面积",而只有1组同学根据1米的间距防疫要求,提出了需要测量"长度"。项目团队老师们在项目活动设计阶段,基于问题从大单元的视角做过相关数学知识的梳理:

我需要的信息	需要的理由
我需要了解篮球场有多大。	因为,这样可以有更多的班级去做操。
我需要了解每层的走廊有多大。	这样可以更好的按排。
了解学校的操场的面积是多少。	安排学生在规定的空间内的按有规则的顺序来做操。
学校操场多大?	只有知道了操场有多大,才能知道位子够不够呀。

| 操场的长度和宽度? | 让我们做好同学与同学之间的距离,安排同学们的出场。 |

图 10-2　与"面积计算"相关的信息　　图 10-3　与"长度测量"相关的信息

表 10-1　平面图形认识与度量(一维与二维)单元规划属性表

单 元 规 划					
单元划分依据	☑课程标准	□教材章节	☑知识结构		
课程内容模块	□数与运算	□方程与代数	☑图形与几何	□数据整理与概率统计	
单元数量	6				
单元主题	单元名称	主要内容		课时	具体表现
平面图形认识与度量	一维	图形	线段(一下)	2	认识线段、射线和直线,知道它们的特征,能正确测量线段。
			线段、射线与直线(四下)	2	
		长度测量与长度单位	厘米与毫米(一下)	2	联系实际,认识长度单位毫米(mm)、厘米(cm)、分米(dm)、米(m)和千米(km),知道它们的进率,初步尝试在不同的情境中合理运用长度单位进行测量。
			千米的认识(三上)	2	
			米与厘米(三上)	1	
			分米的认识(三上)	1	
		周长	周长的认识(三下)	1	理解周长的含义,会测量并计算长方形、正方形的周长,解决有关周长的实际问题。
			长(正)方形周长(三下)	3	
	二维	图形	正方形、长方形(二上)	3	通过观察比较等活动,知道面积的含义,建立 1 平方厘米(cm²)、1 平方米(m²)的实际面积观念;从数长方形、正方形所含面积单位个数,到计算长方形、正方形面积,归纳长方形、正方形面积计算公式。
			三角形与四边形(二下)	2	
			圆(四上)	3	
			平行四边形(五上)	4	
			梯形(五上)	2	

（续表）

单元主题	单元名称	主要内容	课时	具体表现
平面图形认识与度量	二维	面积的认识（三上）	1	认识面积单位，通过观察、比较等活动知道面积的含义，建立 1 平方厘米（cm²）、1 平方分米（dm²）、1 平方米（m²）和 1 平方千米（km²）的实际面积观念，知道所学面积单位之间的进率。
		平方厘米（三上）	1	
		平方米（三上）	1	
		平方分米（三下）	1	
		平方千米（四上）	2	
		长方形和正方形的面积（三上）	2	知道长（正）方形面积的计算方法，并能正确计算面积。
		平行四边形的面积（五上）	2	通过割补等方法探索归纳平行四边形、三角形、梯形面积计算公式，初步会用公式变形求有关数据。
		三角形的面积（五上）	2	
		梯形的面积（五上）	2	
		组合图形的面积（三下、五上）	4	运用适当的分割、拼补等方法将组合图形的面积转化为若干基本图形的面积，寻找必要的条件进行计算。
		面积的估测（三下）（五下）	4	运用格子法、转化为基本图形等方法估测不规则图形的面积大小。

注：表中浅灰色部分是从一维角度思考，并解决问题所需要的数学知识；表中深灰色部分是从二维角度思考，并解决问题所需要的数学知识。

老师们都非常希望学生通过一维视角进行思考，因为这样有利于问题的便捷解决。然而，进入课堂之后……

第一个试点班级

老师直接引入今天探讨的问题。

"大家看，很多同学都想知道操场有多大，多大指的是操场的什么呀？"

"面积。"孩子们异口同声地回答。

"大家想一想，知道面积好还是知道操场的长和宽好呢？"

"面积。"孩子们又一次异口同声回答道，主教老师此时有些尴尬。

"我们再想一想，防疫要求是 1 米之间的间距，这个 1 米是什么单位啊？"

"长度单位。"

"对，长度单位。既然是长度单位，我们还需要知道面积吗？"

同学们摇摇头。

"对啊,只要测量操场的长和宽,不就可以知道能站多少人了吗?"

在第一次试点班级中,对于选取"面积"还是"长度"哪个更为合适,是老师通过问答形式直接灌输给学生的,学生并没有真正理解测量长与宽比计算操场面积更便捷,仅仅从一个"1米间距"是长度单位勉强认可了老师给予的建议。老师也很困惑,学生好像没有混淆面积和长度的概念,可为什么还是会一开始选择"面积"这一信息呢?

于是,在第二个试点班教学之前,大家就这个问题展开了讨论。有老师建议,不妨适当"留白",给予更多时间让孩子们讨论、思考出到底哪些信息更加合适;也有建议是让老师继续追问,让学生把知道面积或长和宽的长度后如何设计方案表达出来,便于比较。最终,一个创新的想法被提出,不妨通过比较两种信息,然后来场"辩论赛",让孩子们自己去争论,这个空间够大,可获取到的信息就更多。

辩论赛开始了……

"我们对比一下这两个需求信息就会发现,二者都是关于操场的,一个是要知道操场有多大,还有一个是想知道操场的长和宽。根据他们的理由,你觉得哪个更合理? 我们来场辩论赛,说说你们的理由。"

老师不紧不慢地呈现出两种信息,微笑看着大家,学生们陷入了沉思,有几个人小声地和周围人议论起来。老师耐心地等待思考,过了一会儿,陆续有几只小手举了起来。

"我同意要知道操场有多大,在知道操场面积,又知道总人数的情况下,除一下就知道一个人占多大面积了。"

有几个同学听了之后纷纷点头。老师仍然微笑,静静地看着全班同学。

"我不同意,这样太麻烦了,你要知道操场有多大,不还是要测量长和宽,计算长乘宽才能得到面积吗,所以还是要知道操场的长和宽是多少。"一位同学马上反驳道。

"是啊,是啊……"部分同学开始议论起来。

"我觉得他们说的都一样,都是想测量长和宽得到面积。"一位同学一脸严肃地制止了大家的争论。

"既然都一样,那大家还争论什么呀?"突然一句声音冒出来,引发了大家大笑。

主教老师有些手足无措,好像和她预设的不一样,辩论赛似乎要终止了,可是问题还没解决啊！于是,她向旁边助教老师们投来了求助的眼神,一位助教老师马上抛出了一个问题:"两种方法真的一样吗？大家再想一想,有没有可能不计算面积就能知道人数是否够不够呢？讨论之后我们再来辩一辩。"

5 分钟后,第二轮辩论赛开始了……

"我们觉得只测量长和宽就能知道,因为间隔距离是 1 米,测量长和宽就能算出长里能站多少人,宽里能站多少人,再把两次计算的人数相乘,就可以知道操场上能容纳的总人数了。"

"是的,我还要补充一点,两头都要站,其实就是我们学过的植树问题。"

"你们觉得呢？"此时,主教老师有些方向了,鼓励更多的孩子参与辩论中。

"我也觉得好像计算面积没有必要,有些麻烦了。"

"是的,只要测量长和宽就可以了。"

……

在辩论中,基于问题现状,合理选择数学信息,找寻到了最便捷的问题解决方式。

启示

　　超学科的课程整合,需要基于现实问题,整合数学及生活、数学与其他学科的融合点。解决问题的方法策略会有不同,想要引导学生积极主动地调用已有的知识与技能、方法与策略来解决问题,教师先要退后一步,让不同想法的孩子们主动思考、辩论起来,让数学回归于真实情境,在实际的问题解决中去思辨便捷有效的方法,这恰是最好的学习途径,也回归到了数学学习的本源,逼近数学的本质。这个过程是伴随着学生的学习生成不断调整的过程,体现着"伴生"理念。而"伴生"的含义之一是陪伴学生,给予学生更多的探究、思考空间;含义之二是伴随着学生的生成及时调整设计,重组教与学的环节,而这个即时生成灵动的过程,恰是学生数学素养及综合素养提升的过程。

（案例提供：上海师范大学附属卢湾实验小学"超学科"整合活动项目组）

【附录：超学科整合案例之实施方案】

丽园小主人：疫情防控下的学校出操方案

上海师范大学附属卢湾实验小学"超学科"整合活动项目组

"超学科"整合活动基本信息		
活动名称	丽园小主人：疫情防控下的学校出操方案制定	
活动期限	6周，共6课时	
活动参与者	数学学科"超学科"整合项目组教师团队	
	四年级学生	
活动涉及学科	主要依附学科	数学
	相关联学科	体育、语文、美术
活动背景介绍	本活动项目基于学生校园生活的真实任务背景，即在疫情之下，作为丽园学子，为体育老师出谋划策，设计出一套适合全体学生出操的方案。基本任务是让学生以小组合作的形式，通过资料收集、访谈等形式对相关信息和数据进行调研，如疫情防控的要求、出操的总时间、全体学生的人数、学校在该时间段可使用的场地，等等，再通过理论学习、实地考察、实践研究等方式，进行出操路线的规划、各班站位的安排等，最终设计出一套适合全体丽园学子同时出操的方案，借助微视频等方式进行讲解宣传，应用到实际校园生活中。 　　学生在本次"超学科"整合项目的学习中，通过对空间、时间等相关内容的调研和学习，提升自主学习和信息整合的能力；根据任务需求和组员特长进行合理分工，发展团队合作能力。在设计方案的过程中，能够将理论联系实际，选择最优方式，提升分析、预设和方案设计能力，发展问题解决的能力。通过各团队的汇报、比较与辨析，欣赏悦纳他人，或有理有据地提出改进的设想及依据，提升比较辨析、批判反思等批判性思维；将微视频作为项目成果，提升信息技术和表达能力。 　　第一阶段：根据现有学生出操纪录片，了解项目背景和待解决的驱动性问题，通过调研、访谈等多路径进行数据和信息的收集，并以小组合作的形式对相关内容进行整合、筛选和补充，为后续方案的设计与实施提供支撑。 　　第二阶段：学生浸入项目后，对要解决的问题形成初步方案，首先，对于什么是方案需要进行了解，其次，思考完整的方案包括哪些要素，以及方案的呈现方式等。再次，对于方案的制定要结合选择的信息，利用数学上所学习的时间的计算、空间点图绘制中用到的尺规作图等整体设计。 　　第三阶段：可形成如图示、文字表达、现场展演视频等方式进行方案的展示。	

（续表）

		"超学科"整合活动前期准备
梳理相关 知识与能力	知识维度	1. 时间维度：时分秒的认识、时间的计算（二）。 2. 一维空间维度：线段的认识；长度的测量与计算；常见测量单位（米、分米、厘米）。 3. 二维空间维度：长方形与正方形的认识；面积的测量与计算。
	能力维度	1. 信息收集、整理、交流。 2. 能欣赏悦纳他人的优点，并有理有据提出建议。 3. 能根据组内成员的特长进行合理分工。 4. 能在过程中合理把控时间，进行时间规划和调整。 5. 对解决问题过程的合理性、完整性、简洁性进行思考、表达和评价。
	高阶思维	问题解决（√）统计分析（√）小组决策（√）调研（√）创意设计（√）
设计驱动 性问题		这是我们美丽的校园卢实小，学校很大，原来每天早上有 1 500 多个小朋友一起在操场上做操呢，疫情来了之后，大家要保持一定的间距，因此学校安排了单数和双数班级每天轮流到操场上做广播操。可是，现在要满足同学们每天都能到室外锻炼的需求，作为丽园小主人，设想大家都是体育老师，你们能设计一套出操方案，既符合疫情防控要求，又能让所有同学能都走出教室做广播操吗？
准备所需材料		校园采访视频，个人需求单，小组需求单，方案设计纸，多媒体电脑
		"超学科"整合活动评价设计
过程性评价		1. 问题解决：根据给定信息提出问题，展开调查；形成问题解决方案；比较辨析方案和问题解决的过程，对自己或他人的方案进行合理的解释或建设性意见。 2. 小组合作：在项目活动中，分成项目小组，形成小组分工和职责表；积极倾听他人的观点，并给出回应。依据项目调整团队分工；制定设计方案；在调控方案中，反思问题、解决问题。 3. 信息技术：运用信息技术搜集信息、展示方案的可行性。
终结性评价	团队层面	预期成果： 1. 整合后的小组需求单 2. 调研收集后的信息资源包和访谈记录 3. 设计方案（可以草图、电脑制图等方式呈现） 4. 试运行调试的结果和修改依据（如何实施过程、实施中碰到的困难、如何解决、成果等方面）
		评价点： 1. 信息收集的全面性和有效性 2. 方案中运用哪些方式进行呈现，方案表达是否清晰、合理、有逻辑性 3. 小组合作中进行团队分工合作，体现合作的价值和意义，尊重欣赏他人团队成果，有理有据地提出建议 4. 能对自己团队解决问题的过程进行反思，有理有据地进行方案的修订 5. 科学精神和知识产权意识

（续表）

		"超学科"整合活动评价设计
终结性评价	个人层面	预期成果： 1. 完成个人需求表供小组参考 2. 根据小组分工，完成个人所承担的任务 评价点： 1. 是否能结合时间和空间两个维度进行思考 2. 有合作的愿望和意识 3. 有理有据地表达理由
	成果呈现	借助微视频、图示、文字等多种形式表达方案的可行性，供学校推广使用
	活动实施过程	
活动浸入阶段		1. 引导解读驱动性问题：播放丽园小记者现场采访的视频，抛出驱动性问题（前面所述） 2. 收集信息 独立思考，完成个人需求单 《丽园小主人：疫情防控下的学校出操方案制定》个人需求单

班级：　　　　　　　　姓名：

　　这是我们美丽的校园卢实小，学校很大，原来每天早上有 1 500 多个小朋友一起在操场上做操呢，疫情来了之后，大家要保持一定的间距，因此学校安排了单数和双数班级每天轮流到操场上做广播操。可是，现在要满足同学们每天都能到室外锻炼的需求，作为丽园小主人，设想大家都是体育老师，你们能设计一套出操方案，既符合疫情防控要求，又能让所有同学每天都能走出教室做广播操吗？

　　如果要设计这个出操方案，你想要了解哪些你认为有用的信息？你又想通过什么方式或者路径获取这些信息呢？请把你的需求记录下来。

我需要的信息	需要的理由	可能收集的途径

　　以小组为单位(4—5 人)进行讨论，分享个人需求，通过比较辨析，对信息进行整合、筛选和补充，并进一步进行分类，完成小组需求单

（续表）

活动实施过程

活动浸入阶段	《丽园小主人：疫情防控下的学校出操方案》小组信息收集单

项目队名：

队长：	成员（4—5人）：

我们的初步分工：

我们需要收集的信息	收集理由	收集途径	是否已收集到（打√）

已收集到的信息：

你们还有什么困难？

（续表）

活动实施过程	
活动推进阶段	方案的制定： （1）方案的初步设计 小组交流：通过采访调研，组内分工解决已解决的问题和未解决的问题 预设：长度的测量；总人数的调查；某平面上点子数的计算；点子怎么画；路线怎么走；时间计算等问题。 《丽园小主人：疫情防控下的学校出操方案（初稿）》

<table>
<tr><td colspan="2">项目队名：</td></tr>
<tr><td>队长：</td><td>成员（4—5人）：</td></tr>
<tr><td colspan="2">为你们的方案取个名称吧！</td></tr>
<tr><td>方案设计中的内容</td><td>分工负责人</td></tr>
<tr><td></td><td></td></tr>
<tr><td></td><td></td></tr>
<tr><td></td><td></td></tr>
<tr><td></td><td></td></tr>
<tr><td colspan="2">我们的方案（可运用不同形式附件）</td></tr>
<tr><td colspan="2">方案预计展现形式：
图式□   文字描述□   视频演示□   实地演示□
其他□ ＿＿＿＿＿＿＿＿＿＿＿（请注明具体方式）</td></tr>
</table>

(续表)

活动实施过程

<table>
<tr><td rowspan="2">活动推进阶段</td><td>

（2）分享交流，各组提出困惑或建议，根据建议进行方案的修订
《丽园小主人：疫情防控下的学校出操方案制定（修改稿）》

项目队名：

队长：	成员（4—5 人）：

方案名称：

调 整 内 容	调整依据

附：调整改进后的方案

方案预计展现形式：
图式□　　文字描述□　　视频演示□　　实地演示□
其他□ _____（请注明具体方式）

</td></tr>
<tr><td>

活动展示阶段

方案的展示与评选
各组依据制定的出操方案，以方案图演示、视频等方式，展现出操方案，评选最佳方案。

</td></tr>
</table>

参考文献

专著

1. 朱智贤,林崇德.思维发展心理学[M].北京：北京师范大学出版社,1986.
2. Kovalik S, Olsen K. ITI：The Model. Integrated Thematic Instruction. Third Edition. [M]. The Distribution Centre,1994.
3. 中华人民共和国教育部.全日制义务教育数学课程标准(实验稿)[M].北京：北京师范大学出版社,2001.
4. Phillips B. Proceedings of the Sixth International Conference on Teaching Statistics[M]. Cape Town：International Statis-tics Institute, 2002.
5. 马云鹏,张春莉等.数学教育评价[M].北京：高等教育出版社,2003.
6. 詹姆斯·比恩.课程统整[M].单文经,译.上海：华东师范大学出版社,2003.
7. 钟启泉.现代课程论[M].上海：上海教育出版社,2003.
8. 喻平.数学教育心理学[M].南宁：广西教育出版社,2004.
9. 上海市教育委员会.上海市中小学数学课程标准(2004 版)[M].上海：上海教育出版社,2004.
10. 杨庆余.小学数学课程与教学[M].北京：中国人民大学出版社,2010.
11. 中华人民共和国教育部.义务教育数学课程标准(2011 年版)[M].北京：人民教育出版社,2011.
12. 董诞黎,胡早娣等.课程整合——课堂教学新变局[M].杭州：浙江大学出版社,2012.
13. 田中义隆.21 世纪型能力与各国的教育实践[M].东京：明石书店,2015.
14. 中华人民共和国教育部.普通高中数学课程标准(2017 版)[M].北京：人民教育出版社,2018.

期刊

15. 郑毓信.数学抽象的基本准则：模式建构形式化原则[J].数学通报,1990(11).
16. 黄甫全.整合课程与课程整合论[J].课程·教材·教法,1996(10).
17. 靳玉乐.论课程的综合化[J].基础教育研究,1996(5).
18. 吕林海.数学抽象的思辨[J].数学教育学报,2001(4).

19. 张丹,吕建生,张春莉.统计观念的发展和培养[J].数学教育学报,2002(02).

20. 徐玉珍.从学校的层面上看课程整合[J].课程·教材·教法,2002,22(04).

21. 阳凌云,吕国一.数学教育的三个阶段、四个层次及三个转变[J].数学理论与应用,2003(4).

22. 王知津,姚广宽.三大中文数据库引文功能比较:CNKI、VIP 和 CSSCI 实证研究[J].图书情报知识,2005(3).

23. 潘小明.小学生统计观念的发展与培养[J].教育实践与研究,2005(9A).

24. 李金昌.论统计素养[J].浙江统计,2006(01).

25. 李红梅,熊昌雄.义务教育阶段统计观念的内涵及培养[J].当代教育论坛,2006(14).

26. 史宁中,孔凡哲.关于数学的定义的一个注[J].数学教育学报,2006,15(4).

27. 张静波.关于培养小学生统计观念的几点思考[J].小学教学参考,2007(36).

28. 史宁中,张丹,赵迪."数据分析观念"的内涵及教学建议——数学教育热点问题系列访谈之五[J].课程.教材.教法,2008(06).

29. 李星云.小学生统计观念的培养策略[J].广西教育,2008(13).

30. 史宁中.数学的抽象[J].东北师大学报(哲学社会科学版),2008(5).

31. 钱铭,徐沥泉.数学的抽象度分析法与发生认识论[J].江苏教育学院学报,2010(3).

32. 孔企平.国际数学学习测评:聚焦数学素养的发展[J].全球教育展望,2011(11).

33. 张胜利,孔凡哲.数学抽象在数学教学中的应用[J].教育探索,2012(1).

34. 郭玉峰,史宁中.数学基本活动经验:提出、理解与实践[J].中国教育学刊,2012(4).

35. Voogt,J.& Robin N.A comparative analysis of international frameworks for 21st century competences:Implications for national curriculum policies [J]. Journal of Curriculum Studies,2012.

36. 辛涛,姜宇,刘霞.我国义务教育阶段学生核心素养模型的构建[J].北京师范大学学报(社会科学版),2013(01).

37. 虞怡玲.数学课堂的"整合观"[J].现代教学,2013(04):32-33.

38. 黄德忠.小学数学抽象思想渗透的思考与实践[J].教学与管理,2014(129).

39. 邵朝友,朱伟强.基于标准的统整课程设计[J].教育发展研究,2014(Z2).

40. 马云鹏.小学数学核心素养的内涵与价值[J].小学数学教育,2015(09).

41. 孟红亚.扎实课改脚步,促进学科领域整合——以小学数学课程为核心促进领域之整合[J].学苑教育,2015(17).

42. 钱丽欣.课程整合:回应未来社会对学生核心素养的期待[J].人民教育,2015(24).

43. 马云鹏.关于数学核心素养的几个问题[J].课程·教材·教法,2015.

44. 唐秦.关于"数学抽象"的国外研究综述[J].中学数学月刊,2016(11).

45. 邱恭志.整合理念下小学数学课程资源建设的思考和实践[J].新教师,2016(12).

46. 方厚良.谈数学核心素养之数学抽象与培养[J].中学数学,2016(13).

47. 陈六一,刘晓萍.小学数学核心素养要素分析与界定反思[J].中小学教师培训,2016(5).

48. 郭家海.谨防"核心素养"概念化[J].新课程研究(上旬),2016(6).

49. 王华民,蔡旭林,何英.对核心素养"数学抽象"的实践与认识[J].中国数学,2016(9).

50. 苏明强,吕传汉.初论数学课程培育的核心素养[J].齐鲁师范学院学报,2016,31(6).

51. 钟启泉.基于核心素养的课程发展:挑战与课题[J].全球教育展望,2016,45(1).

52. 蔡金法,徐斌艳.也论数学核心素养及其建构[J].全球教育展望,2016,45(11).

53. 张华.论核心素养的内涵[J].全球教育展望,2016,45(4).

54. 唐秦.关于"数学抽象"的国外研究综述[J].中学数学月刊,2016.

55. 史宁中.学科核心素养的培养与教学——以数学学科核心素养的培养为例[J].中小学管理,2017(1).

56. 黄友初.从 PME 视角看数学抽象素养及其培养[J].教育研究与评论(中学教育教学),2017(2).

57. 姚荣金.例谈小学数学学科内课程整合的实施策略[J].教学月刊(小学版)数学,2017(32).

58. 李昌官.数学抽象及其教学[J].教学教育学报,2017(4).

59. 康文彦,刘辉.培养学生数学抽象核心素养的几种途径[J].教育探索,2017(5).

60. 张宗余,冯斌.数学抽象,数学概念教学抹不开的情愫[J].数学通报,2017(5).

61. 孔凡哲,史宁中.中国学生发展的数学核心素养概念界定及养成途径[J].教育科学研究,2017(6).

62. 王鼎,李宝敏.TIMSS 和 PISA 数学测评分析框架比较分析[J].全球教育展望,2017(6).

63. 孙宏安.谈数学抽象[J].中国数学教学参考,2017(7).

64. 张淑梅,何雅涵,保继光.高中数学核心素养的统计分析[J].课程·教材·教法,2017,37(10).

65. 张辉蓉.我国数学抽象研究及反思——基于 1958 年至 2016 年文献计量的分析[J].课程·教材·教法,2017,37(a).

66. 冯青,黄仪平.高中数学抽象素养的提升策略[J].福建教育学院学报,2018(12).

67. 梅玲玲.小学数学课程资源优化整合探讨[J].课程教育研究,2018(26).

68. 袁春娟.核心素养背景下高中数学抽象再思考[J].数学教学通讯,2018(33).

69. 安桂清.基于核心素养的课程整合:特征、形态与维度[J].课程·教材·教法,2018(9).

70. 吴增生.数学抽象的认知与脑机制[J].数学教育学报,2018.

71. 曹培英.小学数学"统计与概率"教学研究(一)[J].小学数学教育,2019(05).

72. 胡良梅.数学抽象的内涵、研究现状与培养策略[J].小学数学教育,2019(12).

73. 陶丽芳.数学抽象的特征与培养[J].中国数学教育,2019(C2).

硕博论文

74. 康世刚.数学素养生成的教学研究[D].重庆:西南大学,2009.

75. 毕惠丽.课程整合中的主题学习模式探究[D].大连:辽宁师范大学,2012.

76. 桂德怀.中学生代数素养的内涵与评价研究[D].上海:华东师范大学,2012.

77. 范明明.中小学生数据分析能力的培养研究[D].武汉:华中师范大学,2014.

78. 王琼.小学课程整合模式的个案研究——以成都 H、重庆 Z 小学为例[D].重庆:西南大学,2015.

79. 周淑红.小学数学核心素养培养研究[D].哈尔滨：哈尔滨师范大学,2017.

80. 朱琳.学生发展核心素养背景下小学课程整合的策略研究[D].重庆：西南大学,2017.

81. 黄耀业.高中生数据分析素养的调查研究——以广西桂林市某高中为例[D].桂林：广西师范大学,2019.

报纸及电子资源

1. Iddo Gal. Adult's statistical literacy：meanings，components，responsibilities（with discussion and response)[J/OL]. Int. Stat. Rev, 2002，70(1).

2. OECD. The definition and selection of key competencies[Executive Summary][EB/OL]. Available onlion at：http://www.oecd.org/dataoecd/47/61/35070367.pdf, 2005.

3. Gordon.Jean et al. Key competences in Europe：Opening doors for lifelong learners across the school curriculum and teacher education, Case Network Reports[R]. Annexl：Key competences for lifelong learning-A European reference framemork，2009.

4. 文汇教育.讲台上的名师|数学课的美妙就在于将知识应用于生活[EB/OL].(2017 - 12 - 13)[2022 - 01 - 15].https://www.sohu.com/a/210247839_372526.

5. 安桂清.共同走进素养时代的课程整合[N].中国教育报,2018 - 1 - 10(5).

6. 文汇教育.左右手、身份证号码都蕴含着数学原理,特级教师说:学数学的意义就是要用于实际生活[EB/OL].（2017 - 12 - 11)[2022 - 01 - 15]. https://mp. weixin. qq. com/s/Z8kiaTVLHCT2mv11L14gnxg.

后 记

"整合"这一理念：源自自己成为小学数学教师的那一刻，是我经历的一次次研究、实践的积淀；小学数学课程"整合观"源自成为国家教育部名师领航工程学员的那一刻被赋予的期望——做一名教育家型的名师，提炼个人教育思想，为小学数学课程教学、课程育人提供理论思考、实践范式。

2018年，作为教育部名师领航工程首期学员，我们来到了北京。在教育部领导与专家的殷切期望下，我梳理、提炼并形成个人教育思想，成为"皇冠上的明珠"，成为了一名有思想的名师，在那一刻起，辐射与帮扶，为中国的数学教育助力的责任和担当愈加清晰与坚定！

选择东北师范大学基地作为自己第一且唯一的志愿，是因为东师有马云鹏教授。2018年夏日，我在东师和马老师第一次见面，在这次见面中，我们面谈、追问，马老师顺应着学员的已有积淀帮助我们锁定研究方向。在东师整整一个月里，马老师一次次的约见、一次次的追问与引导，终于使课题《指向核心素养的小学数学课程整合的实践研究》的蓝图初显，为后续的研究奠定了扎实的基础。带着课题，我回到上海，成立名师工作室，并带领着工作室全体学员们一起研究实践，那段日子因为疫情的关系，自己无法与马老师当面请教，网上的约见便成为我们的首选。转眼来到了2021年春日，进入课题研究的总结期，我也开始凝练个人教育思想，完成《小学数学课程"整合观"》一书，马老师一如既往地支持着我，"随时联系"便是马老师微信上对我的请教最多的回应。课题在马老师的引领下探索、实践着，课程成果的提炼也成为个人教育思想凝练的最好的专业支持。

名师必须站在讲台上，这是第一次见面时导师对我们的要求与期许。凝练后的教育思想，需要回到课堂上印证。吴正宪老师是我们的实践导师，无论是疫情前的线下课堂观摩，还是疫情后的线上课堂观摩，吴老师用自己的课堂一次次向我们展示着儿童数学教育的魅力。在学习吸纳中成长的我在小学数学课程"整合观"下架构了三种实践样态：学科内整合、学科间整合、超学科整合，带领着工作室的全体学员们一起，共研三种整合样态的实施流程，梳理案例提炼启示要点，形成实践范例。2019 年 11 月，在《智慧·整合·创新》名师领航工程虞怡玲名师工作室授牌仪式上，我和学员们一起对学科内、学科间的案例进行了现场展示，并用讲座《整合——从数学课堂走向数学课程》进行了课题研究的阶段汇报，为个人数学教育思想的进一步凝练及实践范例的系统梳理提供了保障。

本书共分三个篇章，上编追溯了个人的专业成长经历，通过关键事件串联起教学主张形成中的不同时期的思考与实践，并还原了从教学主张到教育思想凝练中所经历的思考。中编为课题引领下的研究框架的架构、研究理论的梳理综述以及基于理论思考的实践样态的假设，是课题得以深入开展的重要支架，也是在个人教育思想凝练中不可或缺的重要环节。下编为课题的实践推广，我和工作室学员们一起研究并提炼出三个实践样态的实施路径，并用案例的形式还原情境，把我们在研究过程中的思考、辨析、归纳等全方位地呈现在大家的面前。研究案例不仅基于对小学数学课程"整合观"的实践思考，更是指向学生数学学科素养、核心素养的提升，为同行教师提供可供推广的实践范式。

当三年的名师领航工程培训即将结束之际，个人成长史的梳理加上个人教育思想的凝练，成为这本书的主要内容。而更为重要的是，本书也在回应名师的成长与培育需要什么的问题——

首先，需要内因，成为一名优秀的小学数学教师，带出一批有思想、能实践的小学数学名师是我一直以来自己不懈努力的方向，而三年来的研学让这个方向不断地明晰，不断地从理想、信念的角度夯实。因此，当第二年疫情来临之际，我所带领的 9 位工作室学员并未停止我们的研究与实践，一方面我们以此为己任奔波在上海市"空中课堂"的讲台之上，另一方面我们以研究的态度对课题中所假设的小学数学学科素养部分进行了文献综述，理论假设与提炼，为第三年的实践提供了理论支撑。陈华、宋喜艳、孙怡青、施颖琼、温沸、刘佳、丁懿琼、陈力辰、夏添，这 9 位青年教师与课题共成长，在两年的工作室研学过程中获得了全国第二届中小学青年教师教学竞赛一等奖、华东六省市教学评比一等奖等诸多奖项，成为一个个小名师。

其次,需要外因,搭建平台给予专业的支持,也是名师成长不可或缺的力量。感恩教育部名师领航工程项目组黄贵珍秘书长、罗荣海主任、夏澜副主任等领导和专家们对整个项目推进的整体规划与过程支持。感谢名师领航工程东北师范大学基地的领导与老师们,李广院长、段丽华副院长、孟繁胜主任,等等,为我们每一次的集中培训规划课程、提供专业支持。感谢我的理论导师马云鹏教授、实践导师吴正宪老师,指引我厘清研究方向,进行实践探索。感谢上海市教委人事处、基教处支持成立领航工程虞怡玲名师工作室;感谢上海市黄浦区教育局、黄浦区教育学院在名师工作室的运作及展示活动中进行全方位的保障支持。感谢上海市教委教研室小学数学教研员姚剑强老师、章敏老师,陪伴着我在全市范围内遴选学员,9位学员成为我研究中最好的同伴,我们共同成长……

当本书即将出版发表之日,我有着无比的喜悦与欣慰。这不仅是自己三年研学的阶段性成果,也是自己一路成长的总结与回顾。相信大家在关键事件的背后、在研究思考的深层、在实践范式的推广中,一定能读出一份对小学数学教育的挚爱,能读出一种对培育面向未来的学生素养提升的数学价值的思考,愿以此文和数学同行们共享共勉!

虞怡玲

2021 年 4 月